著 / 查攸吟

关注海域局势·了解海战历史·传承海洋文化

海战事典

MOOK
▶008

颠沛在命运波涛中的战舰

台海出版社

图书在版编目（CIP）数据

海战事典. 008, 颠沛在命运波涛中的战舰 / 查攸吟
著. -- 北京：台海出版社, 2017.2（2024.5重印）
ISBN 978-7-5168-1304-1

Ⅰ.①海… Ⅱ.①查… Ⅲ.①海战－战争史－世界－
通俗读物 Ⅳ.①E19-49

中国版本图书馆CIP数据核字(2017)第033420号

海战事典008：
颠沛在命运波涛中的战舰

著　者：查攸吟

责任编辑：王　萍　　　　　　　　策划制作：指文文化
装帧设计：杨静思　　　　　　　　责任印制：蔡　旭

出版发行：台海出版社
地　　址：北京市东城区景山东街20号　　　　邮政编码：100009
电　　话：010－64041652（发行，邮购）
传　　真：010－84045799（总编室）
网　　址：www.taimeng.org.cn/thcbs/default.htm
E－mail：thcbs@126.com

经　　销：全国各地新华书店
印　　刷：重庆长虹印务有限公司
本书如有破损、缺页、装订错误，请与本社联系调换

开　　本：787mm×1092mm　　　　　　1/16
字　　数：250千字　　　　　　　　印　张：17
版　　次：2017年4月第1版　　　　　印　次：2024年5月第2次印刷
书　　号：ISBN 978-7-5168-1304-1

定　　价：79.80元

海洋，人类光荣与梦想的战场。从不列颠到美利坚，一个个大国一次次不停验证着"谁拥有海洋，谁就拥有整个世界"这个亘古不变的真理。21世纪是海洋的世纪，我们正在积极发展海上贸易、维护海上权益。因此，了解海上战争的历史，洞悉海上博弈的玄机变得十分必要。《海战事典》是军迷们了解海战及海洋军事文化的宝典，希望该系列读物能够刊载更多精彩文章，展现海洋文化的魅力。

——军事科普作家，江泓

作为新中国第一代人民海军军官后代的我，从小生活在著名的军港小城——旅顺口。这里的每一处遗迹都是海上战争为这座小城铭刻的深深印记，它们牵动着人们对这个国家、这个民族关于海洋意识与海洋权益的深刻思考。前事不忘，后事之师，每一个中国人都不会，也不该再次忽视海洋。但如何才能真正汲取历史的教训，又如何才能探寻到一条正确的深蓝之路？我相信，《海战事典》这本看上去很普通的书，一定会成为一扇打开历史记忆的窗，一座连通过去与未来的桥梁，人们可以通过它，找寻到自己的答案。

——中国海军史研究者，张义军

一个拥有漫长海岸线的国家必须要对海洋投以足够的关注，曾在海洋上发生的交流、冲突和战斗恰恰是对历史经验的一次次总结，它们从未随涛浪平息，而是形成并发展成为中华民族海洋意识觉醒的基石。《海战事典》正是一本海洋历史的索引，是一个了解海上往事的渠道。

——海军史、海军舰船研究者，顾伟欣

"无海权如人无手足"。古往今来，为了将主权延伸至海洋，以获得更多的控制力，很多国家都建立了强大的海军，他们既谱写过壮丽的海战诗篇，也创造过传奇的海洋故事。《海战事典》正如沧海拾珠，将这一段段精彩的历史串联、汇集至一处，相信每一位读者在阅读后，都会大呼精彩过瘾。

——资深军事编辑，刘晓

即使21世纪已被广泛称为"信息的时代"，人类最普遍选择定居、发展生产的地域仍然是各大洲的沿海地带，联结其间的繁忙海上航线仍然需要强大海军的护卫。《海战事典》为广大海军爱好者精彩描绘历史中发生于海洋上之激烈搏杀，希望启发更多国人关心我国海洋权益之保护。

——指文《军鉴》工作室主编，潘越

目录

华盛顿的樱桃树

1921—1922 年不列颠的末代战列巡洋舰

　　在所有英国海军的主力舰设计中，设计方案代号为 G3 的战列巡洋舰的命运是最具戏剧性的。因政治需要而生，又因为政治上的必要而终，从某种意义上来说，战列巡洋舰 G3 的命运正是这个时期大不列颠王国命运的一个缩影。

　　尽管本文的主体将环绕着英国海军于第一次世界大战之后设计但最终未能建成的 G3 战列巡洋舰而展开，但随着对当时历史越来越深入的了解以及对 G3 舰诸多背景的搜寻，笔者越来越感到 G3 舰的兴衰始末，亦是不列颠王国在那个独特的年代的代表，是其的一个微缩象征。而为了更好地认识和了解这个末代战列巡洋舰的设计和建造计划，是如何发展，最后又是因为什么终结的，我们就非常有必要回溯到 G3 舰设计的源头，甚至是追溯"战列巡洋舰"概念的源头。

→ 战列巡洋舰 ←

在 19 世纪末,工业革命的烈火在改变欧洲的面貌。衰落的老帝国,崛起的新国家,对于财富和殖民地的再分配是新兴工业强国的夙愿。

虽然小威廉一直在全世界给他的帝国寻找"阳光下的一席之地",但是直到大战爆发,德国的海外殖民地仍然寥寥可数,其国民经济也并不依赖这些面积有限的殖民地,更不需要海军维护它从本土到各殖民地之间的海上航道,因此掌握优势海上力量并获得制海权对德国而言并不像英国那样生死攸关。尽管如此,英国人也不能接受这种被认为是"赤裸裸"的挑战,并以不断充实自己的主力舰队作为回应。就这样,竞争一直持续着,直到 20 世纪的到来,以及费舍尔担任英国的第一海军大臣。

1904 年,近代海军史上著名的费舍尔爵士担任了他渴望已久的职务,英国第一海军大臣。在成为英国第一海军大臣之前,他就已经是当时海军界闻名的炮术权威,并对未来英国海军的发展有着自己独到的见解和系统规划。这么一个具备独到见解、拥有强烈个人意志这两个条件的人,当重权落于他手之后,又将会发生些什么事情?事实是,费舍尔很快便能在自己的诸多头衔之外,再加上个"著名海军改革家"的头衔。

作为他的改革的一部分,战列舰"无畏"号建成在费舍尔的第一个任期内。这艘船开启了著名的"无畏舰时代",并被认为是其任内最大的成就。当然就设计上来说"无畏"号实在谈不上具有开创性的意义,因为与其相似的主力舰设计早在 1900 年已经出现在意大利,日本海军的"萨摩"级本来也为全主炮设计,但因为经费限制未能安装统一口径的主炮。从理性的角度来看,"无畏"号的最大价值在于她的出现将海军竞赛的门槛整整提高了一节,也使主力舰的建造费用发生了一次飞跃。从另一个方面,无畏舰的出现使得英美等海军大国原有的舰只在一夜之间变得老旧而不堪一击;这更给了以德国为首的后起工业国建设海军的信心。而费舍尔本人更津津乐道的,是在他第一个任期结束之前完成的安装有战列舰级主炮的 3 艘超级装甲巡洋舰,"无敌"号、"不屈"号以及"不挠"号,也就是所谓的"战列巡洋舰"。

战时,凭借涡轮机的长时间高速巡航能力和其不亚于同时代轻巡洋舰的

■ 建成后的"无畏"号，这艘船不仅让英国所有竞争对手的海军主力舰统统过时，同样使英国海军的主力舰悉数过时。相对而言，因为皇家海军是当时最强大的海上力量，自然也蒙受了最大的"损失"。当然，无畏舰的出现也是主力舰吨位不断增加船体尺寸日益扩大后的必然。

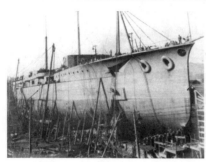 

■ 日本海军的"萨摩"级战列舰。在诸多设计规划中，采用"全重型火炮"的方案曾引起日本海军的注意，但这个方案因为成本高昂和海军当局对其实战效能有怀疑而放弃，因循守旧地采用了主炮和二级主炮的模式。

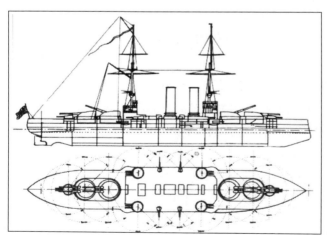

■ "萨摩"级的全重型主炮方案线图。

4

航速,战列巡洋舰将成为大不列颠的海上机动力量,随时投入到发生突发事件的热点海域。这是费舍尔自己给这种新式主力舰赋予的作战使命,就他的本意来说,所谓"划时代"的"无畏"号只是他这种颠覆性的海军改革中的投石问路之作,作为实验全重型火炮战舰的实验平台。在费舍尔的设想中,未来的皇家海军将全部由这类的战列巡洋舰构成。具备巡洋舰的速度和战列舰级别的主炮,针对主流看法中对战列巡洋舰以牺牲装甲追求速度和火力的诟病,他认为"速度就是最好的防御"。时值"无畏"号仍在设计中, 费舍尔一度认定为了达到更高的航速,除了装甲要能省则省之外,主炮口径也可以减少到10英寸。当然,所谓的"速度就是最好的防御"并不意味着费舍尔认为快速舰艇可以利用航速来避开炮弹,而是指快速舰艇利用航速优势可以自如地选择是否和敌舰交火,避开没有把握的战斗,从而掌握战斗主导权。如此激进的规划其结果不言而喻,虽然第一海军大臣有能力也有决心,更有卓绝的意志力和偏执狂式的执行能力,但是他的这种想法必然招致除他之外的皇家海军上下的一致反对。作为妥协,海军将继续建造战列巡洋舰,但并不会放弃战列舰的舰队主导地位,在继续建造全重型火炮战列舰的同时,建造战列巡洋舰。于是继"无敌"级3舰之后,"不倦"级、"狮"级、"虎"级等更新更强的战列巡洋舰先后入役。对于战列巡洋舰,皇家海军习惯上将其编组成战列巡洋舰中队,通常被充当大舰队的前锋,或者以航速优势执行袭扰任务,例如1914年的福克兰岛之战以及1916年的多格尔沙洲之战。通常,这些被戏称为"完美之猫"的舰艇被海军当作快速主力舰运用。

皇家海军的战列巡洋舰引来了公海舰队的效仿。在德皇授意下,德国的战列巡洋舰也很快加入现役。当然,费舍尔的偏执态度丝毫未能影响到他们,在公海舰队服役的那些德式战列巡洋舰绝非英国式的重火力装甲巡洋舰,而更像是以适度削弱装甲安装更大功率机组的高速化的战列舰,是处于雏形状态的快速战列舰。制造它们的目的就是对抗英国人的战列巡洋舰……

实战是武器系统最好的实验场。1914年夏,17岁的塞尔维亚小愤青加夫里洛·普林西普在萨拉热窝射出的2发子弹,使得积怨已久的欧洲列强开始算起总账。军备竞赛时代被国民视为宠儿的无畏舰队终于不再是摆设。

相对陆地上的血战而言,第一次世界大战中的海上战斗并不算激烈。皇

■ 不列颠的"完美之猫"。战列巡洋舰是和平时期最受民众"宠爱"的主力舰,平民又有几个会懂得7英寸和12英寸的侧装甲对一艘主力舰来说有什么差异呢?对他们来说,装备巨炮、足够大,而且造型漂亮,就是"好",而且这样的东西越多越好。

■ 德国公海舰队的第一艘战列巡洋舰"冯·德·坦恩"号,与英国海军将战列巡洋舰单独编组不同,德国海军的战列巡洋舰均隶属于公海舰队侦察分队,没有固定的编组,而只是在必要的时候被抽调出来组成战斗群,执行对应的任务。

家海军的大舰队封锁了从挪威到英吉利海峡的广大海域,将德国公海舰队悉数困在"北海池塘"之内。在三大洋上,只有少量的德国轻型舰艇在做意义不大的袭扰,并且很快被皇家海军一一剿灭。1915年之后,公海上只剩下德国的潜水艇在四处点火,耗费巨资的"公海舰队"名不副实,成为彻头彻尾的"赫尔戈兰湾"舰队。

在大战中,曾被费舍尔寄予厚望的战列巡洋舰表现得并不够好。在皇家海军和公海舰队有限的几次大规模交火中,战列巡洋舰高速重炮的优势明显,但为了高速和重火力过分削弱装甲的危害也逐渐显露出来。牺牲装甲的后果在 1915 年初的多格尔沙洲之战以及 1916 年中的斯卡拉斯克海峡战役中（日德兰之战）展露无遗。不可否认的是，皇家海军损失的全部战列巡洋舰皆毁于主炮塔不完善的防殉爆措施，而不是主要防护区被多次击穿致损后的进水。将德方公海舰队第一侦察群（1st scouting group）和伊凡·托马斯中将的第五快速战列舰中队的损失相比较①，结论还是无可辩驳的：不论是英国式"无畏舰化的装甲巡洋舰"，还是德国式的"以削减分配装甲上的吨位为代价安装更多动力装置的快速战列舰"，都并不适合投入到主力舰队的交火中，甚至不适合执行对敌方战列巡洋舰的作战。当然，这并不是说明战列巡洋舰或者一种高速的主力舰是不必要的，恰恰相反，日德兰之战也充分说明了快速主力舰在实战中进退自如的优越性，只是限于当时的技术水平，这种牺牲防护来换取航速的手段被证明是危险甚至是致命的。而原本作为战略机动力量的战巡被错误地使用在了大舰队的交战中，虽然有偶然的成分，但也暴露了其生存力的薄弱。相比之下，4 年中双方都没有一艘战列舰（不包括前无畏舰）被对方的炮火击沉。

1916 年爆发的日德兰之战不是战列巡洋舰的落幕演出，但是却从根本上明确了交战方乃至旁观者对于这一舰种的认识。任何现役的或者在建中的同类舰艇，如果不把装甲增强到接近于战列舰防护水准，就只能局限于用来仅执行侦察、辅助，以及战略预备任务。而不能将其投入到主力舰级别的交火中去自取灭亡。然而在生存能力脆弱的另一面，海军并非对这种配备有大口径主炮能快速航行的快速战舰心怀不满。1914 年 8 月底的赫尔戈兰湾之战，同年 12 月毁灭施佩舰队的福克兰之战，1915 年 1 月的多格尔沙洲之战，甚至是 1914 年 12 月公海舰队侦察分队炮击约克郡延岸事件，快速主力舰凭借航速优势获得的卓越的战术弹性亦被广为称道。

日德兰之战可以被认为是"传统"战列巡洋舰的落幕演出，在此之后双

---

① 德国的战列巡洋舰更为重视装甲并特别加强了炮塔防殉爆措施，但旗舰"吕佐夫"号仍然由于中弹导致的艏部进水而沉没。第一侦查群在返航后仅剩下 4 个还能开火的主炮塔且数个月内无法出港。而皇家海军第 5 快速战列舰中队的 4 艘"伊丽莎白女王"级在遭到德国公海舰队主力的痛击之后航速不减，仍能凭借自身动力返航。

方都失去了继续拿这些薄皮大馅的宝贝去冒险的兴趣。这是一种拥有先天缺陷的军舰，以牺牲装甲为代价换取航速亦非费舍尔的本意，最后会诞生这样一种装甲脆弱有如"拿着棒槌相互敲打的鸡蛋"的怪胎也是基于当时船用动

■ 触目惊心的景象，"玛丽女王"号大爆炸时的照片。指挥英国战列巡洋舰队的大卫·贝蒂中将带着几分郁闷地对着他的座驾"狮"号的舰长嘟哝："我们这些该死的船今天有些毛病。"然后，他下了一道纳尔逊式的命令："再近一些接敌！"

■ 皇家海军的"伊丽莎白女王"级快速战列舰："马莱亚"号、"伊丽莎白女王"号、"厌战"号。与大舰队主力"蜻蜓点水"似的打击不同，托马斯中将的第5快速战列舰中队的4艘"伊丽莎白女王"级战舰在日德兰之战中异常活跃。在和希佩尔的第1侦察群交战中，充分展示了15英寸炮的强大威力，然后由凭借高航速和重装甲的优势在舍尔的公海舰队主力的围攻下全身而退。

力系统上的技术限制。同样是日德兰之战，托马斯中将指挥的第 5 快速战列舰中队中的 4 艘"伊丽莎白女王"级战列舰却取得了相当不俗的成绩。"伊丽莎白女王"级战列舰配备有当时最大的 15 英寸主炮，厚 13 英寸的侧装甲在皇家海军的主力舰中亦名列前茅，并且作为海军燃料革命的一部分是英国海军首批安装燃油锅炉的军舰。"伊丽莎白女王"级战列舰设计安装 24 台可以输出 2500 马力的 B&W 型燃油锅炉，动力系统总输出功率可达 60000 轴马力，甚至超过皇家海军的初代战列巡洋舰"无敌"级（41000 轴马力）。

正因为具备了上述特征，在 1916 年 5 月 31 日下午的战斗中，4 艘"伊丽莎白女王"级战列舰一登场，即对希佩尔中将指挥的德国公海舰队第一侦察群构成了几乎是压倒性的优势，希佩尔麾下的德国战列巡洋舰在这 4 艘战列舰的 15 英寸主炮的打击下全无还手之力。随后，舍尔上将的公海舰队主力赶来，在德舰绝对的数量优势下，第 5 战队利用速度优势全身而退；就连舵机故障掉队后在海上兜了好几个圈子的"厌战"号，在被德舰重炮"淋"了十余分钟后仍能恢复操舰能力，最后亦凭借 13 英寸侧装甲和 24 节航速得以在弹雨中逃出生天。

其表现可算得上是出色，但仍旧不能说是尽善尽美。所谓的美中不足还是航速。尽管其动力装置设计先进，燃油锅炉这在当时来说的意义不亚于现代的核动力反应堆，但由于"伊丽莎白女王"级战列舰重达 31000 吨，船体设计上虽然考虑到了高速航行的问题被适当延长，但总的来说航行阻力比战列巡洋舰那种加宽的巡洋舰外形要大得多，因此相对于贝蒂中将能跑 27 节的旗舰"狮"号，编队最大速度略低于 24 节（试航时表现更加糟糕，良好海况下只有 22.3 节）的"伊丽莎白女王"级依然显得过于迟缓。这也是 5 月 31 日那天，托马斯中将的第 5 快速战列舰中队为什么会和贝蒂的战列巡洋舰中队拉开距离后无法及时跟上，是间接地导致贝蒂舰队惨重损失的根本原因。尽管"伊丽莎白女王"级是带着"快速"前缀的战列舰，但还是快不过那些被无畏舰化的装甲巡洋舰。虽可以称得上是快速战列舰的先驱，但实质上，其使用的诸多技术还未成熟有待完善。

对于日德兰之战的总结迫使英国人重新审视所有在建中的战列巡洋舰，而改进现有战列巡洋舰的装甲系统务必使日德兰的悲剧不再重演则是必需的。加强炮塔和弹药库的防火管理属于软件上的改进，并不难做到，但增强现有战列巡洋舰队的防护水平则显得勉为其难。对于已经建成的舰艇，英国人做了一些工作，比如在炮塔顶部焊接新的装甲进行加强，但要进一步增强侧装甲或者加强船体内部的装甲结构就很不现实了，强行拆开船体加厚内部装甲结构所要付出的代价之高不如建一艘新船，而且内部重量的增加会带来很多意想不到的麻烦。也许难以对已有的舰艇作进一步的改进，但在建中的船还是有一定改进的空间。对于皇家海军而言，日德兰之战的直接后果是计划建造的 4 艘"海军上将"级战列巡洋舰被紧急中止，停工接受全面的改良。

"海军上将"级战列舰是在 1916 年初完成设计的。船体长 860 英尺（约262 米）、95 英尺（约 29 米），标准排水量 36000 吨，配备有和"伊丽莎白女王"级战列舰相同的 15 英寸主炮 8 门，并针对"伊丽莎白女王"级快速战列舰上副炮炮廊过低容易遭到海水冲刷的缺点，将副炮炮组安装在了较高的甲板上，使之可以在高海况下正常射击。副炮口径为 140 毫米，总计 16 门。出于和德国公海舰队最新式战列巡洋舰对抗的考虑，"海军上将"级的设计航速高达32 节。但是和之前的"虎"号、"长公主"号，以及"狮"级战列巡洋舰相似，"海军上将"级的最初设计只有非常有限的装甲。

首舰"胡德"号于 1916 年 5 月 31 日下午在格拉斯哥的克莱德本船厂铺

■ 战列巡洋舰"新西兰"号，照片摄于1918年，注意主炮塔顶部依靠铆钉附加的装甲板。基于日德兰海战的教训，海军为所有幸存的战列巡洋舰安装了类似的附加装甲。

设龙骨，差不多是斯卡拉斯克海峡上大舰队和公海舰队开始互殴的那一刻。在这之后又过了3天，6月3日，不论工期进度，计划建造的全部4艘"海军上将"级战巡被海军部紧急叫停。战列巡洋舰在日德兰之战中暴露出太多的问题需要立即着手解决，海军部不允许带有致命缺陷的舰艇继续被建造出来投入现役。

对"海军上将"级设计的修改花费了大约2个半月的时间，"胡德"号

■ "海军上将"级战列巡洋舰首舰"胡德"号被中止建造时所拍摄的照片，图中被一根钢梁连接的构造体便是建造中的"龙骨"。拍摄照片的时候距离该舰开工仅3天时间。皇家海军在斯卡拉斯格海峡的惨重损失迫使他们重新审视现有的战列巡洋舰设计。

■ 建造中的"胡德"号，"海军上将"级硕果仅存的一艘，也是战后皇家海军在建的唯一一艘"像样"的主力舰，也将是未来20年内皇家海军最大最好的主力舰。

在同年 9 月 1 日复工。主要改动是针对勘验人员对 5 月 31 日的大海战中的损失提交的报告进行修改,对船体的装甲系统进行较为全面的强化。改进后的"胡德"号重达 41125 吨(设计排水量,而非实际排水量),对比原来设计的 36000 吨,增加的 5125 吨重量大多被分配用以加强装甲系统。这次改进全面加强了"胡德"号的装甲防护水准,举例说原本仅 8 英寸厚的侧装甲带被加强到了 12 英寸厚度,炮塔、炮座等部分也被大大增强。总体而言,改进后的"海军上将"级就防御水平而言已接近或达到了早期无畏舰的水准,而且仍能达到 31 节航速。

在英国海军汲取了教训彻底翻新"海军上将"级的蓝图之时,局势正在发生着利于英国的变化。1917 年 4 月 6 日,美国国会授权总统威尔逊对德宣战。这一年的年底,美国海军的 4 艘战列舰开入斯卡帕湾,以加强对德国海军实施远程封锁的皇家海军的实力。力量的天平完全倒向了英国。而整场大战中,英国每天的战争经费高达 200 万镑,并且随着战争的延续在不断地增加。在这种局势下,已被庞大的战争支出弄得窘迫不堪的英国决定取消大多数新式主力舰的建造计划,做出这个决定的另一个理由是基于情报部门的报告,德国海军已经自年中起停工了全部在建的大型主力舰,而将资源用于潜艇的建造。在建的 3 艘"海军上将"级战列巡洋舰中,海军只保留进度最快的"胡德"号,其他悉数停工并就地拆毁,建造这些船的资源被挪去造更多的轻型护航舰艇,去应对德国海军"无限制潜艇战"的威胁。

在德国方面,因为觉悟到无法在水面舰艇上对协约国舰队形成优势,随着美国参战甚至无法形成基本的力量平衡,所以干脆放弃了"马肯森"级战列巡洋舰以及改进型"巴伐利亚"级战列舰的建造,只留下空荡荡的船体在船台上生锈。德国人将有限的资源全部投入到潜艇建造中,寄希望于"无限制潜水艇战"这一宝能够压中。而在斯卡拉斯克海峡之战中充分领教了皇家海军大舰队实力的公海舰队,好似被阉割掉勇气一般在战争剩余时间内龟缩在威廉港内苟延残喘,甚至没有余力深入波罗的海去面对士气更加不堪的俄国海军。到了 1918 年底,当德国的战败近乎成为事实之时,绝望中的德国统帅部下令海军出海作战:要么取得胜利,要么光荣沉没。这道"自杀"命令没唤起水兵们维护德国最后一点荣誉的勇气,只导致了哗变。没有勇气和敌人战斗的水兵将枪口对准了同胞，他们起义了……

1919 年 11 月 11 日，德国政府宣布接受《凡尔赛和约》全部条款，在德国海军锚泊于斯卡帕湾的人质舰队下沉的水泡声中，大战结束了。与皇家海军争斗了 20 余年的对手灰飞烟灭，但军事对抗并未随着战争结束而终止。在德意志倒下的同时，美国和日本崛起了。

⇥ "航行的自由" ⇤

对英国海军而言，德国的战败、公海舰队的覆灭并不意味着大英帝国完全享有制海权时代的到来。在战争结束的时候，英国的国力已经变得衰败不堪。与德国长期的海军军备竞赛耗尽了帝国的财富，特别是温斯顿·丘吉尔倡导的"舰队燃油化革命"，虽说在某种意义上将大英帝国引向了胜利，但其副作用是迫使英国放弃维持了差不多半个世纪的燃料供应体系，并斥巨资建设与之配套的燃料供应、保障系统，并更新所有还有使用价值的舰艇的动力系统。如果算上用以保障和开采波斯油田的花费，其投入丝毫不亚于费舍尔开启"全重型火炮"时代大门所需要的投入[①]。

两个国家成了战争最大的赢家，日本和美国。美国自不待言，在不久前刚完成近代化和工业化的日本更是因为大战受益匪浅。由于欧洲战局对物资、军火、器材的全面紧缺使这个小国接到了大宗本来不可能获得的订单，其中包括枪支、大炮，甚至驱逐舰。日本对欧洲的商业输出也变得空前顺利，原本牢牢占据市场的各国商品销声匿迹，相反欧洲各交战国还大量进口日本产品：从棉纱、食品，到钢铁，以满足战争需要。毫不夸张地说，日本是借着这场大战完成国家工业化的。战争毁灭了对于旧有秩序的挑战者德意志，但也拖垮

[①] 全部现役主力舰于一夜之间悉数过时，必须斥巨资建造新式无畏舰队。更新整个舰队的燃料系统所需要的花费并不比这个省多少。

了旧秩序的制定者不列颠。当德国这个巨人倒下的时候，原本被德意志身影遮蔽着的美利坚和日本的影子，出现在了不列颠的视野中。只是，他们还没有那么急于站起身来……

让我们把时间倒回到德国公海舰队被扣押在斯卡帕湾的"人质"们绝望地自沉之前的一年。

1918年12月13日，在一支强大的护航舰队的保护下，邮轮"乔治·华盛顿"号驶入法国港口布勒斯特。码头上挤满了各交战国的代表们，甚至包括德国和奥匈的水兵。当美国总统托马斯·伍德罗·威尔逊走下舷梯的时候，作为战败的德国水兵们欢呼起来，这引起了在场的英国和法国乃至意大利人的共鸣。提出了"永世和平"理想的威尔逊，仿佛他们眼中的圣约翰，即将为已被战火蹂躏4年之久的欧洲带来"救世福音"。

威尔逊总统公开他"永世和平"的观点是在1918年年初，其实质是所谓的《十四点纲领》。其中包括：外交公开、民族自决，海上航行自由、放弃经济壁垒、削减军备等建议，以及最著名的"第14点纲领"，即所谓的谋求建立"国际联盟"组织。这些建议被那些为了所谓的"理想"和"尊严"而在4年中流尽了鲜血的民众接受并认同。但政客们却对此疑虑重重。被称为"凡尔赛三巨头"之一的法国总理克莱蒙梭挖苦道："上帝也不过提出了'十诫'。"这位"法兰西之虎"语带挖苦，但并非真心反对，他的国家是这场大战的主战场，法国的东北部已经在战火的摧残下化为一片焦土，法国人迫切希望得到一个

■ 凡尔赛的"三巨头"，从左至右依次是美国总统托马斯·伍德罗·威尔逊、英国首相劳合·乔治、法国总统乔治·克莱蒙梭。

安定的世界。和法国总理无实质性的反对不同，英国首相劳合·乔治对于纲领中"通航自由"的定义极为警惕。

英国以及皇家海军在数百年来一直在谋求这样一种权力，即可以在战争爆发时在任何时间任何地点拦截和检查任何船只的合法权力。不论接受临检的船只是否属于中立国，一旦发现有运往敌对国家的禁运品就可以予以拘捕，禁运单上的货物可以不加通知就单方面予以没收。在大约100年前，英国和美国之间爆发的"1812年战争"便是美国人和英国因"航行自由"的不同理解而引发的。对于不列颠来说，放弃数百年来一直遵循的海上战时权力，而将此转交给一个还在设想和规划中的国家组织，等同于否定大英帝国在欧洲之外的战略地位，继而将对其横跨大西洋以及印度洋的国家交通体系构成致命的潜在威胁。而这种权力，正是不列颠作为一个岛国得以掌握三大洋制海权近400年的基础。这当然是英国断然不能接受的。就在威尔逊踏上欧洲大陆之前，劳合·乔治曾亲口对先期抵达的总统代表说："大不列颠将以它全部心血保持一支优于美国或任何其他国家的海军。"

但是美国或者任何其他国家"都不会屈服于英国完全控制海洋的野心，就像不会屈服于德国控制陆地的野心一样"。威尔逊总统的代表礼貌但强硬地答复英国首相，他的话就代表着总统以及美国。最后他加上一句明显带有威胁性的话："如果需要的话，美国能够而且决心超过英国的海上力量或地面力量——或者两者皆是！"

在欧洲，缔结和平条约和构筑新的国际秩序的努力正在进行，但在美国国内，为了使总统的这种威胁具备现实的可信度，国会正下令恢复因为战时急需各种小型舰只而中止的《1916年造舰法案》，这就意味着继续建造2艘32300吨重的"田纳西"级战列舰，以及1艘"田纳西"级的升级版——"科罗拉多"级战列舰。"田纳西"级设计配有12门14英寸主炮，侧装甲带厚达13.5英寸，而"科罗拉多"级则重达32500吨，她是"田纳西"级的改进型，装甲系统的布置更为合理。

和皇家海军最新式的"伊丽莎白女王"级以及"复仇"级战列舰相比，"田纳西"级和"科罗拉多"级虽在主炮口径上有1英寸的劣势，但却有更好的装甲系统。航速相对"伊丽莎白女王"级低4节，但美国海军并没有英国海军那

■ "田纳西"级战列舰"田纳西"号船体建造以及船体舾装时的照片。

■ "田纳西"级战列舰"加利福尼亚"号建造船底和下水时的照片。作为美国海军批量建造的14英寸口径主炮战列舰，和之前建造的"内华达"级、"宾夕法尼亚"级、"新墨西哥"级战列舰一样，安装4个三联装14英寸主炮塔（"内华达"级为三联装+双联装前后布置模式，10门14英寸主炮），拥有相似的13.5英寸侧装甲和极其接近的航速。

种需要快速全球部署的需要。更何况，日本自1916年就已经开始建造配备当时实际上最大尺寸的"40厘米口径"主炮（实际为410毫米）的战列舰"长门"号和"陆奥"号。作为对日本的回应，美国海军已经授权海军武器工厂开发16英寸45倍径舰炮，并计划为"科罗拉多"级换装8门这种主炮。而安装8门16英寸主炮的"科罗拉多"级战列舰还将继续建造3艘（共开工4艘）……

美国人的恐吓将被包括在《1919年造舰法案》中，提交国会讨论。对英国来说，这种威胁是他们不能忍受的。

由于财政困难，在1919年年初，英国国会已经着手进行一项规模浩大的削减作战舰艇的计划。所有封存和在役的前无畏舰都需要被拆毁，全数安装12英寸主炮的无畏舰也需要退役封存或者拆解，这些船明显已不能适应当前的作战任务需要，实战价值极其有限。超过80艘的老式巡洋舰需要销毁，这其中很多船的舰龄超过30年。这些船本该在1910年之前就被拆毁的，只是因为战争的缘故被保留了下来用以执行护航任务。另有约300艘驱逐舰、鱼雷艇和超过100艘潜艇需要淘汰。

尽管面临来自于美国的巨大压力，但保留这些舰艇是否有价值也值得商榷，这些船中有相当部分设计于20世纪，绝大部分计划销毁的轻型舰艇仍在采用三涨往复式蒸汽机作为动力来源，它们武器系统也非常老旧。所以即便是保留下来，也只能用作纸面上壮胆的符号。用费舍尔的话来说，无异于"守财奴的破烂堆"。

尽管淘汰旧舰相当有必要，但是皇家海军将用什么来替代这些即将淘汰的舰艇呢？截至1918年年底，美利坚合众国舰队的现役主力舰有16艘，其中的半数为配备12英寸主炮的老式战舰，其余的8艘则安装有14英寸主炮装甲系统设计精良的新式主力舰，除了8艘在役舰艇之外他们尚有4艘新式战列舰在建。作为对比，皇家海军尽管有数十艘主力舰即将退役和封存，但是后续战列舰的在建数量为零，全部在建状态的主力舰仅为3艘战列巡洋舰。而其中可以被用作舰队作战（即主力舰对主力舰）的，仅"胡德"号1艘！并且有明确的情报指出，尽管当前合众国舰队序列中并没有高速主力舰或战列巡洋舰，但是美国人似乎在设计一种极其先进的类似舰艇，计划将配备至少14英寸口径的主炮，航速超过30节。如果这些消息属实，英国要面对的就不

■ 纽波特海军工厂内建造的2艘"科罗拉多"级战列舰的施工进度照片。"科罗拉多"级是"田纳西"级的改良型，美国海军的设计师根据日德兰之战的教训，对"田纳西"级的装甲系统进行了重新调整。

是威胁，而将是噩梦。

但是，在1919年的时候，要让英国人"好看"的似乎并不只是美国，而美国海军急剧的扩张也并不仅针对英国。英国昔日和现在的盟国日本，也掺和进来搅局。日本已经借着大战的"西风"崛起了。带着一种暴发户和翻身穷光蛋特有的自卑和傲慢，他们在借助第一次世界大战各种便利完成国家工业化的同时，试图建立起"与之相称的强大舰队"。自1897年中日甲午战争之后遍尝强势海军甜头的日本，基于大战中急速充实的国力，为谋求强大海军国家的头衔，开始了自己的大海军计划①。既然日本认为自己已经跻身世界强国行列，当然也需要能代表自己国家实力的象征，而这仅仅依靠4艘"金刚"级战列巡洋舰和4艘新建的战列舰（"扶桑"级2艘、"伊势"级2艘）是远远不够的。

---

① 当然，出于日本政策的一贯特点，他们倒未必有什么明确的军备建设目标，比如凭借优势海上力量获取某一殖民地，或者增加对外贸易航线的控制等等。用浅白的语言来叙述他们的目的——只是因为觉得这样体面。而且经历过被人人踩的时代之后，空洞的"全世界都要灭我、都看不起我"的自卑感尚未消退之时又陡然之间暴富，于是整日空想着列强为了消灭竞争对手而"亡我之心不死"、一意削弱自己，也是没什么好奇怪的。

第一次世界大战结束时的皇家海军

■ 1918年年底，已经被改装成训练舰的"狮"号。Y炮塔已经拆除，在炮塔原来的位置上安装了水上飞机机库，O炮塔顶部则搭载有水上飞机了。

在皇家海军1918年年底的作战序列中，拥有如下一线战列舰：

战列舰"无畏"号、"柏勒罗丰"级战列舰3艘、"圣文森特"级战列舰3艘、战列舰"阿金库尔"号[①]、战列舰"尼普顿"号（Neptune）[②]、"巨人"级战列舰2艘、战列舰"爱尔兰"号、"猎户座"级战列舰4艘、"乔治第五"级战列舰3艘[③]、"铁公爵"级战列舰4艘、"伊丽莎白女王"级5艘、"复仇"级5艘。

同期在役的战列巡洋舰为：

"无敌"级2艘、"不倦"级2艘、"狮"级2艘、战列巡洋舰"虎"号，以及正在全速施工的"海军上将"级战列舰"胡德"号、正在施工的"声威"级战列巡洋舰2艘。

合计有无畏舰（含所谓的"超无畏舰"）33艘、战列巡洋舰7艘（如果算上在建的3艘则为10艘）。然而在这看似庞大的一线舰艇序列中，计有12艘战列舰、4艘战列巡洋舰安装着12英寸主炮，装甲系统也是被设计用来抵御同口径主炮轰击的（战列巡洋舰的装甲就更为不值一提了），这合计16艘战舰的作战能力是有限的，特别是面对美国海军主力舰配备

①原巴西战列舰"里约热内卢"号，著名的安装有7个炮塔的"一星期舰"（主炮命名从星期一开始至星期日止）。
②传统译作"海王星"或者"海神"，但是笔者鉴于西方喜欢混用不同神话中的神来命名的传统，类似情况将会一律采用音译。
③"大胆"号在1914年已毁于水雷

的 14 英寸甚至 16 英寸主炮的时候，这些旧船的价值值得怀疑。更何况，上述旧舰因为设计较早，在火炮系统的配备上并不完善，因此无法发挥全部的火力。不是有一座主炮塔被上层结构遮蔽，就是因为舰体不能承受全部主炮的后坐力，齐射的结果只能是严重损伤舰体和影响精度。

在剩下的舰艇中，4 艘"猎户座"级战列舰、3 艘"乔治第五"级战列舰、4 艘"铁公爵"级战列舰，以及剩下的 3 艘战列巡洋舰安装有 13.5 英寸口径的主炮，且主炮塔全都安装在船体的中轴线上。这些船最早被称为"超无畏舰"，由于设计较新而且武器系统有所改进，尚有一定的使用价值，但是在面对美国海军配备 14 英寸主炮的战列舰时，这些船亦不具备任何技术优势。

在大战末期和战后初期，皇家海军能拿得出手的只有 5 艘"伊丽莎白女王"级和 5 艘"复仇"级战列舰。这 10 艘主力舰相对战后初期陆续完工的美国战舰而言，并不过时，可以和合众国舰队序列内安装有 14 和16 英寸主炮的战列舰对抗。而 3 艘在建的战列巡洋舰中，只有"胡德"号具备较完善的装甲，2 艘"声威"级战列巡洋舰尽管安装有 15 英寸主炮，但是装甲甚至不如"虎"号。

为了完成这一目标，在历经受贿丑闻和"八·四舰队"计划到"八·六舰队"计划的曲线救国模式之后，经过和国会长期的纠缠，日本海军终于在 1920 年6 月的 43 届国会预算案中通过了所谓的"八·八舰队"计划。而这个"八·八舰队"计划的制定者，便是对马海战时东乡大将的参谋长加藤友三郎。

所谓的"八·八舰队"计划并不局限于建造主力舰，计划本身还包括一整套的构成一支庞大舰队所需的巡洋舰和驱逐舰等辅助舰艇，核心内容为建造 8 艘战列舰和 8 艘战列巡洋舰，其中半数已完成设计的战舰和战列巡洋舰将会安装"40 厘米口径"主炮，其余则计划配备"46 厘米口径"的超级舰炮。对比这些已经完成了设计或者正在规划中的舰艇，现有的"金刚"级和"扶桑"级战舰脆弱得好似玩具。

日本的"野心"（如果这种不顾国家经济状况和国际局势的毫无节制和自知之明的扩军计划还能算得上野心的话）等同于在海中投下了一枚超级炸

弹，本就波涛汹涌，这下是彻底开了锅。早在 20 世纪初便察觉到必然将会和
日本在太平洋发生冲突的美国，为了维护自己对日方的海上优势，针尖对麦芒
地抛出了海军大规模扩建计划。除了为在建的 4 艘最新的"科罗拉多"级战
列舰换装 16 英寸主炮以制衡在建的"长门"级战列舰的主炮优势之外，美国
海军还制定了建造 6 艘安装 12 门 16 英寸主炮战列舰的计划，并加速了"传

■ 日本海军依照
"八·四舰队"计划
建造的3种主力舰，
由上到下："金刚"
级战列巡洋舰，"扶
桑"级、"伊势"级
战列舰。这些战舰的
设计源自英国，采用
的14英寸主炮是委
托维克斯公司秘密研
制的。日本海军本希
望由12英寸跳向14
英寸来抢占海军技术
的制高点。无奈的
是，在那几年，新舰
过时得太快了……

说中的"的"大型侦察巡洋舰"计划，决心为这种超级战列舰队设计一种拥有最新式巡洋舰的航速同时具备现有战列舰火力的斥候巡洋舰。而这些，被纳入到了美国的《1919年造舰法案》之中。

由于还有英日同盟存在，加之对日本的底气和实力非常清楚，英国方面对于日本近乎自杀式的海军扩张计划倒是并未抱有多少担忧。在不列颠的海上蓝图中，位于东亚、利益圈向南延伸最远到东印度群岛的日本，只是和大不列颠的海疆"接壤"而已。但是对于美国的计划，他们怀着近乎病态的恐惧。温斯顿·丘吉尔这样评价道：世界上任何事情，任何你能想到或者向往的或者其他人可以告诉你的事情："无论是多么貌似有理的论点，无论多么具有煽动性的呼吁，都不能使我们放弃我国生命赖以维持的海上优势。"

我们不由得联想到了温斯顿先生在10年前对于德国全力扩建公海舰队时的那番"第一陆上强国试图成为至少第二位的海上强国，这是国际事务中的头等大事"的发言。关于美英关系，威尔逊总统的私人顾问爱德华·豪斯上校这样警告他的总统："美英两国的关系开始具有英国和德国在战前关系的性质。"

那么，是到了不列颠以它全部心血保持一支优于美国或任何其他国家的海军的时候了。

■ 世界上最初的安装16英寸级别主炮的战列舰，日本海军高速战列舰"长门"号。为了能加以克制，美国人给他们最新式的"科罗拉多"级战列舰换装了16英寸主炮。

■ "南达科他"级战列舰被设计用来对付日本海军更强大的"加贺"级战列舰。

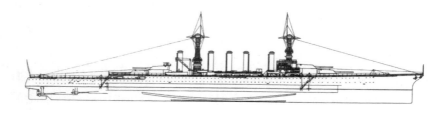

■ 绷紧英国神经的超级轻巡洋舰"列克星敦"级。这是后世的海军爱好者根据它的最初方案绘制的线图，在船舯呈矩形布置了7支烟囱，成为了继配备有7个主炮塔的"阿尔库金"号后的又一神作。

⇥ 大不列颠的未来 ⇤

在日德兰之战以后基于已有的经验，英国海军高速主力舰的未来呈现出两条道路：

或者是以进一步强化现有战列巡洋舰设计的装甲系统为模式发展；或者是以动力装置更趋完善的快速战列舰为发展方向。

和第一次世界大战前相比，英国海军对于各竞争对手所拥有的优势已经极为有限，随时可能丧失。特别是海军舰艇在更替上后继乏力。在建的2艘"声望"级虽然配备了6门15英寸主炮，但是侧装甲厚度仅6英寸（1921年的改装将增强至9英寸），只能被视为是安装了15英寸主炮的巡洋舰。战争即将胜利、敌人必然倒下的热情过后，英国人面对的是其前盟友强大到几乎无限的军事潜力和自身即将丧失

■ 正在入坞维修的"声望"级战列巡洋舰"反击"号。配备有15英寸主炮，但仅安装6英寸侧装甲（后被改装为9英寸），作为英国在战后继续建造的仅有的3艘主力舰，她和她的姐妹舰"声望"号对舰队作战并无多大价值。

■ 齐射中的15英寸Mark I型舰炮。在1919年，皇家海军现役的13艘一线主力舰都配备这种口径的主炮。但是，随着美日两国越来越激进的海军扩张计划，潜在更大口径舰炮的服役可能会使这种炮舰也显得过时。

殆尽的海上优势。

为了改变这种局势，英国打算在1921—1922财政年度预定3艘新战列舰和1艘战列巡洋舰，1922—1923财政年度再预定同样数目的战舰。之所以安排这样的建造数量，是根据海军部就国会对于最大限度更新现有主力舰的询问而递交的报告，其前提是充分利用现有船台和设施而无须大量增加固定设备的前提下所能承载的最大数目。紧接着在1921—1922年中期，建造计划又被改成了4艘战列巡洋舰，而取消了全部战列舰的建造计划。在这之后，如果没有《华盛顿海军条约》的签署，英国人很可能会在1922—1923年追加建造4艘新式战列舰。

为什么会给予战列巡洋舰如此高的优先级，因为没有档案可查，我们不得而知，但此中道理并不难以说明。配备一种高速主力舰对维持不列颠王国的海上交通线有非常巨大的意义，而英国海军现役的8艘战列巡洋舰中有7艘的防护能力都特别差（这是以1921年初的视角而言，当时"胡德"号已经建成服役，4艘配备12英寸主炮的战列巡洋舰已经退出现役），根本不适于同安装 14 英寸口径火炮的敌舰作战，更不用说配备了 16 英寸口径火炮的对手了。此外就美国官方公布的数据来看，"列克星敦"级战列巡洋舰的最高航速可达 33.5 节，尽管皇家海军认为有些夸大其词，但是这个数据看起来也确实很吓人。

起初，英国人打算在新战舰上安装 18 英寸口径的超级火炮，这是出于压制美日现有的 16 英寸级别口径主炮的考虑。但这不是简单一句话便能做到的，英国现有的军械工厂中只有阿姆斯特朗公司位于埃尔斯威克的工厂拥有生产这种堪称夸张的武器的相关设备，因此英国政府决定让这家公司专门负责生产这种超级主炮，而它原本承担的 16 英寸口径火炮的生产任务，被指定移交给了其他的公司。

尽管不太准确，人们依然比较习惯于称计划中的 G3 型战列巡洋舰为"超胡德舰"（Super-Hoods）。这是英国海军曾计划建造的最大的，在某种程度上也可以认为是最具威力的战舰，其综合价甚至超越之后的 N3 舰。尽管如此，从来没有什么出版物对它们进行过公正而且全面的描述。即便是被诸多战列舰爱好者、海军历史学家视作其兴趣与研究领域内"圣经"的奥斯卡·帕克斯的《英国战列舰》（British Battleships）一书中，对这些战舰的描述也远远谈不上充分。而关于 G3 舰，帕克斯先生给出的设计也非最终皇家海军部敲定的向船厂方面订货的完成版。

在一战结束到预定 G3 型战舰的这段时间内，英国人进行了许多有意思的设计和试验工作。至于 G3 型战舰为何会拥有如此众多的新特性，我们还需要进行一下详细的解释。

⟶ 主炮、弹药和防御系统 ⟵

对于大型战舰来说，什么是最重要的呢？当然是主炮。在那个年代，决定一艘军舰作战效能和威力的第一数据，是其拥有什么样的主炮。

12 英寸和 13.5 英寸主炮已经过时，在 1918 年，英国研制的最大型火炮是 15 英寸 42 倍口径的 Mark I 型舰炮，包括炮尾部分在内共重 100 吨。它可以以 753 米 / 秒的炮口速度发射 871 千克的炮弹，尽管并非传统的 45 倍径身管，但因为铸造精确而且炮身设计优良，所以不论射靶和实战中命中率都非常高。不过与美国的战舰相比，还是略显逊色：美国拥有重 137 吨的 16 英寸 50 倍口径火炮，能够以 839 米 / 秒的炮口速度发射 952 千克的炮弹，而 “马里兰” 级战舰上装配的 105 吨 16 英寸 45 倍口径的火炮也能够以 793 米 / 秒的炮口速度发射 952 千克炮弹。不过，第一次世界大战期间，埃尔斯威克工厂曾根据沃尔维奇·阿森纳工厂①的设计，铸造了 4 门具有试验性质的 18 英寸 40 倍口径火炮。这些炮实际上就是 15 英寸 42 倍径 Mark I 型的等比例放大产物，重 149 吨。尽管为了能承载这种超级舰炮海军设计局设计了许多可以安装此种火炮的主力舰，但事实上只有 3 艘都没有资格被称为主力舰的军舰安装有这种装备：大型轻巡洋舰 “暴怒” 号（HMS Furious，这艘船后来被改建成航空母舰）、浅水重炮舰 “沃尔夫将军” 号（HMS General Wolfe）和 “克莱夫勋爵” 号（HMS Lord Clive）。

实事求是地说，这种增大至 149 吨的 15 英寸 Mark I 型火炮确实是一种很好的炮，但由于当时能够生产的推进药颗粒都不够大，比战时 MD45 型弹药强不了多少，所以因为发射时缺乏足够的推进动力，这种炮的弹道性能并不完美。而如果不能加强发射药的能量，就必须设法延长炮身，使弹丸有充足的时间在炮管内获得足够的加速度，以保障弹道的稳定性。当然，弹道性能不佳的问题海军部军械局（Naval Ordnance）自己也有责任，为了追求最大化的打击威力，军械处要求厂方尽可能加重弹丸重量，所以最后搞出的弹丸居然重达 3320 磅（1506 千克），我们说得形象一些，即使是后世广为世人熟知的安装有 460 毫米主炮的超级战列舰 “大和” 号，其主炮配备的 91 式穿甲弹也仅 3219 磅（1460 千克）重。

由于弹丸超重，以海军现有的 MD45 型弹药全装药发射时炮口初速度仅

---

① Woolwich Arsenal，现在某个在该厂俱乐部队基础上组建的著名的英国足球俱乐部使用了这个名称。

■ 给人有"违章搭建"感觉的"沃尔夫将军"号，搭载18英寸炮实在显得有几分勉强。

■ 安装有18英寸重炮2门的大型轻巡洋舰"暴怒"号。设计上如此之偏执的军舰甚至不需要特别说明都知道是费舍尔授意下的产物。

能达到693米／秒，工厂方面曾尝试过采用超量发射药炮击，结果速度达到了还算说得过去的731米／秒，这个速度只能算是"还算说得过去"而已，但为此付出的代价是巨大的。由于炮弹出膛速度的增加、转速的提高，弹道变得相对稳定，同时使用超过设计当量的发射药开炮的代价就是让炮身寿命大为缩短，其严重程度到了军械处认为得不偿失的地步。最后，这种实验性的主炮最后沦落为安装到海军最新的潜水重炮舰上的命运（变身为航空母舰之前的"暴怒"号本质上也不过是一种快速炮舰而已）。

学费已经缴了，事实也是显而易见的：新主力战舰需要更好的装备，而不是"土法炼钢"式的等比例放大。因此，当海军再度需要更大口径的主炮之时，海军部军械局于1919年11月要求下属的军械委员会（Ordnance Committee）拟定方案设计一种"切合实际"的18英寸45倍口径的新式主炮。

委员会对几种铸造技术进行比较，一种是全线绕铸造（wire-wound），一种是半线绕铸造，一种是无线绕铸造也即全钢铸造。维克斯公司（Vickers）、阿姆斯特朗公司的埃尔斯威克工厂和沃尔维奇工厂等 3 家厂商，都针对这 3 种铸炮技术设计了无数个版本的铸造方案。1920 年下半年，这些个版本被统称为"16 英寸 50 倍口径炮"，但这个伪称几乎骗不了任何人，和平时期人们的保密意识统统在睡大觉，茶余饭后的闲谈和牛皮就会透露出很多机密。于是，没过多久就连工厂周围的小孩都开始以"18 寸大炮对射"为内容开始游戏。

1920 年 12 月 22 日，军方经过筛选最终下了 2 份订单，维克斯公司得到了一个半线绕铸造炮订单，埃尔斯威克工厂得到了一个全钢浇筑炮订单。后来到 1921 年 1 月 20 日，军方又同伍尔维奇公司签了一个全线绕铸造炮订单。英国人同时还想建造第 4 门样炮，由于得以从战败的德国各军火工厂收集数据和资料，军械委员会甚至打算采用克虏伯擅长的短钢管精确缩制法来建造这门炮，但这第 4 门炮最终只停留在了纸面记录上。

到了 1921 年年终，从各承包商递交的数据来看，委员会认为全线绕铸造炮比较有希望实现大规模生产，而由于遭遇到较大的技术困难，对其他两种炮进行的测试工作无法按时完成。沃尔维奇工厂设计的火炮相对较小重量也较轻，包括炮尾装置在内仅重 134.5 吨，3320 磅重的炮弹的炮口速度预计将达到 762 米 / 秒。不过后来又计划将炮弹重量减至 1323 千克，以进一步加强弹道稳定性改善炮击精确度减散布面。由于弹丸重量的削减，炮口速度增至 808 米 / 秒左右。同期的，MD 系列无烟弹药颗粒不够大的问题得到了解决，阿迪尔公司（Ardeer）研制的阿迪尔管状无烟火药（Ardeer Cordite Tubular）终于通过了它旷日持久的测试，被接受用作为海军舰艇乃至各兵种配备的重型火炮的发射药。而这 3 尊样炮的命运却比较可悲，由于它们的铸造速度都没有赶上局势变化的速度，随着后来限制军备协议的签订，统统在 1922 年 1 月 30 日取消了订货。

以上仅为比较切合实际的超级主炮计划，而皇家海军方面并非没有考虑过采用更大尺寸主炮的设想。我们从文献上查到的一则内容能很生动地说明问题：1920 年，皇家海军部要求著名的冶金专家罗伯特·哈德菲尔德爵士（Robert A Hadfield）不要再考虑 20 英寸（508 毫米）或 21 英寸（533 毫米）的 APC 炮弹设计了。这则对外公开的声明充分说明了两个问题：英国方面一直在进行着20英寸和21英寸主炮的设计甚至铸造工作，另一方面似乎也说明即便是拥有丰富经验的英国也对铸造如此巨大的口径火炮感到棘手。抛开笔者个人的分析不谈，这则声明很明显蓄意公布做给那些正处于竞争关系的外国人看的，英国人希望让其他国家知难而退放弃这么大口径火炮的研制。而实际上，尽管当时沃尔斯维克公司有能力建造20英寸口径的主炮，但英国政府和海军方面却从来没有打算去真正地制造这么大口径的火炮。也因为这样的原因，才会有了上面这番作秀味道严重的外交辞令。

已知的，日本曾经制造过480毫米口径炮，但是在测试过程中却发生了身管炸裂的严重事故；后来他们又铸了一门同样口径的样炮，出于好面子的缘故在削减发射药重量之后进行了试验，结果"胜利完成"。这门鸡肋一样的样炮被丢在了江田岛海军学校，并一直保留到1945年12月被美国占领军销毁。

美国则建造过一座18英寸48倍口径的样炮，和经验老到的沃尔斯威克工厂相比，海军武器工厂铸造的这门炮是十足的笨重玩意，它的全重居然达到了177.8吨，能以823米/秒的速度发射2900磅重（约1315千克）的炮弹，美国海军部军械局在设计过程中曾担心遇到技术瓶颈将口径缩小至16英寸56

■ 美国海军试制的50倍径16英寸主炮样炮。

倍口径，计划发射 2100 磅（954.5 千克）重的炮弹，但很快随着厂方的保证将要求改回到了 18 英寸。同期还有一种 47 倍径的 18 英寸火炮设计，同样异常的笨重，设计炮重达 177 吨。当然，采用如此夸张的重管设计是因为这门炮被设计要求发射重达 3850 磅（1746.3 千克）的弹丸，然而有关这门炮的细节不得而知。

至于同时期的其他国家，似乎都没有为其海军开发口径超过 18 英寸的主炮的计划，笔者仅查到法国于 1920 年开始了 450 毫米口径炮的设计工作，但没有其他关于这门炮的细节信息。

早在大战的末期，英国海军已经通过大量的实战数据和测试报告确信，在 50000 吨以下的战列舰上可以安装 18 英寸口径的主火炮。因为海军方面认为战列舰有足够坚固的船体结构和相当多的船身装甲，可以吸收和承托 18 英寸口径主炮射击时带来的冲击和震动。但是战列巡洋舰却不适合，因为战列巡洋舰需要安装更多的锅炉和尺寸更大的轮机，船体内部管线布置更为复杂，船身结构也往往比较脆弱。在有关 G3 型战列巡洋舰主炮的选择上，研制一种新的 15 英寸 50 倍口径火炮或者一种 16.5 英寸（419 毫米）45 倍径 /50 倍径火炮的设想，均被海军部认真考虑过。不过到了 1921 年的 1 月份，海军最终决定为设计中的 G3 配备 16 英寸 45 倍口径火炮，为了确保降低技术风险也为了缩短生产进程及早交货，海军军械局直接下令采用沃尔维奇工厂的 15 英寸 42 倍径 Mark I 型主炮为蓝本，研制和生产一种 45 倍径 16 英寸口径的 Mark I 型炮。

沃尔维奇工厂极其配合地为预定铸造这种主炮的埃尔斯威克公司提供了全套标准的全线绕铸造模具，第一批这样的火炮是在 1921 年 8 月 22 日由海军部军械局出面向埃尔斯威克公司预定的。它们设计重 108 吨，预计能够以 823 米 / 秒的炮口速度发射 2048 磅（929 千克）重的炮弹。但试验证实只能以 813 米 / 秒的出膛速度发射同样的炮弹，尽管头几发炮弹的精确度高得吓人，但是火炮在设计装药的烧灼下磨损率非常高，所以炮击精确度会非常快地降低。海军后来在使用中还发现，炮击精确度迅速降低的原因是膛线剥离现象很严重。万不得已，海军后来削减了这种新型火炮发射药重量，这导致了炮口速度被降到了 785 米 / 秒。但炮膛过度烧灼和膛线剥离的问题基本解决了。到了 1938 年，隶属海军的武器工厂又对膛线技术进行了改进，炮弹的出膛速度被至少提高了 7.6 米 / 秒，而且火炮使用寿命也被进一步延长。当然，这是属于后来安装在"纳尔逊"号（HMS Nelson）以及"罗德尼"号（HMS Rodney）上的那些 16 英寸 45 倍径 Mark I 型主炮的故事了。

还有一些关于 G3 型主炮选择时的事件需要补充说明，尽管和发展的主线关系不大。在 1921 年的时候，为了加快 18 英寸 45 倍口径火炮的试验工作，陆军委托沃尔夫工厂研制的用于攻击陆上要塞的 18 英寸口径攻城榴弹炮以及 1 门 16 英寸 40 倍口径火炮的建造工作曾被迫停止，以便挤出资源去完成海军那些"关乎帝国未来的头等大事"。但是这两项工作并未被放弃，在海军纷乱的工程因为《华盛顿海军条约》而终止以后，有关这 2 门炮的合同被继续执行了下去，不过陆军将火炮口径缩减到了 16 英寸。另外，前文叙述过的安装在"暴怒"号上的 2 门 18 英寸 40 倍口径火炮于 1933 年 7 月份被海军从库存武器仓库取出并当作废旧钢铁给卖掉了。一度有传闻说，它们被运去用以修筑新加坡要塞，不过现有档案并不支持这种说法。

在第一次世界大战中，英国战舰在武器系统上有著名的"三大"缺陷：炮弹不能有效地穿透装甲钢板，发射药储藏及输送装置的不安全，以及弹药不稳定。流血是敦促有关部门尽快解决问题的最佳途径。到 1918 年底的时候，这些问题都已经得到了解决。但对于 15 英寸和 13.5 英寸口径 1400 磅（636 千克）加长穿甲弹的"斜碰效应"仍存在一些无法解决的问题。英国人认为减小弹丸的长径比或许会取得更好的效果，尽管这样炮弹所受到的空气阻力会更大一些，撞击能量损失也会相应增大。这一观点可能是来自于德国公海舰队所钟爱的 380 毫米口径 750 千克轻型穿甲弹，这种炮弹被用于"巴伐利亚"级战列舰的 380 毫米主炮。在飞行能量损失方面与之相比，皇家海军装备的 15 英寸 1920 磅（871 千克）重的炮弹则表现较为平庸，13.5 英寸 1250 磅（567 千克）重炮弹的表现比 1400 磅炮弹表现好，又印证了这一点。但问题不是出在重量上，相反较重的炮弹因为惯性较大在外形不变的前提下更利于在大气中保存速度，问题出在弹丸外形。遗憾的是，当时英国人并未意识到这一点。在一种并不正确的逻辑下，1920 年 12 月份海军部决定新的 18 英寸口径炮弹的重量由 3320 磅（1506 千克）降到 2916 磅（1323 千克），1921 年 6 月又决定将 16 英寸口径炮弹的重量由 2350 磅（1058 千克）降到 2048 磅（929 千克）。

当然，错误总归是错误，在 1922 年到 1923 年期间，海军先后对改进的 15 英寸口径炮弹进行了三十余次试验，最后证实了只要保持合适的气动外形，较重的炮弹在弹道方面和较轻的炮弹一样好。不过到了那个时候，有些错误已经没有必要再去纠正了。因为那时随着火炮的取消，18 英寸炮弹的研制工作也已被取消了，因为没有实际需要所以基本也没有对现有的 16 英寸口径炮弹进行改动。不过皇家海军在 1939 年建造的新一代"狮"级战舰上，计划配备的 16 英寸主炮发射的炮弹重达 2375 磅（1080 千克），美国在二战中使用的更加现代化的战列舰上的 16 英寸口径火炮炮弹更是重达 2700 磅（1225 千克）。

整个第一次世界大战中，关于发射药包的安全性问题一直是皇家海军的

■ 一些皇家海军主要竞争对手在那一时期的主力现役舰炮。以上4张照片分别为："长门"级战列舰安装的实际口径为410毫米的"40厘米45倍径"主炮（图1），这也是"八·八舰队"中半数主力舰的标准。实际口径为14英寸的"35厘米45倍径"43式主炮（图2）。美国海军的14英寸50倍径Mark 7系列主炮（图3）。16英寸45倍径Mark I型主炮（图4）。可见，皇家海军的15英寸主炮在其中显得有些尴尬。

软肋。海军曾因为这个缺憾在日德兰之战中白白搭进数千条生命,并背上了"战列巡洋舰是炮仗"的污名。通过舰上水兵的意见反馈和情报部门的努力,海军确信德国主力舰能比较好地避免主弹药库殉爆是因为使用了金属制的发射药筒所致。他们曾试图寻找一种比全丝绸包装更佳的保护装置,但除金属药筒之外,他们也找不到很好的替代品,而出于一种没有理由的傲慢,他们又不愿意使用德国人发明的东西。不过最后的结果还是海军别无选择地接受了这项来自于战败者的创造。

说到预防发射药殉爆的问题,这里有一点是不能不提一下的。在 1939 年11 月之前,英国人从来没有进行过引爆数吨发射药的试验,就像 1915 年多格尔沙洲战役中的德国公海舰队的"赛德利兹"号(SMS Seydlitz)弹药库里发生的景象相似的那样。因此英国人无法对引爆主弹药库之后的结果进行研究,其时这也没什么好研究的,结果反正大家都已经在第一次世界大战中看过多次了。但是到了 1939 年 11 月皇家海军又开始进行这方面的研究,并一直持续到了 1940 年 8 月。研究的过程不得而知,不过他们有了一项极其"重要"的发现(在他们看来是极其重要的),那就是金属药筒上防止弹药自燃的火门竟然既不防火花也不防水。英国人研究后认为这个火门可以去掉,因为只要改进弹药加工标准,弹药被火星甚至是一点小火引燃爆炸的风险是很小的。至于弹药库里发生大火的时候,是直接烧到药包上还是烘烤着铜质的容器这点,区别真的很大么?

■ 意大利海军无畏舰"但丁"号,安装有4个三联装12英寸主炮塔。这一设计出自英国公司之手。

■ 在英国海军内部，直到开始对"未来主力舰"作实质性的探讨之前，都坚持采用双联装炮塔。这倒并不全出于海军既有战术或者思想保守上，我们都知道，世上就是有些人脑子里会有些奇怪的"美学"概念，而这种毫无必要的个人喜好如果被用到实际工作中，往往会成为事务发展的绊脚石。三联装炮塔在海军内吃不开很大程度上也是基于此。

　　由于这个发现，在 1923 年海军如愿以偿地引入了他们发明的所谓"无火门式弹药箱"，从而完成了在细节上的"去德国化"。

　　前面讲了主炮、弹药、发射药的安全问题，那么接下来就该叙述炮塔设计了。

　　众所周知，最初的三联装模式炮塔出现在意大利海军的"但丁"级无畏舰上，而英国则在 1907 年设计"圣文森特"级战舰的 12 英寸火炮系统时开始考虑是否为其配备三联装炮塔。关于"圣文森特"级的三联装炮塔设计的具体细节我们不得而知，很可能只是某个设计师或者海军的某人灵机一动的产物，反正是没有找到下文。所以直到 1918 年为止，除了安装在战列巡洋舰"声望"号（HMS Renown）和大型轻巡洋舰"刚勇"号（HMS Courageous）上的 4 英寸口径副炮之外，英国海军并没有使用过三联装炮塔，甚至没有使用类似炮塔的打算。

　　与皇家海军的花岗岩脑袋相比，意大利的战列舰和俄罗斯海军都使用了主要由英国公司设计的，安装 12 英寸主炮的三联装炮塔；皇家澳大利亚海军的一些轻型舰艇上也安装了三联装炮塔；美国海军则从"内华达"级战列舰起，开始安装配备了 14 英寸主炮的三联装炮塔。由于这种外侧的两筒在前中央一筒在后的三联装炮塔炮塔设计能同时容纳 3 门火炮，2 个三联装炮塔相比 3 个双联装炮塔只需要更短的一段侧装甲带加以保护，所以在一艘 50000 吨的战舰上安装 3 个三联装炮塔不仅可以比安装 4 个双联装炮塔节省 1000 吨承载重量，而且多出了 1 门炮，其优势是显而易见的。皇家海军显然也意识到了这一点。他们曾于 1921 年的时候在潜水重

■ 于1934年被打捞出水的前公海舰队旗舰"巴伐利亚"号，英国人对这艘船进行了妥善的废物利用……

炮舰"克莱夫勋爵"号上临时拼凑了一座 15 英寸"三筒"炮塔进行模拟试验，当然这并不能算作真正的三联装炮塔。试验证实即使 3 门火炮一起发射，炮击精度也不会有很大降低。

在海军为 G3 战列巡洋舰采用何种联装模式的主炮塔犹豫不决的时候，埃尔斯威克工厂和维克斯公司都设计了一些安装 18 到 15 英寸口径的火炮的三联装炮塔。经过筛选，委员会最终还是决定采用埃尔斯威克公司设计的 18 和 16 英寸三联装炮塔。不幸的是，最早设计的 18 英寸口径三联装炮塔的图纸未能保存下来，不过它们似乎与 16 英寸口径炮塔极其相似，从存世的档案和文字资料上来看，区别仅仅是在传送弹药的动力控制系统有所不同。另外，由于火炮尺寸的差异，炮塔的尺寸和重量也有所区别。已知的 18 英寸三联装炮塔炮座滚柱直径 11.43 米、炮塔座圈内直径为 12.29 米、炮轴间距为 2.59 米，整个系统的回旋部分重量约为 1700—1730 吨。16 英寸三联装炮塔与"纳尔逊"

级战列舰上的 C 号炮塔相似①，不过正前方的主炮防盾要更厚一些，还设计有辅助弹药装填装置。炮塔座圈内 11.73 米，炮座滚柱 10.06 米，回旋重量约 1560 吨（后来削减至 1514 吨），而"纳尔逊"号上的约为 1464 吨至 1483 吨，差异主要在装甲厚度上，当然一些内部设备被简化也是一方面。与几家英国公司早期为外国客户设计的类似装置相比，最显著的内部构造差别在于炮架造型发生了很大变化，新设计使弹药筒和扬弹机更不容易受损。炮筒最大仰角经常被认为是 45 度，但实际上应该不大于 40 度，装填角度为正 3 度。

为了确保 G3 的炮塔设计和水下防护万无一失，海军在 1920 年至 1921 年期间利用手头的老舰和收缴自德国公海舰队的舰艇进行了大量的试验获取第一手的毁伤数据，以便对炮塔的防护设计进行细致的规划。

在日德兰以及其他几次海战中的事实已经证明，在 15 英寸穿甲弹面前，10 英寸（254 毫米）厚的垂直装甲根本起不到什么作用。两层薄装甲的防护效果也不如一层厚装甲板的效果好。举例来说，与一个由 7 英寸（178 毫米）厚

■ 在德国公海舰队服役时的"东弗利斯兰"号。

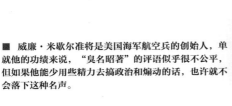

■ 威廉·米歇尔准将是美国海军航空兵的创始人，单就他的功绩来说，"臭名昭著"的评语似乎很不公平，但如果他能少用些精力去搞政治和煽动的话，也许就不会落下这种名声。

① 更直接一些地说，"纳尔逊"级战列舰的主炮塔，就是沿用因为条约而遭废弃的 G3 舰的炮塔设计。

的炮塔前部装甲带和 7 英寸厚保护的主炮防盾装甲的联合效果，不及由单独一层 14 英寸炮塔盾保护的炮塔正面更安全。或许是意识到了这一点，美国设计师在设计"内华达"号和"俄克拉荷马"号时取消了主炮前方的主炮护盾，而直接加厚了主炮前装甲。1921 年，英国人在自沉失败后搁浅的前公海舰队旗舰"巴伐利亚"号上进行了一系列重要的试验，由浅水重炮舰"恐怖"号（HMS Terror）和"暗界"号（HMS Erebus）向其发射了 31 枚各种类型的 15 英寸口径炮弹，撞击速度为 472 或 421 米 / 秒，相当于以战列舰发射同类炮弹时分别从 14200 和 19920 米外射来时的速度。"巴伐利亚"号炮塔正面防护板被一枚速度为 472 米 / 秒的 APC 炮弹以 18.5 度入射角击穿，另一枚炮弹以 30 度入射角击中了有 360 毫米装甲保护的指挥塔，但指挥塔没有受损，炮弹砸到了甲板上也没有爆炸。然后英国人分 10 次总共用了 106 片 15 盎司重火棉片才能将这枚没有爆炸的炮弹破坏，在 1914 年之前只要一次用 4 片就足够了，尽管引信不够可靠，但这也标志英国海军生产的穿甲弹稳定性有了很大的进步。在试验中，另一枚 APC 炮弹以 472 米 / 秒的速度 14.5 度入射角穿透 250 毫米厚的炮塔顶层装甲板，然后穿过 30 毫米厚的纵向船舱壁以及 12.5 毫米主甲板（非装甲材质）之后，在距离油舱 11.6 米的地方爆炸了。事后的损失勘验显示，这枚炮弹除了贯穿了大量纵向隔壁外还炸坏了 2 个锅炉。

其他值得一提的数据包括一次半穿甲弹（SAPC）的命中记录。这枚 SAPC 以 421 米 / 秒的速度穿透了船体侧面的炮组防护板（保护船体侧面炮廓内的 150 毫米副炮）后以 42 度入射角穿入船体击中了 B 炮塔炮座位于露天甲板下的部分（170 毫米厚）并爆炸。半穿甲弹本身无法贯穿这么厚的装甲，但是爆炸却将一块尺寸约为 1.22×0.91 米的防护钢板被炸凸了出来，卡住了炮塔的旋转机构。据此英方的勘验人员认为，如果这枚炮弹直接击中的是 350 毫米厚的炮塔座圈外部，则不会起到如此大的效果。在这些试验得到的诸多信息中，最重要的可能就是有必要对现有炮塔顶梁和支撑装置进行加强。

后来英国人又在"巴伐利亚"号的露天甲板或其他上层建筑上进行了静止爆破试验。英国人一共引爆了 5 枚炸弹，其中 1 枚为 1800 磅（817 千克）重的重磅炸弹，1 枚为 550 磅（250 千克）的穿甲弹，另外 3 枚为 525 磅（236 千克）的普通炸弹。由于并不是从飞机上投下，这些炸弹都显得缺乏穿透能力，它们只对战舰造成了微小损伤；其中仅 550 磅炸弹炸破了底下的甲板。其中 1 枚 525 磅炸弹是在 100 毫米厚的炮塔顶部上引爆的，它的破坏作用非常小。那时的航空炸弹在穿甲能力方面还无法与垂直下落的重磅炮弹相比。

1921 年美国在"东弗利斯兰"号（SMS Ostfriesland）上进行了规模更大的炸弹攻击试验，此舰来自德国，是一艘采用往复式蒸汽机而非涡轮机驱动的前早期型无畏舰。根据英国观察员的纪录，共投掷了 33 枚 250 磅（113.5 千克）和 300 磅（136 千克）炮弹，还有 19 枚 550 磅以及 600 磅（272 千克）炮弹，其中有 13 枚直接命中目标，不过有 3 枚没有爆炸。3 枚 550 磅近失弹在距离船体非常近的水中爆炸了。检查发现并没有对船体造成很大损伤，至少 40 毫米厚的装甲甲板没有被击穿。但是夜里有几个船舱漏水了。第二天又投掷了 5 枚 1000 磅（454 千克）航空炸弹，其中 3 枚命中，但还是没有对战舰造成致命伤。最后他们又投下了 6 枚尚在试验中，还未投入现役的 2000 磅（910 千克）重型航空炸弹，2 枚命中，另外 2 枚近失弹紧接着在船体附近爆炸。这次轰炸造成了巨大的结构形损坏，战舰在 14 分钟内沉没。

美国海军本来打算在投掷每一枚炸弹后都进行检查，以获得有用信息甚至可以说是宝贵的破坏资料。但是本次试验中海军航空队方面的负责人是臭名昭著的威廉·米歇尔（William. Mitchell）准将，他怂恿军方进行这次试验的本意并非系统地考察空中威胁对于水面舰艇的危害，而只是希望能够以令人瞩目的方式宣传空中打击的威力。

"东弗利斯兰"号的水下保护装置包括厚约 30—25 毫米厚的防雷隔舱，它大约处于距船舱壁 4.5 米的位置，船壳板和防雷隔舱之间被一层薄薄的纵向舱壁隔开，外面的半边是空的，靠里的半边是起保护作用的煤仓。一战后期德国许多战列舰上都采用了这一模式，比如在斯卡帕湾中被又轰又炸的"巴伐利亚"号，不过对一些细节进行了改进，鱼雷舱壁的厚度也增加到了 50 毫米。报告中并没有提及"东弗利斯兰"号的鱼雷舱的水密门以及保护舱里的煤炭储量的状况，而这些在分析水下爆破的损失时都是非常重要的。

自 1914 年起，英国在查塔姆浮动试验室（Chatham Float）上对水下防护装置进行了模拟试验和小比例模拟试验，不过由于试验常常要比设计滞后很多，所以所谓的试验常常是起到验证而非发现的作用，只能算是亡羊补牢。

原始外部防雷护体的作用在一战中得到充分证实之后，新建成的"胡德"号就被迅速安装上了这一装置。在这艘战舰上，鱼雷舱壁约厚 1.5 英寸（38 毫米），此舱壁外侧的"突出部"最宽处有 3.2 米。"突出部"外半部分有空的防水舱，内半部分有 5 排实心钢管。如果空间允许，还可以在 1.5 英寸厚的舱壁内再设置一厚度为 0.75 英寸（19 毫米）厚的舱壁，两层舱壁之间可以用来储存部分燃料。这一体系设计能够承受得住雷头威力为 500 磅（227 千克）TNT 炸药鱼雷攻击。1919—1920 年在查塔姆的试验证实，在放置钢管的舱注满水也可以起到同样的保护作用，而且还节省了吨位。当时英国人已经有充足的理论和实践，可以在新战舰上设计安装能够承受雷头威力为 750 磅（338 千克）TNT 炸药的鱼雷保护体系了。

基于某些理由，水雷在炮塔底部的弹药舱下引爆会导致弹药库爆炸的可能性受到了皇家海军的极大重视。英国人发现，如果与之前的英国模式相反，把发射药舱安置在炮弹舱下面，那么一旦发生意外（指水雷在舱底爆炸一类的事故)海水可以立即涌进火药舱，就不会发生严重事故了，因为实战中弹丸很少有机会被引爆，真正引发严重后果的往往是发射药爆炸。为了提高防护能力，新战舰的双层底之间的间隔为 2.1 米，设计师认为因预留了充分的空间以便吸收爆炸产生的冲击。

1921 年 7 月，在查塔姆浮动试验室模拟安装了 16 英寸主炮炮弹舱和 G3 战舰的弹药库之后，在底下引爆了 1 枚装填有 350 磅（159 千克）TNT 炸药的水雷。没有任何迹象表明推进火药着过火，试验结果非常令人满意。但很长一段时间之后的试验证

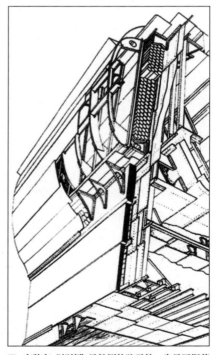

■ 安装在"胡德"号舷侧的防雷舱，也是同期英国战列舰的标准配备。海军在役的全部全力舰最后都被加装了这个设备。

实，2.1 米深处的双层底板并非完美，因为板材连接处缺乏可以吸收爆炸能量的柔性结构，所以即使轻微的变形也比浅些的底板更容易给横向舱壁造成大面积损伤。英国在 1918 年研制的海底磁引信水雷"沉没者 IM"（Sinker IM）中携有 1000 磅（454 千克重）TNT 炸药，但英国人似乎从来没有考虑过用它来进行这种试验。

一个并非测试本身项目，但是经过多方数据汇总而总结出来的问题就是，英国战舰还需改进的就是增大水泵容量。"巴伐利亚"号上主机舱外的水泵排水量大约是 8100 吨 / 小时，而"胡德"号的水泵排水量为 4450 吨 / 小时，仅为前者的大约一半。

通过上述试验得到的结论已经很明显，虽然有些事后诸葛亮，但仍旧应该指出，无论当初海军部是出于什么动机，1919 年 2 月 27 日，海军部作出取消除"胡德"号之外其他 3 艘"海军上将"级建造的决定是完全正确的。很明显，"海军上将"级的设计方案是在 1916 年 3 月 27 日提交的，当时的设计排水量是 36300 吨，而且没有机会去吸取哪些日德兰之战中用鲜血换来的宝贵教训。而海军方面为了补救临时增加的防御设计又使船体的预计排水量增加到了 41200 吨（实际为 42670 吨），船壳结构重量和增设的机械装置均严重超标。1918 年 8 月份通过了对另外 3 艘"海军上将"级战舰的修改方案，包括对保护装置更合理的分布，而需要为此付出的代价就是减少 120 枚 15 英寸炮弹库存，速度还有了些微降低。由于感到得不偿失，而以当时的眼光看"海军上将"级战列巡洋舰除了航速之外已经没有什么非常先进的特点了，取消建造计划转为去重新设计一些更先进的战舰似乎更为明智。

而在对于 G3 舰的设计中，也非常有必要去回过头来审视"胡德"号防护设计。客观地看，"胡德"号的缺陷并非因为分配给防护系统的重量不够：实际排水量为 42670 吨的"胡德"号上的装甲总重占了 13650 吨，占总吨位的 32%。而设计吨位 48400 吨的 G3 型战舰上，装甲系统的总重量为 14440 吨，略少于 30%。显然前者的比例高于后者，但是多余的材料都被浪费在了中等和较薄的防护板上了。此外"胡德"舰的舱内高度很低，空间狭小，再进行改装的条件有限。而且前面就提到过的，对比美国和日本海军那些规划中的配备 16 和 18 英寸主炮的战舰，安装 8 门 15 英寸 42 倍口径火炮的就显得不管用了。

→• 万花筒 •←

　　很遗憾，我们并没有发现 1919 年和 1920 上半年设计的英国快速主力战舰的完整记录。估计这些被定义为"习作"的战舰的船长和船幅都跟"胡德"舰相似，普遍在 850 英尺（259 米）长和 104 英尺（31.7 米）宽范畴，除速度外其他方面也很相似。在一些零散的文字记录中，这样描述这些战舰设计：速度由扣除炮塔后的机械舱空间来决定的，此类战舰一般安装 4 座 15 英寸 50 倍口径三联装炮塔或 3 座 18 英寸 40 倍口径三联装炮塔，在这两类设计中，炮塔是防御设计的重点，采取了非常完善的保护措施。安装了 12 门 15 英寸口径火炮的战舰通常要比"胡德"号重 4000 吨，但速度要慢 6 节，安装了 9 门 18 英寸口径火炮的战舰的排水量几乎与"胡德"号相当，速度要慢上 4 节左右。估计还有些战舰安装了 4 座 15 英寸双联装炮塔或 4 座 18 英寸双联装炮塔，前者约比"胡德"号重 1400 吨，速度慢 0.5 节；后者比"胡德"号重 5000 吨，慢 5 节。

　　1920 年 1 月份英国人设计了 1 艘 43100 吨级的战列巡洋舰，1920 年 4 月又设计了另外 2 艘，分别重 43100 和 44350 吨，这 3 艘战舰的舰长和船幅都与"胡德"号相似，某种意义上可以被视为针对"胡德"号复杂并低效的防护系统进行的设计。公认地，"胡德"号的船壳形状并不是特别好，这使她在航行中会受到较大一些的阻力，牺牲掉那么一点航速。而这 3 艘战舰的设计图都对这一点进行了改进。据记载船体龙骨末端的结构非常令人满意，并且设计师给船艏水下加装了能有效抑制兴波效果的船鼻。但海军部对这 3 份设计都不感兴趣，他们认为采用球鼻艏会导致无法在船头水下安装扫雷器，从而失去了通过某种铺设了锚链式漂雷海区的独特优势。

　　与此同时，战后问题委员会（Post-War Committee）在海军中将费里莫（Richard Fortescue Phillimore）爵士的牵头下，根据经验研究了不同类型战舰的用途和价值，并于 1920 年 3 月 27 日向英国政府递交了他们的建议。报告不久后被转呈给海军部的有关机构。在报告中，委员会方面推荐了一种满载排水量排为 35000 吨的标准化战舰，其最大速度为 23 节，设计可以安装 5 座双联装炮塔或 4 座三联装炮塔，每门主炮携带 120 枚炮弹，二级火力则为每边

8座有相对较弱但完整防护的副炮塔，分布在两层露天甲板上，每门火炮都有从火药舱和炮弹舱通过来的独立弹药供应系统。这份设计附带了一份相应的战列巡洋舰方案，其源自战列舰方案的修改。设计配备4座双联装炮塔，每门可携带140枚炮弹，最大航速可以达到33节。几乎可与"列克星敦"级大型巡洋舰抗衡，但尺寸仅和"伊丽莎白女王"级或者美国的"科罗拉多"级战列舰相当，明显小于"胡德"号。

不清楚委员会为什么会认为能够在排水量如此小的战列舰或战列巡洋舰上安装如此多的武器，不过他们推荐上述设计的理由可能是参照了早期的"列克星敦"级大型巡洋舰的实例。"列克星敦"级的标准排水量是35250吨，安装有8座16英寸50倍口径火炮（最初设计安装10门14英寸主炮），但侧装甲只有5英寸（127毫米）厚，炮塔防护盾最厚的地方才6英寸（152毫米）。如果费里莫中将推荐的战列巡洋舰设计中，装甲防护也是基于此水准的，那也许还不算"太"离谱。然而，无论怎么看，有关战列舰方案都是极为荒唐的。海军部方面没对战后问题委员会的这份建议做出回答，也许在他们看来根本不用理财。实际上，在这一时期类似的空谈还有很多，有些设计以今天的眼光看，活像是一个玩泡菜网络游戏《大海战》痴迷后的人在想当然地用游戏逻辑"设计"战舰。尽管海军确实需要新的主力舰，但如果撇开新式大口径舰炮和舰用装甲的研究和招标，一直到1920年4月之前，他们并没有对系统地设计一种新式战列舰或者战列巡洋舰认真地做过什么研究和讨论。当然，这也不是英国海军部的渎职或疏失。在此之前，海军部一直在为如何处置和封存老旧战舰的工作忙得焦头烂额。

海军部意识到急需的新式主力舰设计已经陷入僵局是在1920年3月底，局势的迫切性使他们觉得有必要来认真考虑这个棘手的问题。为了使新舰的设计工作能有明显进展，海军部的两位头面人物将要会亲自出马。

在4月初，海军部造船局局长（Director of Naval Construction，简称DNC），闻名世界的海军舰艇设计师，主持设计过战列舰"里约热内卢"号、"复仇"级战列舰、"海军上将"级战列巡洋舰的尤斯塔斯·休·坦尼森·戴恩库特爵士（Eustace Hugh Tennyson-d'Eyncourt，一等准男爵爵位，亦是后来的"纳尔逊"级战列舰、"郡"级条约型重巡洋舰的设计师）和海军部炮术主任，海

■ 海军部造船局局长尤斯塔斯·休·坦尼森·戴恩库特爵士和时任海军炮术主任的海军主任参谋德雷尔上校。这两个人的意见和决策对未来主力舰的发展起了主导作用。

军主任参谋（Director of Gunnery Division，Naval Staff，简称DGD）德雷尔（Frederic Charles Dreyer）上校互相交换了意见。双方讨论的焦点集中在主力战舰装甲要求，为此他们详细探讨了采用何种攻击标准以进行试验的问题。

这次讨论的结果出现在了1920年5月31日的一份文件中，这成了新的战列巡洋舰设计的最初依据。在文件中，海军部造船局长戴恩库特爵士提到，军械局局长曾在1920年4月5日建议采用18英寸口径3320磅出膛速度为457米/秒的炮弹进行攻击。但戴恩库特爵士根据之前错误的判断质疑18英寸炮弹是否果真比15英寸炮弹更有效，因为之前已证明15英寸炮弹有些时候甚至不如13.5英寸炮弹有效（前面曾提到过，这一结论后来被证明是错误的）。最后，初始设计的防护标准被划分成如下3种：

1A型：主防护区可以完全防御18英寸口径炮弹攻击。

1B型：弹药舱和炮塔及它们之间部分防御18英寸口径炮弹的攻击，其余部分能够抵御15英寸口径炮弹攻击。

2型：主防护区可以完全抵御15英寸口径炮弹的攻击。

该文件附有戴恩库特爵士简单推算后的排水量数据。据粗略测算，1A型舰要比2型舰排水量多7000吨，相应的速度慢上2节。1B相对2型舰排水量多5000吨，速度慢1节。经过进一步计算，如果要想让能够完全防御18英寸口径炮弹攻击的战舰（也就是说 1A 型）速度达到了 25 节以上，那么将会造成严重的船体尺寸和吨位超标问题，这就意味着需要新建一批大型浮动船坞。作为折中，戴恩库特建议采用美国的 16 英寸 45 倍径主炮的 2100 磅（954.5 千克）炮弹作为标准攻击炮弹，战列舰可以略大，战列巡洋舰可以略小。但是这个主意本身具有欺骗性，让人误以为英国人的战舰可以防住更强的炮弹。但实际上如果以同样的速度撞击目标，16 英寸口径 2100 磅的炮弹相比皇家海军现役的 15 英寸口径 1938 磅重的炮弹威力相差无几。

文件附带的备忘录中明确要求对新战列巡洋舰的船体尺寸进行限制，被要求限制在已有的最大型的浮动船坞的容许范围之内，即不大于 850 英尺（259 米）×105 英尺（32 米）。

不过德雷尔回应说可以对 1A 和 1B 设计进行攻击试验，但对于 1B，要用美国的 16 英寸 50 倍口径火炮替代 15 英寸口径火炮。它们都应该是拥有结实的指挥塔和炮身的战列舰，速度应该有至少 25 节。如果斜甲板倾斜度达到 20 度的话，25 毫米厚的防护钢板是明显不够用。因此，为了免于遭受破片的袭击，德雷尔建议在火药舱上方安装结实的底层防护板，如果可能的话，轮机舱上方等处也要加强防护。

↦ L 方案 ↤

在戴恩库特爵士对海军最新的战列巡洋舰几乎草拟出大纲之后，关于英国海军未来战舰的最初 2 份方案，在 1920 年 6 月份被草拟出来。它们的代号为 L–II 和 L–III，分别代表采用了双联装主炮和三联装主炮，它们可能是当时能找到的最奇特的设计之一。这两份设计的初衷似乎就是为了要证明，如果硬要将战舰塞入已有的船坞内，就不可能设计出能有效抵制 18 英寸炮弹攻击的战舰。

这 2 种设计最不同寻常的地方在于炮塔，尽管要么采用双联装的 2 前 2 后，或者是三联装的 2 前 1 后布局，可是这些炮塔却都不是背负式的。因此尽管

44

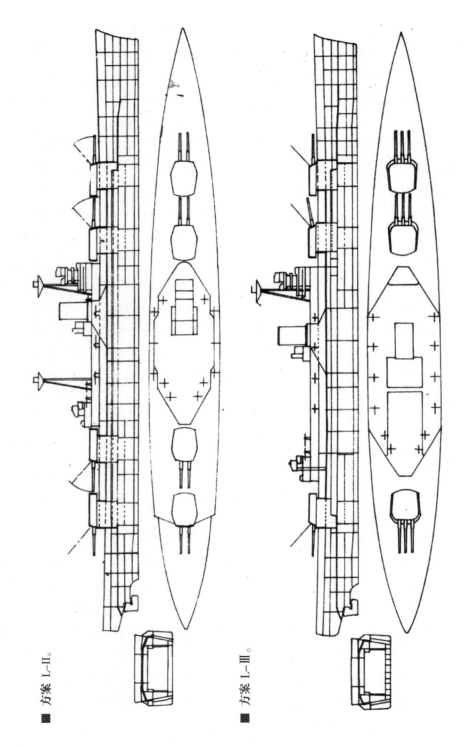

■ 方案 L–Ⅱ。

■ 方案 L–Ⅲ。

水平射界可以达到中轴线左右各 150 度，双联装炮塔设计中的 B 炮和 X 炮，以及还有三联装炮塔设计中的 B 炮的炮口仰角却不能低于 12 度，除非舰长先将本舰的 A 炮或 Y 炮轰掉。戴恩库特爵士本人并不喜欢这 2 份设计，他认为主防护区太长了，前后炮组炮座中心距至少达到了 27 米，这在他看起来是毫无必要的。据笔者推测，这有可能是为了避免采用背负式设计后沉重的炮塔座造成舰体结构某一部分的应力集中，因此只能增大间距并采用这种平铺的炮塔布置模式，同时这种设计也能有效地降低船体的定倾中心高度提高稳定性。此外，战舰配备有 6 英寸口径的副炮，这些副炮统统被安装在位于船体舯部的双联装炮塔塔内。

装甲带长 150 米，从水线以上 1.5 米处延伸至水线以下 0.9 米处，装甲带可谓非常之狭窄，保护区域也非常有限。船体舯部的平装甲板要比侧装甲带上缘高约一层甲板的厚度，水平装甲的两侧下倾和侧装甲带结合，构成一个完整的穹顶的装甲盒结构。位于水平装甲两端的倾斜部分厚度非常大达 13 英寸，通常被称为"内装甲带"的。这一部分的装甲能起到抵挡水平攻击和垂直攻击两个效能，类似 19 世纪流行的安装有穹形水平装甲的防护巡洋舰。而且内装甲带和侧装甲连接的部位是侧装甲带的上缘而非底部，这也意味着水平装甲的在船体内的位于远高于水线，水平装甲下的防护区空间巨大，这对安装大功率的动力装置非常有利。

防雷护体由宽约 3.7 米的外部空气层和内部充水层组成，在上层甲板处与船壳焊在一起。双重底之间间隔 2.1 米。需要特别指出的是，这两份设计中都采用了上文叙述过的将发射药库至于弹药库底部的新模式。就像上文提到的那样，设计师希望最危险的发射药库能在船底触雷的第一时间浸水淹没，从而可以避免被引爆的巨大危险。

与"胡德"号相似，不论是 L-II 还是 L-III，这两种设计的船艏和船艉部分都比较尖，是属于舯部较丰满的巡洋舰船体。在 L-II 的设计图上，自 Y 炮后面被削去了整整一层甲板用以减轻重量，这也使 L-II 成了通常意义上的长艏楼船型。两份方案中，舰上都配有一个带了一支三角桅的小型舰桥。装配三联装炮塔的设计图上，战舰成了平甲板船型，没有后主桅。不过它上层建筑被拉得很长，B 炮塔与它后面的 Y 炮塔之间的距离就如双联装炮塔战舰上的那两座炮塔间距那么远。

当然，L–II 和 L– III 的设计中出现了许多令人耳目一新的设计，比如被加厚至 13 英寸的内装甲带。但是总的来说，都不能令造船局局长满意。

第一份比较令人满意的设计是在 1920 年 10 月份做出的。当时设计的三联装炮塔战舰最初被称为 M2，不过随后就采用了另一种命名体系。战列舰用 "L" 到 "Z" 之间的字母表示，战列巡洋舰则从 K 到 A。双联装炮塔用 2、三联装炮塔用 3 表示，很少用 a、b、c、d 来表示了。

在描述这些设计之前，需要顺便提一下船坞，因为它们的大小问题已经对正在启动的海军新战舰计划产生不利影响了。

可用船坞和新式主力舰的尺寸

尽管戴恩库特曾希望海军获得新的船坞，其尺寸能够达到 1200 英尺（366 米）×150 英尺（46 米）×46 英尺（14 米）那么大。但直到 1920 年，英国能够达到这一要求的船坞只有一个。此外，利物浦的格莱斯顿船坞（Gladstone）长达 1050 英尺（320 米），并且有 118 英尺（36 米）宽、43.6 英尺（13.3 米）深，但这是著名的白星轮船公司的财产，皇家海军只在紧急状况下有权临时调用。在南安普顿港，白星轮船公司还拥有另外一个巨型浮动船坞，其尺寸大到足以提供"奥林匹亚"号入坞维修。但和格莱斯顿船坞的情况类似，这不是皇家海军或者英国政府

■ 正在罗塞斯入坞维修的"胡德"号。对于"胡德"而言，海军现有的船坞尺寸是足够的。但是，如果稍微再大那么一点，就不行了。

的财产。尽管朴次茅斯和罗塞斯（Rosyth）的情况也不令人满意，但至少后者还有一个勉强堪用的坞。

海军位于罗赛斯港的2号浮船坞约有860英尺（262米）长、109英尺（33.2米）宽，依照平均大潮为准，深度在39至40英尺（11.9—12.3米）之间，此地的1号船坞与3号船坞尺寸相似，不过相对2号船坞要短6英尺（1.8米）左右。借助外接浮船箱3个船坞的长度均可加长约9.3米。但是这3个船坞只有1个能使用的浮船箱，其入口处与主坞池锁合在一起。而且在使用浮船箱时，驶入主坞池的船体长度也不能超过853英尺（260米），否则锁合部位会被压断。因此如果不能建造更多的浮船箱，这些浮动船坞要想容纳更大的船还是有很大困难的。

在朴次茅斯，英国海军拥有2个具绝对支配权的大型船坞："水港C"和"水港D"。当然，这2个船坞的尺寸也不怎么够用。若在坞池末端外接浮船箱，"水港C"和"水港D"可以停泊长达853英尺的船。这使得船坞总长达到868英尺（264.7米），宽度为109英尺（33.2米），"D"坞相对于大潮平均高潮面的深度为44.6英尺至45.6英尺（13.6—13.9米）之间。"C"坞则稍微深一点点。而且尺寸更大，外接滑动浮船箱后船坞可被加长至920英尺（280.7米），但这往往需要3个星期的观察期，而且危险性也大大增加。

对现有浮动船坞外接备用浮船箱可以提高船坞的承载能力和最大承载尺寸。被选中的船坞名为基尔8号（Kiel No.8），于1917年建造完毕，由6部分焊接而成。作为试验，英国海军在这个船坞的一侧焊接上了一个长约73米的外接部分。这次尝试被证明很成功，海军缺乏船坞的问题得到了改善。

当然，建造新的大尺寸船坞是必需的。其最终结果就是1926年在马耳他建造完毕的"AFD VⅢ"号浮动船坞，约有960英尺（293.2米）×140英尺（42.7米）×38.36英尺（11.7）米那么大，可以承载65000吨的重量。唯一的缺憾是停泊吃水较深的船只时船坞显得太浅，不过还不足以威胁到船坞的稳定性。

但尽管海军有意亡羊补牢尽可能加长现有船坞，但即便如此，朴次茅斯和罗萨斯的船坞容纳量仍然是新战舰体积大小的限制因素。

⇢ L2、L3、K2 和 K3 ⇠

1920 年 10 月份设计的 L2、L3、K2 和 K3 引起了广泛注意，因为它们属于造船局局长非常喜欢的那一类设计，当然，在这几个设计中采用三联装炮塔的更是首选。正如上文所述,L 系列是战列舰设计，而 K 系列则是战列巡洋舰。

这 4 种设计主要受限于朴次茅斯和罗塞斯的船坞，对于 K2 和 K3 来说，更是需要将浮船箱向外移动。其船体外型不算好，因为棱柱系数（排水量 / 船中浸水截面积 × 长度）太大了。英国人计划将船幅增加到 35 米或更长，战列舰的速度将可能因此增加 0.5 节。最后决定将 L3 船体大小定为 859 英尺（262米）长、110 英尺（33.8 米）宽，吃水则被限制在了 32.46 英尺（9.9 米），排水吨位保持不变，K3 的船体大小为 879 英尺（268 米）、舰宽在 115—116 英尺（35.1 —35.3 米）之间，最大吃水 32.8 英尺 (10 米)，相应的吨位比 K2 要增加了 600—900 吨。

吸取了 L-II 和 L-Ⅲ 设计采用了稀罕的主炮布置模式而被局长大人直接枪毙的教训，在 10 月提交的这 4 份设计中，18 英寸双联装炮塔都是成对存在并采用背负式，战舰前后各有一对。三联装炮塔则为两前一后，前面的两个

■ **方案 L2。**

■ **方案 L3。**

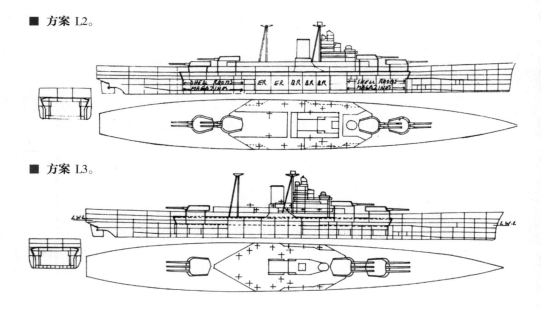

也是背负式的。火炮的射界范围为中轴线左右各 150 度，炮塔安装的位置高于水线 8.5—12.3 米。

如果炮塔内每个弹药箱装有 4×1/8 份弹药，每门火炮便配备了不下 100 枚炮弹。不过我们从调阅档案的图例中看到有关每门主炮携弹量被标记为 80 枚。16 英寸口径双联装副炮每门配备 150 发炮弹，而 4.7 英寸（119 毫米）口径高射炮则配有 200 枚。此外，4 份设计安装有水下鱼雷发射管，其位置在 A 炮塔前方。

装甲带上缘嵌入船壳内部深度为 2.95 英尺（0.91 米），底部向内倾斜而下。装甲带在水线以上部分宽 2.9 米，水线以下部分宽 1.8 米，其覆盖面积远远超过之前的 L-II 和 L-III 方案。覆盖范围从 A 炮塔的前端延伸至船尾最后一炮塔后端。装甲带的总长度在不同的战舰上有所不同，L3 上 135.6 米，L2 上 143.2 米，K3 上 168.5 米，K2 上 175.3 米。船艏甲板约有 1.22 英寸至 1.5 英寸，弹药库顶端还有厚约 1 英寸厚的防破片装甲。炮座的造型可能呈倒锥状，这在 K2 以及 L2 的设计草图中有所体现。

预计防护装置能够经受得住含 756 磅（340.5 千克）TNT 炸药的鱼雷攻击。竖直的鱼雷防护壁大约位于船壳内部 4 米处，在装甲带层面内与一倾斜舱壁

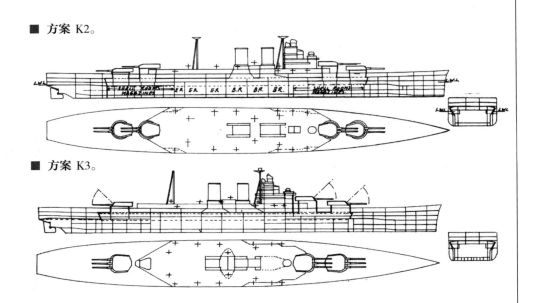

■ 方案 K2。

■ 方案 K3。

相接。和之前的设计以及"海军上将"级采用的模式有所不同，防雷"突出部"全被设计在了船体之内，其内部由外部空气层和内部充水层组成，双底间距约 2.1 米。

舰上设计有 3 个锅炉舱，很可能被进一步分为 9 个锅炉室。战列舰设计 L 中计划采用双轴驱动，设计安装有 2 个轮机舱。而 4 轴推进的战列巡洋舰设计 K 上，则上有 3 个轮机舱，位于中央的轮机舱尺寸较大并将容纳 2 台轮机。战列巡洋舰的锅炉舱占据了约 42 米的长度，引擎室是 34.1 米，战列舰上这两个数据分别是 25.6 米和 20.7 米。油舱满载时重约 5000 吨，能够以 16 节的速度行进 9650 千米，吃水深度在 11—11.15 米时达到最大载重，满载时 L2 和 L3 能够以 24 节的速度行进，K2 和 K3 能够以 29 节的速度行进。

仅仅从外形来看，不论是 L 系列还是 K 系列都应该是非常好的战舰。设计的船头结构与"胡德"号类似，这也能看出虽然"海军上将"级巨大的影响力，区别则是 L 系列和 K 系列的船艏甲板一直延伸到了船尾宽梁处。特别是在 L2 设计中，艏楼甲板甚至向后延伸到 Y 炮塔位置。两种设计都具备高大饱满的舰桥，特别是 L3 和 K3 设计，舰桥高至在水线以上 91.8 英尺（28 米），巨大的前后三脚桅是 L 型和 K 型共通的设计，相对地，因为主机不同的功率和排烟需要，L2 和 L3 被设计成单烟囱造型，K2 和 K3 则安装有 2 个尺寸和 L2 于 L3 上安装的烟囱大小相似的烟囱，以应付安装大量锅炉对排烟的需求。

戴恩库特爵士对这 4 份设计的评价比较"良性"。他认为，上述设计的排水吨位都由于侧装甲带以及主防护区长度较短而低于理想值，K2 和 K3 型尤甚，这显得没有必要。此外，战列巡洋舰的装甲防护应当再加厚一些，而且速度也应得到相应的提升。

有资料显示英国海军部曾考虑要求将战列巡洋舰的速度提升到可与"莱克星顿"级战舰的 33.25 节相媲美的程度，但我们只是从只言片语中获得这一细节的描述，而并没有找到关于这些意见分歧的具体细节资料，也没有更为详细的计划。从种种迹象来看，L2、L3、K2、K3 也不过是海军造船局在制定出真正有价值的方案前的预案。在一个月后，戴恩库特手下的人将会将呈上真正意义上的全新设计。这就是著名的 M3、M2 和 I3 型战舰方案。此外还有胡德舰的升级版 J3。简便起见，1920 年 12 月份的 M2 设计也将与它们一起描述。

⇥ M2 和 M3 ⇤

这两种设计最吸引人眼球的地方莫过于将主要武器系统都集中在船只的中前方。设计师寄希望由此够减轻主防护区的重量，从某种意义上来说，主炮系统被完全集中起来也意味着主防护区长度的进一步缩短，即便是轮机舱和锅炉舱等动力系统仍需装甲保护，但是对于这些部位所需要的防护级别是次于主炮的。当然，这种极其前卫的设计所要付出的代价就是不能直接向舰艉方向发射主炮。

有关 M2 和 M3 的设计详述如下：

在 M2 上，舰桥前后分别有一对背负式双联装炮塔塔，在 M3 舰桥前有一对背负式三联装炮塔塔，塔楼后有一座单独的三联装炮塔。在这两种设计中，舰体中部的炮塔一般都指向后方。舰体前部炮塔的射界一如以前，为中轴线左右各 150 度，位于船舯主舰桥之后的炮塔的射界盲区范围为中轴线左右各 30 度（指向船艉）、中轴线左右 37.5 度（指向船艏）。由于指向船艉的炮塔实际上并不需要朝向船艉方向射击（也根本不可能那样做）。6 英寸口径副炮被安装在 8 座双联装炮塔塔内，其中 2 座位于舰桥附近，另外 6 座设置在船艉。水下鱼雷发射管位于 A 炮塔前方。

M2 和 M3 设计均采用双轴推进，轮机舱都在锅炉室前面，装甲带从 A 炮塔前缘延伸至锅炉室末端。舰上有 2 个大型锅炉舱，每个锅炉舱又被划分为 2 个锅炉室，总长度约为 28.3 米，不过宽度不如 L2 和 L3 方案中的那么大，2 个并列的轮机舱又占据去了 18.9 米长度。尾部的副炮弹药舱位于锅炉舱后方，它们都由独立的装甲甲板覆盖，以提供基本的保护。水平装甲板被安装在主甲板之上，装甲板在两侧斜向下延伸同低层甲板接在一起，构成一个穹甲构造的水平装甲系统。上层甲板底部安装有另一层较薄的水平装甲，这层装甲和主装甲带的上缘直接接在一起。在 M3 上装甲带总长 122 米（400 英尺），M2 上总长 134 米（440 英尺）。如前面的设计一样，它也是位于船内，从水线以上 2.9 米延伸至水线以下 1.57 米。M2 上的炮塔座圈的形状略成倒锥形。尽管调查数据中并没有提到，船艉甲板和弹药库防破片板可能都跟以前的设计一样。

鱼雷防护装置与 L2 和 L3 中的类似，间隔 2.1 米的双层船底、船艏甲板以

52

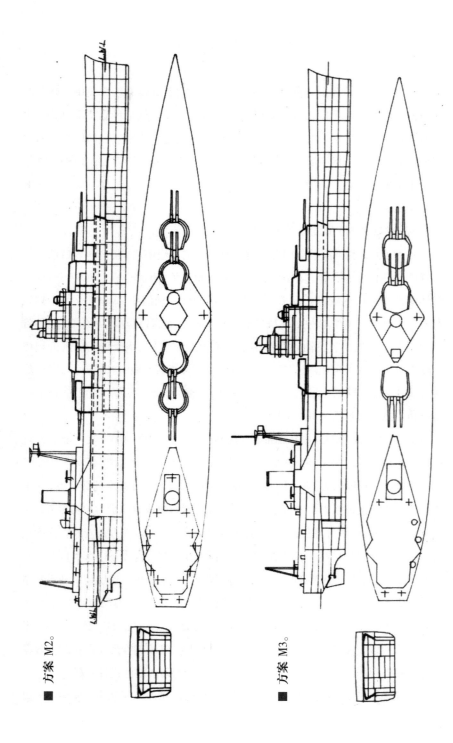

■ 方案 M2。

■ 方案 M3。

及船头和船尾都跟那些设计类似。在最尾端的 18 英寸炮后方有 1 个三角桅，在后方很远处还有 1 个小桅，烟囱位于 2 个桅杆之间。

1920 年 12 月份海军部仔细考虑了这两种设计，M3 被选为未来战列舰的模板。不过有人对其倾斜的防水壁提出了异议，认为应当由同样厚的竖直隔壁代替，6 英寸口径副炮弹的运输也将需要耗费不少人手。另外，6 英寸口径三联装副炮塔被认为有很大用处，可以进一步节约有限的吨位同时又能在一定程度上增强军舰的二级火力。海军建设部建议安装 6 座同样的炮塔，其中 2 门在前方，4 门在后方。斜拉式的扬弹器以及内部滑轨可以直接将弹药从发射药舱和炮弹室运送至每个炮座下方的环状舱壁内。当然这 18 门炮有可能会带来额外的重量。

另外关于主炮发射药的运送问题，埃尔斯威克公司曾建议每个 18 英寸炮弹弹药盒装 4×1/8 份弹药，但海军军需部没有接受这个建议，并要求每个盒子装 2×1/8 份弹药。装 4×1/8 份弹药的大弹药盒长 74.6 英寸（约 1.9 米长），重 672 磅（302.4 千克），极其笨重而且难以运输；装 2×1/8 份弹药的小弹药盒长 38.6 英寸（0.98 米），重 362 磅（163 千克）。埃尔斯威克公司于 1921 年 1 月指出，如果采用 2×1/8 份弹药的弹药盒，A 炮塔弹药舱可装载的发射药将从 306 份减少到 279 份，B 炮塔弹药舱从 308 份减少到 273 份，而 X 炮塔弹药舱从 304 份减少到 260 份。

⇀ I3 和 J3 ↽

J3 战列巡洋舰的设计中，预计排水量为 43100 吨，有 9 门 15 英寸火炮，分别位于前面的 2 座三联装炮塔和后面的 1 座三联装炮塔塔内。战舰主装甲带厚 12 英寸，主水平装甲厚 4 英寸。这里有必要专门提一句的是：J3 与 G3 的研发并没有什么关联，其火力配置标准和防御水平均不能满足当前需要，可以被看作一个低价版的候选方案，尽管其在尺寸上也超越了包括"胡德"号在内的所有现役战舰。但 I3 设计却是正儿八经搞出来的，可看作是在 K3 基础上以减少排水量为代价尝试增加速度的一种探索。

54

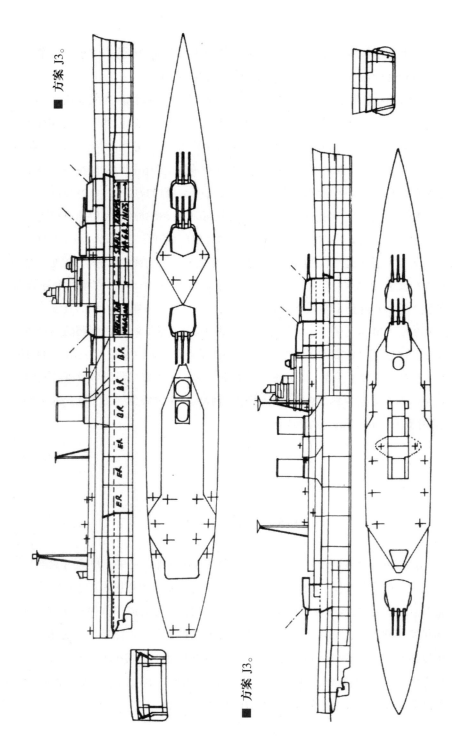

■ 方案 J3。

■ 方案 J3。

设计中，这两种战舰将不能在朴次茅斯和罗塞斯船坞入渠，因为他们的船体尺寸都大幅超过入坞的最高安全标准。I3和J3设计的武器分布跟M3相似，不过X炮塔水平方位角最多能朝后调到与中轴线成70度的位置，因此主炮存在着正后方向40度的射击盲区。在轮机舱前方的锅炉室也与K3设计上非常相似，不过每个锅炉的有效输出功率从8000马力提高到了10000马力。战舰被设计成了4轴驱动模式，左中右布置得3个轮机舱（中央论机舱容纳2台涡轮）总长度达39.6米，比K3长了18英尺（5.5米）。

内部装甲带从A炮座前端延伸到了轮机舱后端，总长度约为158.5米。装甲带前段85.3米部分从水线以上2.9米延伸到水线以下1.58米，但后半部分水线以上高度却随着装甲甲板的倾斜而降到了2.29米，因为防护板跟装甲带的上缘连接在一起。尾部的6英寸副炮和4英寸炮弹弹药库像M3中的一样是由装甲甲板保护的，防鱼雷装置也很相似，只不过竖直的防鱼雷舱壁距离船舷约4.27米。船艏甲板的最大厚度是2英寸（50毫米），火药舱上面的防破片板厚度约1英寸（25.4毫米）。这种战舰还第一次引进了一种刚在"胡德"号上进行过的新防御的设计，就是在装甲带和船壳之间填充轻钢管，它们可以吸收穿甲弹爆炸时的弹片和能量以保护船体不受到过分的损伤。防鱼雷隔舱底深2.1米，连续的船艏甲板以及船头和船尾的形状都跟其他设计类似。舰上照例被设计了极其高大的舰桥，X炮塔后面有2个大烟囱，后面更远处还有2个三角桅。据草图看来，I3的外形很好看，比M2和M3设计更容易让人记住。

➜ H3 设计和 G3 ←

H3和G3设计的出现意味着某种转变，或者说造船局的设计师们终于"开了窍"，找到了真正可行的道路。毫无疑问，设计师们彻底放弃了那种试图设计出既能安装9门18英寸口径火炮排水量又在可接受范围内的战列巡洋舰的意图，因为不论从哪个角度来看这都是很不现实的。

所以从1920年12月起来，新递交而来的设计：H3a、H3b、H3c、和G3

56

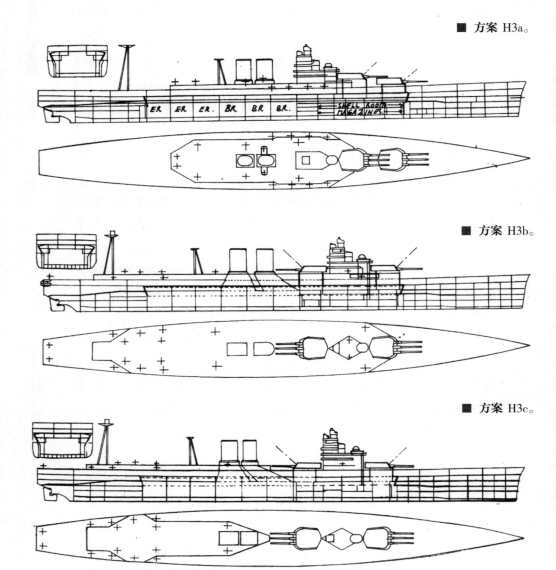

■ 方案 H3a。

■ 方案 H3b。

■ 方案 H3c。

方案，都比先前的 I3 方案小了不少，在武器系统的配置和装甲厚度的安排上也变得非常理性。当然，就造型和船体构造而言，H3a 设计和 J3 非常接近，只是取消了 J3 设计中的 X 炮塔并缩短了两个烟囱之间的间距，相对的，防护系统的标准也要更高一些，尤其是对武器系统和弹药库的装甲防护。战舰前部的 2 座 18 英寸口径三联装炮塔采用背负式结构，回旋范围为中轴线左右各150 度。每门主炮配备弹 80 枚，不过设计上最多可以装载 120 枚。8 座 6 英寸口径双联装炮塔都安装在船体中部，因此装甲带后就没必要设置弹药库了。每门 6 英寸口径炮可以携带 150 枚炮弹，4 英寸炮可以携弹 200 枚。

H3a 也设计有内部装甲带，总长约 141 米，从 A 炮塔前段延伸到轮机舱后端。前段 59.4 米长覆盖着主炮塔组部分，厚约 14 英寸，从水线以上 2.9 米延伸到水线以下 1.58 米。同其他战舰一样，轮机舱处装甲甲板和上层甲板位于同一层面，并斜向下接入装甲带上边缘。这种战舰的主要机械装备都与 I3 相似，因此不一一介绍了。不过其鱼雷舱壁距船壳约 4 米。燃料舱内可容纳总共 5000 吨燃油，平均吃水深度 11 米。由于武器装备主要集中在了船只的前半部分。因此后面长约 70 米的甲板上几乎空无一物，只有一个三角桅。

H3b 的不同之处在于舰桥前后只安装各 1 座三联装炮塔，炮座位置都很高。前部三联装炮塔射界照例位中轴线左右各 150 度，后部三联装炮塔在指向船艉是有中轴线左右各 35 度的盲区，且无法指向船艏正前方 60 度的区域。6 英寸口径副炮的布置方式则为：4 门与指挥塔垂直，12 门在指挥塔后方。这些副炮的弹药库位于装甲带后，因此生存能力和安全性比之前有了很大提高。船体装甲带总长度比 H3a 短约 2.4 米，不过 14 英寸厚的部分却要长 0.9 米左右。最大舰宽约 32.3 米，排水量 45000 吨（装甲占 13600 吨，船体结构重量 16400吨），设计航速约 33.25 节。

H3c 与 H3b 相似，不过 18 英寸炮的炮座要低一些，16 门 6 英寸炮都位于后端。最大舰宽约 31.7 米，排水量 43750 吨（装甲占去 12800 吨，船体结构重量 15950 吨），航速 33.25 节。

H3c 的设计是整个 H3 系列中最好的，不过普遍认为 H3a 的火力布置要比 b 和 c 都好一些。因为 H3b 和 H3c 设计中都有一个缺陷是显而易见的，即Y 炮塔既受尾部上层建筑物阻挡无法向正后射击，又受到回旋角度和前舰桥的妨碍无法朝船艏射击，因此存在着相当大的火力盲区。

而在最后，我们要讲到的是 G3 设计的原型设计。

G3 舰的原型设计中[1]，放弃了过重过大的三联装 18 英寸炮，选择了较小的三联装 16.5 英寸主炮。设计安装 3 组 16.5 英寸三联装炮，2 座布置于舰桥前方，采用背负式布置，回旋范围依然为中轴线左右 150 度；另 1 座位于舰桥后方，设计盲区为中轴线正前 60 度和中轴线正后方 70 度。16.5 英寸炮每门弹药额定为 80 枚，不过最大可以储存至 100 枚。

主炮分别高于水线：A 炮塔 9.15 米、B 炮塔 12 米、X 炮塔 8.4 米。

16 门 6 英寸炮位于 8 座双联装炮塔塔中，都在舰艏甲板上，其中 2 座在 B 炮塔后面，另外 6 座位于烟囱后方。装甲甲板后面安装有独立 4 英寸炮，塔楼旁边的装甲甲板上还有 2 座 2 磅 "砰砰"（pom-pom）速射炮，前甲板末端也有这样相似的 2 座炮。2 根水下鱼雷管位于 "A" 炮塔前端。6 英寸炮额定弹药数 150 枚，4 英寸炮的额定弹药数为 200 枚。

船体的内部装甲带长 155 米，从 A 炮座前缘到 X 炮塔后缘的装甲带厚 14 英寸，从水线以上 2.9 米延伸到水线以下 1.58 米。装甲带的其余部分延伸到引擎室末端，这一段厚约 12 英寸，但是这一区域的装甲带覆盖面积被缩短了，水线以上装甲带高度降到了 2 米。不过主装甲带安装位置太低，未能屏护住较高位置的 6 英寸炮和 4 英寸炮的弹药舱。一层较（对侧装甲带而言）薄的水平装甲被安装在甲板上，两端斜向下与装甲带上缘接在一起。在 A 炮塔至 Y 炮塔之间的水平装甲厚度为前所未有的 8 英寸！显然这是造船局考虑到未来越来越大口径的主炮射击时的末端落角越来越大的威胁。但是，在 Y 炮塔之后的船体部分，水平装甲的厚度严重不足，轮机舱和锅炉舱顶部水平装甲厚度仅 2 英寸，这不能不认为是此设计中最大的弱点。位于侧装甲带后面的主水平装甲被安装在主甲板上，两端斜向下同 6 英寸和 4 英寸火炮的弹药舱底部甲板接在一起，这层装甲屏护着至关重要的舵机舱和螺旋桨传动轴，因此厚度达 7 英寸。同其他的设计一样，船体前部的一段装甲甲板同低层甲板位于同一层面，以保护一

---

[1] 我们对整个战列巡洋舰计划的习惯称呼也是出自这个方案。

些安装在侧装甲带之外的设备。船艏甲板厚约 2 英寸，弹药舱上附加的防破片装甲厚约 1 英寸。指挥塔正面和侧面安装有 14 英寸装甲，其通向船体底部设施的通讯管直径约 20 厘米，被专门的装甲板保护，指挥塔上方有一台带有 0.5 英寸破片装甲的斯科特式指挥仪。防鱼雷舱壁距离船壳约有 3.9 米，外部空气层和内部充水层都同前面的设计类似，双层底间隔 2.1 米。

与其他设计总功率 180000 轴马力的战舰一样，G3 设计安装 18 台锅炉，被安置在 3 个主舱（每个主舱被又分为 3 个小舱）内，每个主舱尺寸为 14×18.6×9 米，锅炉舱总长约 42 米、3 个引擎室长约 39.6 米。船体内的油舱总共可以装载 5000 吨燃油，平均吃水深度约 11 米。其他的尺寸如下：总长262 米（约 860 英尺）。

G3 设计被海军部的评估小组以及戴恩库特评价为"迄今为止最完善也是最可行的设计方案"。

→ 战列巡洋舰 G3 ←

1920 年 12 月，G3 被定为新战列巡洋舰的基本设计。当然，尽管评价甚高，但 G3 在设计上还有许多不足之处需要进行改进。因此造船局在 1921 年的主要工作就是将 G3 的设计从"基本框架"变为最终蓝图。同时，战列巡洋舰的位置已被摆在战列舰之前，而战列舰 N3 方案迟至 1921 年 11 月才被设计出来（这个将在本文的附件中作具体的叙述）。只是到了那时，该舰投入建造的机会已经微乎其微。

最终蓝图

1920 年 12 月 13 日 G3 的初始蓝图面世之时，遭到了不少反对的声音，主要针对以下几点：

1. 设计普遍采用了倾斜防水壁替代了同样厚的垂直防水壁，这完全没有必要；

2. 轮机舱顶部的装甲甲板太薄，甚至不能抵御一些落角较大的中口径炮弹。

此外，舰艉 6 英寸口径副炮的弹药运送需要许多人手，这些人的工作区域却又得不到足够的装甲保护。有些提议说将双联装的 6 英寸副炮换成 M2 和 M3 设计中的 3 联装炮，以节省出重量增强装甲设计上的缺陷。然而 M2 和 M3 的 6 英寸口径三联装炮塔的设计同样存在诸多问题，实用价值值得商榷。

第一个要解决的是有关水平防御方向上的"阿喀琉斯之踵"。一个应急对策是将轮机舱和锅炉舱上方的装甲板的厚度加至 4 英寸，当然后果就是相应增加 1125 吨装甲重量。有关船艉副炮组浪费过多人力的问题的处置更为直接——设计师决定将位于舰艉的 6 英寸火炮中的 4 座移除，这样不仅能为船体减轻 100 余吨重量，多出来的空间也便于重新规划内部设施以实现弹药的快速运送。当然，这也更利于节约人手。由于水平装甲被加重，作为代价之一，14 英寸厚的主装甲带的宽度也被缩窄，水线上面保留 2.74 米，水线下保留 1.37 米。主炮塔正面装甲被削减至 16 英寸，侧面减至 12 英寸，由此又节省下 75 吨重量。此外，弹药舱防护板也在安全限度内得到了削减，又节省下 125 吨。

■ "绿宝石"级轻巡洋舰又被称为 E 级，是第一次世界大战之后批量建造用以淘汰旧式巡洋舰的标准型号。

这样经调整后船体重量净增 710 吨，与此同时指挥塔装甲适度缩水，而驾驶舱却被增加了 5 英寸装甲。经调整后，船体设计排水量为 47500 吨：武器系统 7300 吨、装甲和防护 14050 吨、船体结构和壳体重量 17280 吨，满载平均吃水深度为 11.13 米。

委员会于 1920 年 12 月 17 日接受了这个方案，但很快又对某些要求作了新的更改。1921 年 1 月初，主炮的口径从 16.5 英寸被削减至 16 英寸。一个月之后，动力系统首席工程师又对机舱的大小提出强烈抗议。原计划中锅炉采用了安装在于 1919—1920 年下水的"绿宝石"级（Emerald Class）轻巡洋舰上的同类产品，依照最初的极端，18 个这样的锅炉便足以产生 180000 轴马力的功率。但根据"绿宝石"级的实际使用情况，这种锅炉的输出功率无法达到预期值，仅为 8500 马力左右。作为补偿，首席工程师建议安装 21 个这种锅炉，但这意味增加一个额外的锅炉舱，需要增加船身长度。

首席工程师还指出，原计划中轮机舱内部面积为 705 平方米，而 151000 轴马力的"胡德"号战舰为 848 平方米；两侧传动轴中心距为 13.4 米、"胡德"号则为 17.9 米。他认为两翼传动轴间距应该再增加 1.8 米，轮机舱的总长度必须增加 2.4 米，必须将舱内面积增至 859 平方米。这样，轮机舱面积功率为 56.8 轴马力 / 平方米，"绿宝石"级巡洋舰为 63.6 轴马力 / 平方米。DNC 的建议则是将 3 个轮机舱外移至防鱼雷舱壁，前轮机舱长度为 14.8 米，所装涡轮机驱动外传动轴，另外两个的长度是 13.4 米，所装涡轮机分别驱动一根内传动轴。宽度从前轮机舱后端的 22.6 米减至后轮机舱后端的 15.5 米，舱内面积为 793 平方米。两翼传动轴间距 14.6 米，内传动轴间距 4.9 米。

关于细节的修改

1921 年 2 月 16 日举行了一次会议，通过了建造 47500 吨 160000 轴马力战舰的提议。尽管这种计划舰的速度很可能低于 32 节，但他们觉得为了达到 32.5 节的速度而增大舰体的做法并不值得。另外，会议还专门要求将 6 英寸副炮被增加到了 16 门，增加出来的 4 门位于舰桥区域。从 12 月份设计中节省出来的重量都被用来保护指挥塔。携弹量也应需求有所增加。

另外对于近程防空的实际需求，G3 被要求安装研制中的 2 磅机关炮。其弹药携带量从早期的 24 根炮管，每根炮管配备 800 枚炮弹标准，提高到了现在的 40 根炮管每根炮管配备 1875 枚炮弹规模。

那么，加上上述修正要求所增加的炮弹和设备，武器总重已达 7088 吨。其中 16 英寸炮主炮系统约 6147 吨，6 英寸炮约 573 吨，4 英寸炮约 174 吨，2 磅机关炮计约 128 吨，其他设备计 66 吨。

我们很难按照时间先后顺序对历次修正进行详细描述。比如英国人在船壳外形上曾花费了很大工夫，因为战舰的后半部分需要有一个明显的"突出部"来容载动力设备，而突出部必然会增大阻力，因此选择合适的船型就显得极为重要。一开始，在航速为 31—32 节的情况下，加突出部后战舰所受阻力增加了 7.5%，经过对线形反复的修改，1921 年 6 月份增加的阻力被降低到了大约 4%。

斯坦利·古达尔（Stanley.Goodall，后来的斯坦利爵士），未来的海军造船局长和 G3 设计的主要负责人，对于能够建造出 32 节航速的战舰表示非常怀疑。他和现任局长戴恩库特爵士的打赌凭据现在被收纳在了关于 G3 的档案中，在一堆有关战舰的清单和数据表中显得极为抢眼：

G3 设计"最大速度"

不管是任何船只，只要在阿兰岛以外海域的平均航速能够达到 32 节——不管是多少轴马力的——我将支付给 DNC1 英镑。

如果没有一艘船能够达到这一速度，海军造船局长需要支付给我 5 英镑。

古达尔

证明人：卡特　1921 年 4 月 6 日

这个速度和实际能达到的差的并不算多，而且非常有可能实现。不过从试验过程中锅炉动力的限制来看，古达尔可能会赢。

3 月份，根据命令，船体长度被从 251.5 米调整到了 250 米。与此同时，排水量被定为 48000 吨（16 英寸口径火炮配备 80 枚炮弹、装载 1200 吨燃料状态）。由于前面为每门 16 英寸口径炮储备 116 枚炮弹的决定看起来不太实际，3 月份又将每门主炮的储备炮弹数减少到了 100 枚。每个弹药库储备 100

单位的发射药①，而 B 炮塔弹药舱只储备 96 单位的发射药。后来英国人在如何布置 16 英寸弹药舱问题上着实忙乱了一番，他们发现在已有设计中，一旦一个舱的弹药发生爆炸，冲击波很可能会撕开脆弱的弹药舱通风管，沿着临近的属于另一个炮塔的通风管波及到那个炮塔的弹药库。一旦发生这种情况，将会引发更加猛烈的爆炸。因此他们决定让 A 炮塔和 X 炮塔发射药舱的通风盖错开安装，不在一条直线上。不过在采用了更稳定的推进药之后，英国人可能不需要再为通风舱的问题伤脑筋了，毕竟上述情况发生的概率非常小。

安装 16 门 6 英寸口径副炮依然非常必要，因为它们在齐射时对抗来袭鱼雷艇和雷击机的效果同对抗驱逐舰的效果一样好。在设计草图中，6 英寸双联装炮塔的回旋部分重达 48.75 吨，不过在 1921 年 6 月份的设计中估计为 60 吨，在 1922—1923 年间，"纳尔逊"号和"罗德尼"号上搭载的同类炮塔则要重达 77 吨。另一方面，关于要求 G3 配备 2 磅炮的要求后来被证明扯淡得可以，因为当时这种被称为"pom-pom"的 2 磅炮速射炮还在研制之中，根本连谱都还没有，一直要到 1923 年才做出来这种炮的实体模型，服役更是 20 世纪 20 年代末的事情。

最终皇家海军会议在 1921 年 8 月 12 日做出的决议见下文。

G3 舰的武器系统

尽管上文在船体设计中简单叙述了 G3 舰的武备，但是这里仍旧有必要用一整个章节对这艘超级战列巡洋舰的武器系统做一个比较详尽的叙述。

主要的武器配置都跟 G3 原型类似，不过 B 炮塔的高度被调整为水线以上 12 米。A 炮座中心与战舰前端距离为 68.4 米，B 又在 A 后面 19.5 米，X 又在 B 之后 38.7 米。火炮的回旋范围不变，不过 X 炮塔的回旋角度被增加到了中轴线两侧 60+10 度，之所以把 10 度单独标出是因为当炮转在这一角度内时距离前方烟囱太近，炮口暴风非常容易破坏烟囱和安装在上面的设备。最大射程在以 40 度最大仰角射击时为 34600 米，主炮射击速度为每门炮 30 秒一

① 指供给 100 枚炮弹以全装药发射的发射药包。

次射击。每门炮额定弹药数 80 枚，不过最大弹药储备量可以达到 116 枚炮弹和 100 份全装发射药。依据查塔姆浮动试验室曾经得到的测试数据，发射药舱被设计在炮弹舱之下，以便在船底发生爆炸时立即进水。

在"纳尔逊"号和"罗德尼"号上进行的类似试验证明，每门主炮每 30 秒能发射一枚炮弹的预期实在是太乐观了。这两艘战舰刚服役时，主炮发射频率接近 40—45 秒 / 枚。主要问题在于射控中心里调动 3 个炮塔同时转向的工作过于复杂。当然，在 1936—1937 年情况就好得多了，由于有了经验丰富的船员，新安装的火控设备也充分吸取了长期使用后得到的宝贵经验。

维克斯公司设计的 8 座 6 英寸双联装炮塔采用背负式结构成对存在，分布在指挥塔之前和轮机室之后。水平角分别是：向前 90 度、向后 60 度；70 度、80 度；70 度、90 度；60 度、90 度。最大仰角是 40 度，不过建造过程中可增加到 60 度。这种炮的预期射击频率是每门炮每分钟射击 8 次，而"纳尔逊"号上面类似火炮的实际射击频率仅为每分钟 4.5 枚炮弹（靠机械装填，但对近距离目标来说，人工装填更快一些），看来英国人武器更新速度还是很慢的。舰体前部的 6 英寸炮弹弹药舱位于主水平装甲下方的中心线上，后部同类的几个弹药舱则位于轮机室之后，同防鱼雷舱壁之间隔着内侧螺旋桨传动轴的支撑底座或者 105 厘米宽的燃料箱。和主炮弹药库一样，副炮的发射药舱都被安装在了炮弹舱之下……每炮的弹药额定量为 100 枚。弹药舱满载时，舰体前部大炮的弹药储备还可以增加 400 枚炮弹、304 枚练习弹、100 枚照明弹和 500 份发射药。后部炮组也备有练习弹和照明弹，不过没有额外的炮弹储备，备用发射药也只有 100 份。扬弹器直接将弹药送到炮塔装填室。英国人肯定为哪种炮才是最佳选择讨论了很久，最后他们选择了 6 英寸 Mark III 型 50 倍口径炮，这是一种全线绕铸造的重型炮，包括后膛等装置在内重达 9013 千克。这种炮的炮弹重 100 磅（45 千克），出膛速度 898 米 / 秒，最大仰角 40 度，射程 22400 米。

起初 QF Mark VII 型炮被选中作防空炮，不过后来又换成了 Mark III 型，它与前者的弹道性能类似，40 倍口径长，重 3090 千克（包括了后膛设备）。这种火炮因为口径较小所以采用了定装式弹药，炮弹和弹药共重 77 磅（34.5 千克），其中弹头重 50.5 磅（22.7 千克），炮弹出膛速度 753 米 / 秒。射击频率定为 12—13 枚炮弹 / 分钟，要达到这个目标并没有多大困难。全部 6 门炮

■ 尽管不完全一样，但是G3选用的6英寸副炮系统和后来的"纳尔逊"级使用的相差无几。

■ 2磅"pom-pom"速射炮要迟至30年代才能正式列装。图为30年代末拍摄的"胡德"号上的同类设备。

都有独立的机械操作装置，最大射击仰角能够达到90度，其中4门位于烟囱后面三角桅附近，另外2门还要更加往后。弹药库距离比较远，在前方6英寸炮弹药库和X炮塔弹药库之间的中线上，位于控制室下方，不过这些高射炮真正投入战斗时，可以从备用的甲板弹药箱里快速获得足够的弹药供应。每门炮额定弹药数为150枚，最大弹药储备可达256枚/每门炮。英国人还打

66

设计方案相关参数表 1

设计	尺寸	排水量	仪表设备/燃料/杂重	装备	轮机	装甲及防护	舰体	主炮	副炮
L-II	850x106x31	50750	1000/1200/250	8850	3350	17600	18500	18/45x8	6寸炮16门，4.7寸或4寸防空炮4门，鱼雷管2门
L-III	850x106x30.33	49100	1000/1200/240	8000	3360	17000	18100	18/45x9	6寸炮16门，4.4寸防空炮
L2	850x106x33.33	552100	1000/1200/250	8950	3250	18850	18600	8/45x8	6寸炮16门，4.7寸防空炮6门，连装2磅炮4座，鱼雷管2门
L3	850x106x33	51100	1000/1200/250	8850	3250	17800	18750	18/45x9	6寸炮16门，4.7寸防空炮6门，连装2磅炮4座，鱼雷管2门
K2	875x106x33.33	53100	1000/1200/250	8770	5670	17310	18900	18/45x8	6寸炮16门，4.7寸防空炮6门，连装2磅炮4座，鱼雷管2门
K3	875x106x33	52100	1000/1200/250	8670	5670	16060	19150	18/45x9	6寸炮16门，4.7寸防空炮6门，连装2磅炮4座，鱼雷管2门
M2	805x106x33	48750	1000/1200/250	8950	2720	17200	17530	18/45x8	6寸炮16门，4.7寸防空炮5门，连装2磅炮2座，鱼雷管2门
M3	765x106x33	46000	1000/1200/230	8850	2720	15400	16700	18/45x9	6寸炮16门，4.7寸防空炮5门，连装2磅炮2座，鱼雷管2门
I3	915x108x33	51750	1000/1200/260	8670	6430	14600	19590	18/45x9	6寸炮16门，4.7寸防空炮5门，连装2磅炮4座，鱼雷管2门
H3a	850x105x32	44500	1000/1200/220	6150	6430	13250	16250	18/45x6	6寸炮16门，4.7寸防空炮6门，连装2磅炮4座，鱼雷管2门
G3	850x106x33	46500	1000/1200/230	7400	6430	13350	16890	16.5/45x9	6寸炮16门，4.7寸防空炮5门，连装2磅炮4座，鱼雷管2门

设计方案相关参数表2

设计	轴马力/航速（马力=结）	主装甲带	隔舱	炮塔	炮座	指挥塔	鱼雷隔舱
L-II	25	18寸，10度外倾，其下可能有6寸厚延伸部	15寸	正面18寸，顶部9寸	18寸	设计中，无装甲	1.5寸
L-III	26	同上	同上	同上	同上	同上	同上
L2	70000=25(approx)	15寸，25度外倾	14寸，25度倾斜	正面18寸，侧面14寸，后部9寸，顶部8寸	15寸，12寸	15寸，顶部8寸	1.75寸
L3	70000=25	同上	同上	同上	同上	同上	同上
K2	144000=30	12寸，25度外倾	11寸，25度倾斜	正面15寸，侧面12寸，后部9寸，顶部8寸	12寸，10寸	12寸，10寸，顶部8寸	1.75寸
K3	144000=30	同上	同上	同上	同上	同上	同上
M2	56000=23	15寸，锅炉舱之后的部分为14寸，25度外倾	船腰14寸，船艉12寸，25度倾斜	正面18寸，侧面14寸，后部9寸，顶部8寸	15寸，12寸	15寸，顶部8寸	1.75寸
M3	56000=23	15寸，25度外倾	同上	同上	同上	同上	同上
I3	180000=32.5	12寸，25度外倾	船腰11寸，船艉10寸，25度倾斜	正面15寸，侧面12寸，后部9寸，顶部8寸	12寸，10寸	12寸，顶部6寸	1.75寸
H3a	180000=33.5	14寸，锅炉舱之后的部分为12寸，25度外倾	船腰12寸，船艉10寸，25度倾斜	正面18寸，侧面14寸，后部9寸，顶部8寸	14寸	12寸，顶部6寸	1.75寸
G3	180000=33	同上	同上	同上	同上	同上	同上

算安装前面提到过的 2 磅速射炮，但目前这种炮还处于初级研发阶段，他们想象这种炮应该是联装模式，并为每门炮配备了 1300 发炮弹。根据图示，计划中有 2 座 2 磅速射炮组位于烟囱后面，另两座位于船尾。专门的弹药库一个位于前部 6 英寸炮弹药舱的左侧、另一座位于战舰内部底层和平台甲板上，和防鱼雷舱壁之间隔着 1.9 米宽的燃料箱。实际上 2 磅炮的弹药主要是由许多备用弹药箱提供的，主要用来对抗那些摩托鱼雷艇和雷击机。

舰上安装有 3 座主炮指挥仪，其中一座位于射控中心之上，一座位于水线以上约 30 米处的舰桥上，还有一座在塔桥后面。另外，16 英寸炮塔上安装有 12.5 米基线的合像式测距仪。6 英寸副炮的火力指挥仪则位于塔楼左右两侧和后侧。高射炮的射控装置安装在比主炮指挥仪还要高 4.5 米的地方，位于舰桥最顶部，稍微靠后一些的位置还有一个专门配备给高射炮的测高仪。另外，2 磅速射炮也有各自的火力指挥系统。

设计中的 24.5 英寸（622 毫米）水下鱼雷发射管与"巴伐利亚"号上 600 毫米鱼雷发射管相似。每一个都单独占据一个船舱，鱼雷室在它下面。如前所述，加氧装置在前面。平时每个鱼雷管配备 6 条鱼雷，战时会增加到 8 条，此时鱼雷部总重量约为 137 吨。在烟囱左右舷侧分别有一个 4.5 米鱼雷测距仪和一个探照灯控制台。

装甲系统

内至的侧装甲带距离船舷最近处为 1.2 米，从 A 炮塔前端延伸到 6 英寸炮后火药舱后端，长约 159 米。前段的 79 米长的一段厚约 14 英寸，整条装甲带覆盖范围从标准水线以上 2.48 米延伸至以下 1.37 米。战舰处于战时吃水状态时，装甲带下缘位于水下约 2.29 米。此外，为了保护弹药舱外部船壳免遭高速航行时的湍流侵蚀（水池试验发现这一带的船体受到的水压最大），英国人在这一部分船壳装甲带下缘接上了一条以高张力钢装为材质、4 英寸厚的装甲板，倾斜角为 36 度。从 A 炮塔和 B 炮塔中点到 Y 炮塔中心线附近的部分，此高张力钢装甲层延伸至水线以下 1.37 米；从 B 炮塔中心线附近到前锅炉舱后端，则延伸至水线以下 2.59 米处。烟囱和锅炉室通风井在上层甲板和船艏甲板之间的部分被保护在一个装甲盒内，主要是为了阻止从中轴线后面射来炮弹击中 X 炮座内的弹药库。装甲盒呈棱形，下底面在上层甲板上，下底边长达 35 米，侧面倾角为 21 度。最靠近 X 炮塔炮座处装甲盒侧面壳壁最厚，达 12 英寸。随着距离增大厚度降到了 9 寸和 6 英寸，大部分为 5 英寸，最终降到了 4 英寸厚度。装甲盒的前壳壁厚约 4 英寸，后壳壁厚约 3 英寸，它们分别向船艉方向倾斜 42 度和 16 度。

对 16 英寸炮塔的防护并没有什么特别要求，但对于炮塔座圈就需要综合考虑各方面的风险而仔细安装了。对于从前方到后方 180 度半圆范围内的厚度情况如下：

A：0—27 度弧为 13 英寸；27—135 度弧为 14 英寸，135—162 度弧为 13 英寸，162—180 度弧为 11 英寸。

B：（船艉甲板上方部分）0—18 度弧为 11 英寸，18—45 度弧为 13 英寸，45—153 度弧为 14 英寸，153—180 度弧为 13 英寸。

（船艉甲板和上层甲板之间部分）0—15 度弧为 11 英寸，15—55 度弧为 13 英寸，55—135 度弧为 14 英寸，135—165 度弧为 13 英寸，165—180 度弧为 12 英寸。

X：0—18 度弧为 12 英寸。18—153 度弧为 13 英寸，153—180 度弧为 12 英寸。

这与一刀切的统统安装 14 英寸装甲相比，节省了 70 吨载重吨位。

6 英寸炮塔及其装填室装甲仅有 1 英寸厚，而不是他们所希望的 2 英寸。在最终设计中，指挥塔下面带有 4 英寸装甲的备用指挥塔被取消掉了。指挥塔本身比设计草图中的更窄，防护板的厚度也比 3 月份提出的 14 英寸薄。火控中心装甲厚 5 英寸至 3 英寸，指挥塔支柱也有 1 英寸厚的防护板。

在 159 米装甲带覆盖的范围内，装甲甲板同"上层"甲板处于同一层面，与水平面成 2.5 度角，并与装甲带上缘相接。与一般重甲板一样，甲板标定厚度包括装甲甲板实际厚度和底下 0.75 英寸钢板厚度。在鱼雷平台前上方，装甲甲板是平的，长约 14 米，同低层甲板位于同一层面。靠外部分厚 8 英寸至 7 英寸，靠内部分厚 7 英寸至 6 英寸。此外，与这 14 米长度正对的上层甲板侧边也有装甲甲板保护，由外到内厚 6.25 英寸（158 毫米）、4.25 英寸（108 毫米）和 2.25 英寸（57 毫米）。后装甲甲板头部位于主甲板层面，然后在 14.3 米的距离内降到了低层甲板层面。后装甲甲板的最后 8.3 米处厚 3 英寸，其余部分厚 5 英寸。后装甲甲板总长度为 32.5 米，有斜板将其与装甲带下缘接在一起。

后装甲盒（主要保护动力系统）顶盖相当一部分空间被阻隔烟道与锅炉舱的装甲栅栏占据，部分延伸自船体前部装甲盒（用于保护主炮系统）的也延伸到了后装甲盒顶部，因此在和前部装甲盒连接处的一小段船体上，水平装甲厚达 6.7 英寸（171 毫米）。但装甲厚度在水平装甲向船舰方向延伸的同时不断削减，在锅炉舱顶部水平装甲厚度减弱到了四五英寸，最后到轮机舱上方被削至了 2.75 英寸（70 毫米）。当然，船体在这一区域内也安装有一些用以抵挡破片的薄装甲板。比如上层甲板安装有 0.75 英寸（19 毫米）厚的破片装甲，其余的部分一部分甲板也安装了厚度在 1 英寸至 0.85 英寸的高张力钢板。位于艉部防护区内的发电机室上方的甲板厚度约为 1 英寸；弹药库上方的甲板也是 1 英寸厚，不过英国人曾考虑将这一厚度降至 0.5 英寸，以利于疏导一旦弹药库爆炸时产生的气浪（类似现代的美军 M1 式主战坦克炮塔后弹药舱的损害抑制原理）。当然，这样虽然能保全船体，但相关通道和临近舱室内的人可能会倒大霉。

防鱼雷舱壁由 2 块 0.85 英寸高张力钢和一块同样厚度的非装甲材质对接板组成。防鱼雷舱壁距离侧舷 4.1 米，靠近底部的部分则为 3.35 米，在低层甲板和主甲板之间的部分继续向壳体延伸，并由 13 毫米板连到了装甲带。防鱼雷舱壁末端的横隔水舱壁为约厚 1 英寸的高张力钢板，此舱壁外侧的船壳板以及外部空气舱和内部水舱之间的舱壁厚度约为 0.63 英寸（16 毫米）。防鱼雷舱壁末端位于轮机室的后端，接在外部纵向隔水壁上。防鱼雷舱壁后方靠里有 2 块 22 毫米舱壁，用于保护 6 英寸炮的弹药库。覆盖在部分中引擎室、整个后引擎室以及 6 英寸炮弹药库外面的水舱被扁钢管取代，外部舱壁的厚度也降到了 0.5 英寸。后方的 6 英寸炮弹药库位于泵房之上，此处的防鱼雷设施没有延伸到平台甲板下边。

防鱼雷舱壁外侧覆盖有两层 3 英寸厚的杉木，中间有半英寸厚的毡制品，可能是用于防止渗水。载压水舱安装有空气压缩设备，必要的时候可以迅速将压舱水排出。理论上，在被 2 条常规装药的舰用鱼雷击中时，可在 15 分钟之内纠正横倾。此外用来抽送燃油的泵也比之前任何一种战列舰的要大。船舷和装甲带之间的三角形区域里填充了一些轻钢管，它们能够用于维持稳定性。战舰载重大到威胁船体稳定性时，可将两侧的这部分结构炸掉。按照标定排水量建造的话，两侧这一结构均长 73 米，英国人还期望能用这些管子刮除 APC 弹的被帽，以降低弹丸自扶正能力，削减其侵彻威力。

弹药库下面的双重底间距 2.13 米，锅炉室下的双底深 2.08 米，轮机室和后方 6 英寸炮弹药舱下面的双底深 1.61—1.56 米。

动力系统

海军部造船局想要将前方锅炉舱的长度降低到 9.1 米，中部和后部的保持 14 米的长度不变，高度从 8.9 米降到 8.6 米。但是将有 20 个锅炉需要安置，侧翼锅炉室将因此而向外移到紧靠防鱼雷舱壁的地方，显然这对提高防御能力不利。中部锅炉室的中小室和后小室里各有 4 个锅炉，中部锅炉室的前小室、左右翼锅炉室中小室和后小室都各有 2 个锅炉，左右翼锅炉室前小室则各有 1 个锅炉。前小室的 4 个锅炉和中小室的前 4 个锅炉的烟道都连到前烟囱，其余 12 个锅炉的则连到后烟囱。锅炉在全功率工作时锅炉内部温度达 293 摄氏度，涡轮机内部可达到 165 摄氏度，锅炉内部压力达到 17.3 倍大气压（17.3 千克/平方厘米），涡轮机工作压力略小于 14 倍大气压（13.95 千克/平方厘米）。

总共安装有 4 套涡轮机，其中 2 套位于长 14.3 米的前轮机舱驱动外侧的 2 个螺旋桨轴；1 部位于中轮机舱，驱动左舷内部螺旋桨轴；另 1 部位于后轮机舱驱动右舷内部螺旋桨轴。后面 2 个轮机舱长度均为 13.4 米，前轮机舱和中轮机舱都直接与防鱼雷舱壁相连，而后轮机舱和防鱼雷舱壁之间隔着工程师宿舍。外传动杆前部中心距为 14.6 米，螺旋桨处的中心距为 13.7 米。传动杆轴管直径约为 61.6 厘米，舷外部分为 62.9 厘米，螺旋桨直径为 4.88 米，全速行进时转速约为 200。除去发电机和弹药库制冷装置之外，整个动力系统机械重量约为 5500 吨，设计部门认为这个数字太大了。

22000 轴马力的巡航涡轮可以支持最高 17 节速度的经济巡航，在 16 节速率下最大航程超过 6600 海里。舰上配有 6 个 250 千瓦的涡轮发电机，2 个 300 千瓦柴油发电机，还有电动液压操舵机和绞盘。单个方向舵的面积是 41 平方米，而"胡德"号上安装的舵的面积是 31 平方米。每个锅炉舱的中心都有一个 1500 吨的舱底涡轮水泵。

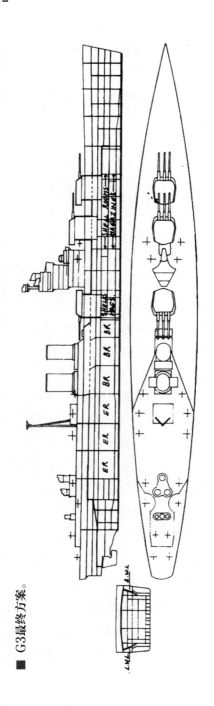

■ G3最终方案。

1921 年 10 月 17 日、28 日以及 11 月 5 日，英国人又对草图进行了修改，战舰尾部的空间有所增大，前部有所减小，这样正常载重情况下前后吃水深度均为 9.9 米，之前前后端的吃水深度分别为 8.4 米和 11.4 米。由于尺寸限制和后面要容纳很多大型机械的"突出部"，G3 无法拥有像战列巡洋舰"狮"号（HMS Lion）和德国的"兴登堡"号（SMS Hindenburg）那样完美的船壳外形。

舰体前部干舷高度约为 8.4 米、尾部 7.8 米，不过草图中的前后方干舷高度均为 9.9 米。艏柱直接是前倾式的，而非此前的"快帆船"式，中轴线船尾的宽度也有所减小，加了一个 1.8 米的船尾平台，加上这个平台总舰长 861 英尺（262.7 米）。坐坞龙骨被省略掉了，舭龙骨也相对较小。壳体结构主要由普通的软钢，不过船艏甲板处的部分船桁、舷顶列板及下列板还有防鱼雷舱壁都是高张力钢材质。

战舰船员定额为 1716 人，作为舰队旗舰时为 1790 人，担任皇家海军总旗舰则为 1862 人。

至此，进入最后定型阶段的 G3 战列巡洋舰与原始设计图纸相比，战舰的外形有了很大改进。相对最初的烟囱，后面只剩下一个三角桅为了，靠近船尾处有 1 个小的桅杆。2 个烟囱之间的间距变得更远了，舰桥再度被加高。总的来说，战舰的外形应该算是极具现代气息了。

↠ G3 舰的订购和终局 ↞

1921 年 10 月 22 日到 11 月 1 日，英国人签下了 4 个 G3 战舰订单，建造公司分别是斯旺·亨特公司（Swan Hunter）、比尔摩公司（Beardmore）、费尔菲尔德公司（Fairfield）和约翰·布朗公司（John Brown）。后面的三家公司有建造大型战舰的经验，但斯旺·亨特公司是个例外。尽管斯旺·亨特公司曾建造过著名的"毛里塔尼亚"号（Mauretania）客轮，此前建造过的最大战舰仅为 6150 吨的海防战舰"罗伯茨"号（HMS Roberts）。

埃尔斯维克公司将建造 6 座 16 英寸口径三联装炮塔以及 4 个备用炮塔，维克斯公司建造另外 6 座炮；32 座临时替代尚在研制中的 2 磅速射炮的 2 英寸口径双联装速射炮的炮塔及 8 座备用炮塔，也由这两家公司平分。起初打算铸造 37 门 16 英寸口径炮，埃尔斯维克公司铸造其中 15 座，维克斯公司铸造另外 13 座，比尔摩公司铸造剩余的 9 座。不过后来随着 G3 舰建造任务的取消，这些任务也被取消了。结果实际上只建造了 29 座 16 英寸 Mark I，这些铸造完毕的炮身被海军部军械局编号，后来被用在了"纳尔逊"级战列舰的建造中：1—10 号由埃尔斯威克公司建造，11—18 号由维克斯公司建造，19—23 号由比尔摩公司建造，24—29 号由伍尔维奇公司建造。炮塔的防护系统由各大炮的承包商顺带完成，其他装甲板则分别向阿姆斯特朗、比尔摩、布朗、卡梅尔（Cammell）以及维克斯公司订购。

原来预计到 1924 年 10—11 月份能够完成这些战舰的建造任务，不过 1921 年 11 月 18 日建造任务就暂时停止，到 1922 年 2 月份更是彻底取消了。由于计划被取消的缘故，给了人们茶余饭后反复检查设计挑刺的机会，所以英国海军设计部门的闲人们总能在每种设计上找到许多缺陷，G3 更是由于重要船舱与防鱼雷舱壁衔接不良而受到了猛烈抨击。

考虑到当时能够预见到的攻击标准、舰体大小限制以及对于大机舱高速舰的偏爱，G3 型完全可以算得上当时为数不多的真正意义上的大型主力战舰之一。这些战舰预计比美国排水量 43500 吨（第三次设计修改后的尺寸）的"列克星敦"级战舰更胜一筹。尽管后者有 8 座 16 英寸 50 倍口径火炮，比 G3 的 9 座 16 英寸 45 倍口径火炮更强大，而且该船航度号称达到 33.25 节，而 G3

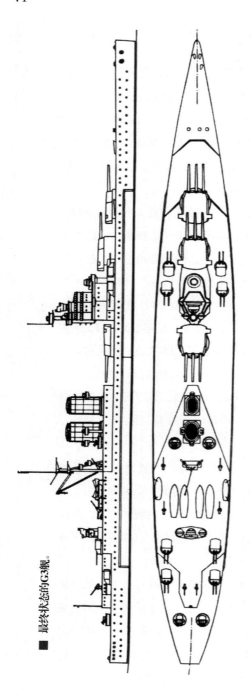

最终状态的G3舰。

只有 31.5 节。但"列克星敦"级的装甲远逊于 G3，美国海军将"列克星敦"级定义为安装有超强火力的侦察巡洋舰，所以设计中其装甲带约 7 英寸，炮塔正面防护板厚度约 10 英寸，炮塔顶层防护厚度约 5 英寸，炮座防护厚约 9 英寸，装甲甲板的厚度至多为 2 英寸，船艏甲板稍厚一点，为 2.25 英寸（第三次修改设计后的数据）。但仅凭这样的装甲，"列克星敦"级是不敢同 G3 战列巡洋舰交战的。当时英国人对于日本的"天城"级战列巡洋舰并不甚了解。它们的额定排水量约为 41200 吨；日本人计划配有 10 座"40 厘米主炮"，安置在 5 个双联装炮塔内；速度约为 30 节。虽然无法得知它的具体装甲数据，但其装甲带最厚处为仅 250+50 毫米（轮机舱外挡板厚 50 毫米），比 G3 差远了。

和财产与经济的损失不一样，生命的消逝是无法在短时间内弥补的。为了上一次大战，不列颠献出了 94 万生灵，是这个国家全部青年男性中的 1/6，而且是最优秀的 1/6。还有同样数字的青年人留下了终身残疾。从一份已经难以追寻来源的叙述中提到了这样一件事。在 1918 年，伯明翰的某所女校中，校长对即将毕业的学生说道："你们也必须为英国承担战争的后果……也许你们将会感到难以找到合适的丈夫……"

　　危害在战争结束之后就立刻显现了，构成英国社会的各个部门都感受到了人力减少的压力。作为当时世界最主要的工业品生产地之一的英伦，几乎每个工厂都为难以征募到足够的人手而犯愁。相应地，劳动力的使用成本被大大地增加了。而即便是增加了工资和待遇，降低了用工的标准，在熟练工、技术工方面的的损失还是难以在短时间内弥补的，而这又和英国的经济能否迅速恢复息息相关。

　　向美国和其他国家借的钱，以及难以收回的借给那些战争中的盟国的钱，使得战后的英国面临着空前的财政压力。尴尬的是，不列颠正面临着这样一个可笑的处境——英国将被迫和它的债权国展开军备竞赛，用从美国借来的钱来做和美国进行战争的准备！在西欧各国，反对战争和军备竞赛的游行示威不断发生，民众们已经在那4年内流够了血，他们不愿意再去为政治家和皇帝们愚蠢的野心去捐出自己的和亲人们的生命。而在美国，军事分析家在预测未来局势发展时反复地着重提到1923年，因为统计告诉他们，日本的的海上力量将在这一年达到最接近合众国的状态，而在这之后将永远无法赶上。这意味，1923年将是日本唯一的机会。战争的气息越来越浓，来之不易的和平好像只是用来向另一场近在咫尺的战争进行过度。直到突然地，一切都戛然而止……

　　"（美利坚合众国）愿意与世界上其他国家一起研究和磋商，不论是大国还是小国；了解世界舆论；提出裁减军备和减轻各国陆海军部门越来越难以承受之负担的方法……"当继任因中风而离任的威尔逊当选美国总统的沃伦·哈丁，在他1921年3月的就职演说中这么叙述的时候，G3的历史使命就已经完成了。

　　对于这个世界，年轻的美利坚合众国有着一种天真的责任感。而日本则是欲求不满，他们还没有流够血，之前的大战只是一场满足私欲的热身运动（30年后他们或许会得到真正的教训）。而英国，确实感到累了。

　　"华盛顿的樱桃树"是一个著名的西方谚语，讲述了美国国父乔治·华盛顿年轻时的故事。在某一天，年幼的乔治在玩闹时失手砍倒了他父亲心爱的一株樱桃树幼苗。虽然没有被人看到，但是对于盛怒中父亲的不停追问，乔治没有选择撒谎或者推卸责任来逃避，他坦诚了自己的过失。这个故事的

76

结局是很多人都知道的，老华盛顿的表情渐渐温和了，他说到"我宁愿要一个诚实的儿子，而不是一片樱桃树林"。

也许不太确切，但是大不列颠在 1920 年的命运和年幼的乔治·华盛顿有那么几分相似。如果说之前的大战是由一群以英德为首的国家不断的错误行为所造成的悲剧，而英德海军竞赛本来便是一个错误，那么在战后，在付出那么沉重的代价之后，还坚持去和一个并不致命的采用和平手段的竞争对手，去发展彼此敌对的关系，又意味着什么？大不列颠无比钟爱它的舰队，G3 可谓英国的"樱桃树"。但是，和整个不列颠王国的未来比较起来，这株幼苗又算得了什么呢？

1922 年，著名的《华盛顿海军条约》，即《限制海军军备力量条约》签署了。"国务卿休斯大人在几个小时内击沉的战舰比世界上所有海军上将在几百年内击沉的总数还要多。"对这个世界而言，"一片樱桃树林"就此倒下……也许有人说，不论是《凡尔赛和约》还是《限制海军军备力量条约》，都不能阻止下一次大战的爆发。这是事实，但所有人都不应该忘记，正因为"华盛顿砍倒的樱桃树"，才使整整一代人得到了在和平中长大的机会！

■ 继承了 G3 部分遗产的"纳尔逊"级，它是《华盛顿海军条约》的遗产，与日本的"长门"级美国的"科罗拉多"级战列舰并称为战后的"世界七大战舰"。

G3 战列舰的主要参数表

尺寸	长 862 尺（水线长 850 尺，等深部长 820 尺），宽 106 尺，吃水 32.5 尺
设计吃水	48400 吨，满载共 53910 吨时，平均吃水：35 尺 8 寸，满载 56540 吨时船艏吃水 37 尺 4 寸，船艉吃水 37 尺 1 寸其他重量 1000 吨仪器设备，1200 吨燃料（满载燃料 5000 吨）
武装	7160
轮机	6000
装甲	14400
主装甲带	3775
隔舱	375
烟囱	666
炮座	1553（不含固定部）
指挥塔 / 火控塔 / 人员通道	358
装甲甲板	4430
鱼雷防护	2494
其他防护	789
舰体	18600
主炮	16 寸 45 倍径 9 门
副炮	6 寸 50 倍径 16 门，4.7 寸 43 倍径防空炮 6 门，连装 2 磅炮 4 座，24.5 鱼雷管 2 座
水上飞机	2 台
轴马力 / 船速	160000 马力，31—32 节，满载约 30.5 节
主装甲带	轮机舱至 6 寸副炮弹药库部分 14 寸，其余部分 12 寸，18 度外倾
隔舱	船艏 12 寸，船尾 10 寸，船艏鱼雷舱 6 寸，船艉装甲甲板以下 4.5 寸，全部为垂直
锅炉烟道 / 通风管长度	分别为 12、9、6、5、4、3 寸
炮塔	前部正面 17.5 寸，前部侧面 13 寸，后部侧面 9 寸，后部正面 9 寸，顶部 8 寸
炮座	分别为 14、13、12、11 寸
指挥塔	分别为 12、10、9 寸，顶部 6 寸，地板 4 寸，人员通道至上层甲板 8 寸
装甲甲板	A 炮塔到中部锅炉舱 8 寸，而后逐渐减少至 6.25 寸、6 寸、5.25 寸
鱼雷隔舱	1.75 寸
航行限制	可以通过巴拿马和苏伊士运河（1924 年改进设计后只能通过苏伊士运河），可以使用罗赛斯和朴次茅斯的现有船坞

⇢ 附录 1: 大型战列舰 N3 计划 ⇠

1920 年 12 月份，那个著名的 M3 方案（参见《战争艺术文集第六卷》）被选作为未来战列舰设计模板。1921 年 1 月 20 日，维克斯公司的首席海军设计师乔治·瑟斯顿爵士（Sir George Thurston）向第一海军大臣递交了 3 份战列舰设计图，希望能够得到批准。这些设计都包含了 M3 的一些特点（详细情况可以参看编号为"PRP ADM/1/8397/365"的皇家海军官方档案），但是它们位于船体内部完全垂直的装甲带是一个双重缺陷。首先，垂直的装甲带构造并不符合当时海军部对新式战列舰防御的要求；其次，由于主装甲带位置太靠里，外部未被保护的船体虽非要害，但只要受到些许损伤，就有可能导致整个船体因水密系统破损而大量进水，这种进水很难控制，最后往往会导致侧倾丧失稳定性。由于缺点太多而且设计中缺乏细节上的足够考虑，英国人在 2 月 4 日决定不再对 M3 的主要设计进行改进。

4 月份，将鱼雷防护能力提高到 1010 磅（455 千克）炸药的建议被提了出来，就像曾对 G3 的水下防御能力改进建议中提到过的那样。海军部造船局局长戴恩库特爵士认为，如果将来会建造 M3 类型的战列舰，可以在布置龙骨时将船体长度增加 39 英尺（12 米）以设法减小弹药库和机舱的宽度，这样可以增强战舰的防护能力。他们也曾考虑过将战列舰的鱼雷发射管置于舰体以外，不过最终还是决定留在舰内。

当时战列舰设计的优先性已次于战列巡洋舰而屈居第二了，报告最终也没有完成，不过 N3 的最终设计草图还是于 1921 年 11 月份出炉了。它的大体布置都与 M3 相似，不过船尾长了 15 米。

18 英寸口径炮也与 M3 类似。舰身前部装配一对背负式三联装炮塔（水平方位角 300 度），"塔"楼后面还有一座三联装炮塔（方位角范围为中轴线以前 60 度到中轴线以后 70 度）。6 英寸口径双联装炮塔以背负式成对存在，分布在中轴线上、B 炮塔和指挥塔之间以及烟囱后面。水平旋角分别为：向前 90 度、向后 70 度；70 度、80 度；70 度、90 度；65 度、90 度；前端的 6 英寸炮火药舱位于指挥塔下面，后面的火药舱在锅炉室之后、泵房之上，轮机舱在锅炉室之前。4.7 英寸高射炮的排布方式为：2 门安装在烟囱旁，2 门安装在烟囱后方，还有 2 门在船艉附近。2 磅速射炮中有 2 座位于烟囱之前，另 2 座位于船艉。砰砰炮的火药舱并没有标示出来，不过 4.7 英寸炮的火药舱与 6 英寸炮后方火药舱和炮弹室垂直，18 英寸和 6 英寸炮弹室则在弹药舱之上。水下鱼雷管位于 A 炮塔之前。

装甲带的上缘位于船内约 1.2 米处，与 G3 最终版本一样，此外其上下方与水线间的距离也都相近。装甲带从 A 炮塔前方约 2.7 米处延伸至 6 英寸炮后方火药舱末端，长约 141 米。从前轮机舱中心到后方锅炉室 35 米长的装甲带厚 13.5 英寸，其余部分厚 15 英寸。舰体前部底层甲板和平台甲板之间有 9 英寸装甲舱壁，装甲甲板也与 G3 的最终设计一样。紧接在装甲带后面的甲板厚 8 英寸，它的实际长度并没有标示，后装甲甲板的其余部分厚 6 英寸。根据标示，火控中心装甲厚 4—6 英寸。与其他设计相比，它的防鱼雷舱壁约内移 4.8 米，而且更厚。它与主甲板衔接部分厚 25 毫米，并由倾斜板连到船舷甲板下缘。火药舱和机舱下面的双底深约 2.1 米。

主机舱跟 M3 一样，2 个轮机舱（每个舱控制一根传动轴）位于 2 个主锅炉舱前方，这 2 个锅炉舱也被分为更小的舱室。根据标示，引擎室的总长度约为 18.9 米，锅炉室约 27.4 米。船头和船尾也都跟 G3 的最终设计一样，不过后装甲甲板延伸到了船尾处，因此那里的干舷高 10 米。舰桥也跟 G3 一样被加高，战舰的烟囱在 2 个三角桅之间，三角桅一前一后，前小后大。这一设计就外观方面而言实在没有 G3 的最终版本好看，因为缩小的动力舱段和集中于前部的主炮群以及舰桥结构之间缺乏了黄金分割般的协调感。

N3 型战舰一直离实际建造阶段很远，而且在 1921 年 12 月的时候，由于《限制海军军备协定》的缘故，英国人已经着手对条约特许的 2 艘 35000 吨的战舰开始理论性验证了（也就是后来的"纳尔逊"号和"罗德尼"号）。能与 N3 做对比的只有美国在 1920—1921 年铺设龙骨的"南达科他"级战列舰（同一时期日本战列舰都是高速型的，其航速直逼一战时期的战列巡洋舰）。南达科他舰预期航速为 23 节，排水量 43200 吨，有 12 门 16 英寸 50 倍口径炮，位于 4 座三联装炮塔内。4 座炮塔背负式成对布置，舰体前后各有一对。因为这艘战舰只有水线长度仅 660 英尺（201 米）× 105 英尺（32 米）× 30.5 英尺（10 米）这么大，依照 G3 的经验，火力系统明显超载。13.5 英寸垂直装甲带最厚部分从水线以上 2.3 米延伸至水线以下 1.2 米，从水下 1.2 米到 1.65 米装甲带厚度逐渐减少到 9.15 英寸（232 毫米）。装甲带从 A 炮塔前 10.7 米处延伸至 Y 炮塔后约 3 米处，总长 139 米，其前端连有位于水线以上的装甲带，一直延伸至距舰柱 10.7 米的地方。炮塔正面防护板厚 18 英寸，塔顶部从 5 英寸加厚至 8 英寸，炮墩防护壁厚 13.5 英寸。火药舱和机舱上方的装甲甲板厚 3.5 英寸（89

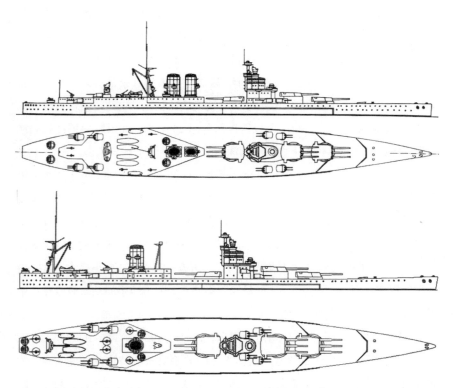

■ 战列巡洋舰 G3（上）和战列舰 N3（下）外形对比，后者直接脱胎成 G3，或者说是 1917 年以后英国海军快递主力舰设计思想"修正"版。

■ N3 的装甲分配示意图。

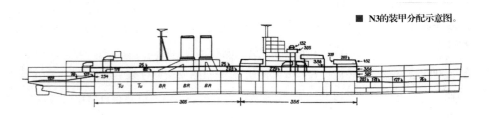

毫米），下方甲板厚 1.25 英寸（32 毫米）。尽管它们的装甲相对于它那么小的尺寸来说已经不错了，但无法承受 18 英寸炮弹的攻击。

英国人曾打算针对 G3 的某些特性进行一些很有意思的试验，但还没有全部完成就被取消了。不过，还是有不少档案被保存下来。

比如这一例，测试用 15 英寸炮弹攻击 14 英寸装甲：攻击目标为 3 块 14 英寸装甲板，其中 5 块来自于"巴伐利亚"号。这 3 块板连同 1 块带有 0.75 英寸（19 毫米）衬板的 7.25 英寸（184 毫米）甲板被安装在了"壮丽"号（HMS Superb）上，这是 1 艘安装有 12 英寸主炮的早期型无畏舰。

经过仔细安置之后，炮弹可以以 34 度角入射到 14 英寸板上，或以 59 度角入射到甲板上。14 英寸板前后方的上层建筑都与设计中的 G3 类似，而甲板下方的支撑装置也设计成了需要测试的结构。当装满盐的 15 英寸 APC 炮弹以 458/ 秒的速度命中时，尽管下面的支柱和中轴线遭到了一定破坏，7.25 英寸甲板只被铲起了"一层皮"。另一枚 15 英寸 APC 实弹以 548 米 / 秒的速度沿 65 度入射角射中 7.25 英寸的装甲板，没产生明显效果，而且英国人认为炮弹在撞击到甲板之前已经爆炸了。2 块来自"巴登"号的装甲各被 1 枚 411 米 / 秒的 15 英寸口径充盐 APC 炮弹击中，炮弹对装甲板表面产生的破坏非常小。其中 1 块板采用了一种特殊的锁合方式，甲板后面的船体受到的破坏很小；而另一块板则由于下缘被撞进去 38 厘米，背后的船壳遭到了很大程度的破坏。2 枚炮弹的碎片都撞击到了装甲甲板，击穿了"壮丽"号上的 51 毫米镍钢倾

■ 用来进行炮击试验的是"柏勒罗丰"级战列舰中的一艘，属于1910年前建造的第一代无畏舰。在炮击测试的时候，这艘决定废弃的老舰被依照模拟情况和造型经过了特殊的修改，并加装了拆自收缴的德国战列舰的装甲板，以检验N3规划中的防御设计模式。

■ 皇家海军潜水重炮舰"恐惧"号，这艘船几乎成了海军炮击测试的"专业户"，被多次用来模拟安装不同口径主炮的敌舰在不同距离的打击效能。

斜甲板。做这个试验的时间是 1922 年 5 月 2 日, 5 枚炮弹是从"恐惧"号 (HMS Terror) 发射的。结论是如果发射更多的炮弹, 也许装甲本身还能保持完整, 但是支撑装甲的结构将会遭到极其严重的损伤。

并不是所有人都支持安装在船体内部的倾斜装甲的, 理由之一便是从正前方或正后方射过来的炮弹都很可能会跑到装甲带和船壳之间或者被装甲带弹射后, 在防鱼雷舱壁附近爆炸。为了测试这种爆炸的效果, 英国人在"壮丽"号防鱼雷舱壁外 1.9 米处定点引爆了 1 枚 15 英寸口径 APC 炮弹。"壮丽"号防鱼雷舱壁的钢板和设计标准都比 G3 的要低, 与炮弹之间隔有充水舱的防鱼雷舱壁没有被击穿, 也没有严重受损或倾斜, 只有个别铆钉处有轻度漏水。但内侧防鱼雷舱壁则受到了严重创伤, 大量水 (代替真实情况下的燃油) 涌进了轮机舱。坦尼森·戴恩库特认为这次测试证实情况还是令人满意的, 但最早提出这种意见的贝克豪斯似乎已经钻了牛角尖, 认为要考虑到静止的和运动的炮弹爆炸所造成的不同影响, 坚决持反对意见。实际上贝克豪斯所说的这种情况发生概率很小, 一种概率很大的情况则是炮弹击中水面后继续前进从水线装甲以下穿入防鱼雷舱壁, 当时所有战舰的装甲都有这个弱点, 而贝克豪斯却不认为这个风险很大或者根本没有意识到这种风险。

戴恩库特最后做出了让步, 当然这种让步只能体现在"纳尔逊"号和"罗德尼"号上了。在这 2 艘战列舰上, 装甲带的上缘稍稍向外移动了一点, 倾斜角度降到了 15 度。当然, 这是题外话。

由于"壮丽"号试验而对"G3"进行的其他一些调整包括: 榫接装甲甲板; 装甲甲板接入到装甲带上; 加厚了倾斜装甲隔板架的铸造, 以保护装甲带下缘的支撑架; 给装甲隔加了突出唇缘, 这样可以将炮弹碎片和被装甲带反射的炮弹导向船外; 加高装甲带后的防鱼雷舱壁至装甲甲板位置。

1924 年对"君王"号 (HMS Monarch) 进行的炸弹和炮弹攻击试验直至 1925 年 1 月份它被击沉都与"G3"设计没有特别关联, 不过在此之前进行的水下试验有着很重要的意义。1922 年 6 月份进行了 1/4 规模模拟试验, 模型上有"G3"的鱼雷防护装置以及当时美国已采用的多重纵向舱壁。

G3 设计中外侧开有排气孔的装甲带取得了最佳试验效果, 英国人认为它能够承受 340.5 千克甚至 454 千克 TNT 的直接接触爆炸。1923 年 7 月份在"查

■ 编队航行中的"纳尔逊"级2舰，作为G3和N3遗产的继承者，这2艘新式战列舰却
因为层出不穷的各种稀奇古怪的问题很不招海军的待见。

塔姆浮动试验室"用1枚454千克炸弹进行了整体试验,它能够很好地承受攻击,外壳只出现了轻微泄露。后来又有研究显示排气孔并没有什么效用,不过这就很难与1922—1923年的试验结果相符。1923年8月4日英国人再次在"君王"号上进行了试验,主要目的是测试不与船壳接触的重型炸弹爆炸时对船体的影响。1922年海岸防卫舰"戈尔贡"号(HMS Gorgon)曾被用于进行3/5规模的模拟试验,1枚946千克的TNT炸弹在12.2米深处距"突出部"2.3米处引爆。此舰的"突出部"及防鱼雷设施都与"G3"类似,"突出部"位于君王号"A"和"B"炮墩附近的船壳内。试验结果证明,防护范围不够是其装甲设施的不足之处。爆炸使得"突出部"下方一角从主船壳板上脱落下来,防鱼雷舱壁虽然有些弯曲但仍保持完整,战舰底板被炸凸上来,最大凸出了0.66米。战舰受到了诸多损伤,详细情况可参考皇家海军官方报告1/8656/26(Adm,PRO)。当检查小组登上战舰时,它内部已经进了约2700吨的水,但没有沉没的危险。

"纳尔逊"号和"罗德尼"号都有与"G3"大致相似的鱼雷防护装置。二战中仅有1枚鱼雷击中了"纳尔逊"号,击中位置在防鱼雷舱壁前方;此外还有3枚水雷在它附近爆炸,其中也仅有靠前的那一枚造成了严重损伤。它们的炮火防护装置都跟"G3"类似,规模可能有一定程度的降低;不过它们并没有接受战火的考验,因为"俾斯麦"号没能成功击中"罗德尼"号。很少有人怀疑"G3"舰的作战能力,拥有众多现代火控装置的"G3"舰应该可以和二战中的任何敌方主力战舰抗衡,当然除了"大和"号和"武藏"号之外,它们更大,从各方面来说也都很成功。

造就G3的是时代,毁灭G3的是政治。而技术,海军技术的发展和演变、战争会以何种模式发生和进行,只不过决定了G3会是什么。

■ 电脑绘制
的N3舰完成
想象图。

■ 进行爆炸测试前的前岸防舰"戈尔贡"号，此时已经成为了一艘靶船，被卸除了全部的武装。

附录 2
⚓ 第一次世界大战后的英国经济动荡 ⚓

　　第一次世界大战使不列颠付出了沉重的代价。

　　仅商船，就因德国"无限制潜艇战"和其他袭击，合计损失 2479 艘，总吨位高达 776 万吨，差不多是战前保有总量的 1/3。当然，如果算上战时建造补充的数量，损失的比例也许没有那么惊人。英国共有 600 多万人应征入伍，其中 75 万人战死。20—40 岁的男性公民里，阵亡率达到 8.8%，更有同等数量的青壮年男性遭受不同程度的生理或者肢体残疾。青壮年男性的大量阵亡导致

■ 照片为法国罢工者从同情者处获得一篮子香肠。战后经济萧条时期物价上涨，物资匮乏，社会动乱，罢工活动频繁。

■ 照片摄于战时，这位妇女正在操作一台镗床镗制一个步枪零件。男人都上了战场，兵工厂里只能使用女性劳动力。这种经历加上战后的种种，促进了现代女权意识的觉醒。

了英国本土人口性别结构的严重失衡，其直接的社会后果是推动了女性独立意识的觉醒，大批英国女性走出家庭成为职业妇女。

为筹措战争经费，英国的所得税率从 1914 年的每英镑 1 先令 3 便士，提高到 1918 年的每英镑 6 先令。政府还增加间接税、扩大借款。对美国负债 7.42 亿英镑，国际金融地位开始动摇。1919 年英国国债余额超过 70 亿英镑，1920 年达到 78.317 亿英镑，仅年息当年就要支付 3.496

亿英镑。如此沉重的债务负担严重地影响了当时和战后的工业投资，进一步阻碍了战后经济复苏的步伐，延长了战争创伤的恢复时间。此外，许多工厂战时改为军工生产，战后又要转回民用工业，资产重置费用很高，更因为青壮年男性的严重损失，缺少熟练工、技术工，进而导致用工成本的大幅度增加。此外，战后英国工业的技术改造和结构调整也不尽人意。

1919—1922 年期间，英国经济正在所谓的"双重震撼"，以至于受此重创之后在两次世界大战之间从来没有恢复过元气。1919—1920 年间，英国工会争取到了在劳动生产率不变的情况下，减少了大约 13% 的周工作时间，以单位产品计算的工资，即效率工资增长了 13%。由于战时金融管制的结束，政府对诸多物资控制的结束，大量战时剩余物资像潮水一样涌入市场。这直接引起了战后的经济大萧条，在 1920—1922 年间，正饱受失业痛苦的英国人民却经历前所未有的物价大规模暴跌时期，使实际工资在 1922 年底经济萧条结束时，要高于此前的通胀繁荣时期。由于货币工资没有批发和零售价格的跌幅大，而工会造成的单位生产成本上升和政府造成的经济萧条压低了企业的预期利润，以至于充分就业成为根本不可能的妄想。

造成战后经济萧条的原因多种多样，但种子在战争最后 2 年便已经埋下。

一战之后英国曾有过一段因通胀而引起的经济繁荣时期，在战争的最后 2 年中，英国的工资增长速度快于物价的增长速度，但是商品管制政策却让收入增加的民众买不到所需要的消费品。战后取消了管制，民众开始疯狂地采购。其后果不言而喻，从 1919 年 4 月到 1920 年 4 月，物价上涨了整整 50%。于是，货币工资的涨幅开始落后于物价的增长速度，于是便产生出凯恩斯后来称之为"利润膨胀"的效应。一旦这种通胀推动的繁荣出现，物价就会持续不断地上扬，直至整个金融体系崩溃为止。而当物价以每月 4% 的速度增长时，又有谁不想以 4% 的年利率向银行借钱，不断在商品、股票、不动产上赌博呢？英国本身在 1919 年 3 月放弃了金本位，因为政府担心战后复员的大批劳动力因为没有工作将被迫领取救济金从而引发社会动乱，而内阁更将 1919 年 4 月克莱德兵工厂的总罢工视为革命暴动即将来临的信号，所以金融和政治的逻辑合二为一，决定将利率降至令人惊讶的低水平，即使在通胀繁荣带来的弊病早已险象环生时，仍不肯放弃上述政策。然而，很少有议员意识到，在那种金

■ 正在游行举行纪念活动的第一次世界大战英国伤　■ 1920年9月末，伦敦股票交易所的灾难性场面
残军人，照片摄于20世纪30年代。　　　　　　　即将出现。

融条件下降低利率等同于靠胰岛素来治疗低血糖……

　　察觉到大事不好的英国金融家在1919—1920年的冬季与内阁开展了激烈的斗争，终于使英格兰银行在财政部的约翰·贝莱德贝利爵士的帮助和鼓励之下，把政客们在战时所篡夺的金融决策权夺了回来。为了挽救危局，英格兰银行开始采取"高价货币政策"。

　　1920年4月15日，英格兰银行将最新的银行利率提高到了7%，而如此高的利率维持了一整年。作为配合，政府同时颁布了几项新的税收项目。主张"高价货币政策"的财经官员认为，如果要让英镑能够以战前同美元的汇率水平重返金本位体制，首先必须迅速消除通胀，甚至扭转英镑价值的走向。贯彻执行这个目标要求政府预算的平衡，充分利用利率政策来控制信贷的增长，以及对纸币供应商制定法定的限制。实际上，这一目标在1918年8月的"康利夫报告"中已被所有政党接受，但劳合·乔治、博纳·劳和奥斯丁·张伯伦迟迟不愿付诸行动。如果他们在通胀无法控制前，就采取果断措施抑制通胀繁荣，英国经济后来也许不至于出现现在这种严重衰退。但现在，英国面临的是两个选择，两个选择都很糟糕……

　　财政和货币双紧缩政策的结合，很快就平息了通胀繁荣，然而经济崩溃也紧随而至。首先是消费者的支出下降,投资者的投资额也随之下降。1920年7月以后,持续高涨的物价终于开始出现下跌的征兆,之后的8月和9月继续一跌再跌。人们都认为跌势将持续下去,于是之前依靠银行借贷来圈钱的人决定抽手。

崩溃的第一个征兆反映在伦敦金融交易所内,股票交易人开始大量地源源不断地抛售股票。而察觉到麻烦到来的银行开始要求提前收回贷款。由于股市和期货市场的全面下跌,导致了投资人即便是在忍受投资大幅缩水的前提下依然无法套现,结果不动产所有人被迫出售房屋,各类企业主试图以出售企业来保住信用度,甚至是免于被起诉。由于物价持续下跌购买力大幅下降,各生产商停止招收工人并试图降低工人们的薪水,而工人们则抵制企业主降低工资的做法。两相对抗的结果便是当利润率下降时,实际工资反而上升,欲使企业和个人破产此起彼伏。

从1920年10月份,英格兰的物价开始大幅下跌;11月间,失业率大幅上升。此后的12个月里,英国本土的总产值下降了15%,失业率则上升了22%。英国经济最终呈现出一种前所未有的现象:物价和工资的弹性如此之大,以至于商品批发价格几乎下跌了一半,而同期货币工资则下降了1/3。经济不景气使煤炭、钢铁、纺织等传统工业均深陷困境。

在外汇市场,在恢复金本位制时英镑的定价过高,这种等效于货币升值的状况使英国工业品价格普遍偏高,在国际贸易中缺乏竞争力,而现在匆匆放弃金本位后又跌得过深。在1919年秋季,英国物价增长速度曾高于美国,现在英镑的价值相对美元必然将下降。同时,由于法国、德国和意大利的通胀率高于英国,所以英镑的价值对这3种货币将要上扬。从1919年3月开始,英镑和美元的汇率脱钩,到1920年2月,英镑对美元的汇率从1:4.7下降到1:3.4。在技术革命推动下,美国工业的劳动生产率大大超过英国,而英国本土此起彼伏的工会运动却使英国工业的单位生产成本大为上升,物价持续上涨,结果英镑价值的下跌并没能改善英国的出口。此后市场预期英格兰银行将会提高利率,英镑开始出现超跌反弹。很多炒家都在汇率的剧烈波动中出现了巨额亏损,其中就包括深谙财经政策和投资之道的凯恩斯,他对英格兰银行提高利率的时间点同样也出现了判断失误。

直到 1922—1923 年，英镑对美元的汇率重新回到 1：4 以上时，英国经济的通货紧缩状态才有所缓解，在物价很低、失业率很高的基础上重新恢复均衡。

1923 年年初，当之前的风云变幻逐渐趋于平静时，英国的失业大军已经高达 130 万，相当于劳动力总数的 11.4%。可以这样概括地形容当时英国本土的经济状况——好像被一只无形的手提到了 2000 英尺，然后突然松开。7 月，银行利率从 3% 回升为 4%。表面上看，利率的再次上升直接原因是 6 月份英镑兑美元的汇率从 1：4.70 降到了 1：4.56，但是潜台词不言而喻，英国政府不惜以再次损害出口为代价，企图重新恢复金本位。因为英美两国的商品批发价格差距已经大大缩小，汇率也已逼近 1：4.866 的战前官方平价，似乎一个新的"黄金时代"已近在眼前。但这并不是问题的全部。在几年间利率抽风般地跌宕起伏后，虽然英国贸易额仍占世界第一位，从 1921 年开始每年都在 90 亿美元以上，但贸易由顺差转为逆差，贸易总额和工业品出口额的世界比重持续下降。虽只是由于有国际投资利润回流，英国的国际收支才勉强保

■ 奥斯丁·张伯伦正在发表演说。

■ 物价越低越好，工资越多越好，想必这是每个人的心愿。

持平衡。不少争取低价货币失败的英国政客转而寻求贸易保护和帝国特惠制，他们以保守党领袖斯坦利·鲍德温爵士为代表。事实上为了筹措战争经费，1915 年英国就开始对进口汽车、钟表、乐器和电影等征收 33.3% 的从价税。1918 年 12 月，劳合·乔治发表的竞选纲领中也包括了贸易保护政策和帝国特惠原则。翌年，财政大臣奥斯丁·张伯伦在年度预算中声明，帝国特惠原则已纳入英国财政制度。1921 年制定的《工业保护法》，将 1915 年的 33.3% 进口商品从价税的征税对象，拓展到非大英帝国以外国家输入的主要工业品。

1923 年 5 月，首相博纳·劳因罹患癌症而辞职，继任的鲍德温决定提前大选孤注一掷，尽早引入保护性关税来降低失业率。虽然鲍德温此举重新消弭了保守党党内的矛盾，但是大选却反映国民对实施关税一事出现分歧。在大选后，保守党在下院只余 258 席，麦克唐纳领导的工党则获得了 191 席，而阿斯奎斯麾下的自由党亦得 159 席。工党在自由党的支持下成立了第一个工党政府，但是这个不稳定的弱势政府仅存活了 10 个月便告垮台。在 1924 年 10 月举行的大选中，保守党凭借自由党的急速衰败，重新得到了压倒性的胜利，鲍德温再次出任首相。1924 年被工党政府终止的战时保护关税，次年被保守党重新开征，而且范围有所扩大。但贸易保护主义没能减少英国的贸易赤字，最高年份逆差竟达 4 亿英镑。这与 1925 年英国强行恢复金本位，重新回到战前制定的 1：4.866 的官方平价不无关系。

1925 年春，英格兰银行有黄金储备 1.53 亿美元，1924 年秋、冬两季拨出 9200 万美元，1925 年又拨出 1.66 亿美元，用于偿还当年 6 月 15 日和 12 月 15 日到期的战争债务。但物价水平仍然没有走上正轨，在金本位体制下，如果美国的物价和工资不上升，英国的就必须下降。1925 年 10 月，英格兰银行把再贴现率降低到 4.5%，次月觉得有足够的力量在伦敦市场上放松对外国贷款的非官方限制，但到 12 月外汇就显得疲软，银行的再贴现率又提高到 5%。这个行动引起了财政大臣丘吉尔的强烈抗议，理由毫无疑问仍然是此举会加剧失业。此后，再贴现率在 3 年内只变动过一次，即到 1927 年 4 月再度降低到 4.5%。

1926 年全国大罢工终于爆发，起因是 5 月 3 日一些矿主借口经济恶化关闭矿井解雇员工，这次裁员风波最后总计开除了约 100 万名矿工。在这场动

■ 对降低工资深感不满正在示威的工人。

■ 被解雇的煤矿工人正在示威，这次游行有失去控制的危险，部分工人已经和维持秩序的警察发生了肢体冲突。

荡中，鲍德温政府设法维持着全国的基本公共服务，他异常强硬地表态除非工会放弃罢工，否则坚决拒绝进行任何性质的谈判。最后，工会向政府做出了妥协。

虽然鲍德温政府没有因此垮台，但罢工仍然对全国的经济构成了沉重的破坏。当然，从历史角度来看，1926年英国的全国总罢工最后也成了一战后英国经济恢复过程中的最后一次大风波，在这之后除了1929—1931年世界性的金融危机外，并未再生大的波折。

金本位

金本位，顾名思义，就是指以黄金为本位货币的一种金融制度。在这一制度下，黄金被作为发行货币的基准恒定而存在，即每单位货币等同于若干重量的黄金，货币价值和等价黄金的比值便是这种货币的"含金量"。当不同的国家间使用金本位概念时，国家间汇率的高低由其货币的含金量之比，也就是所谓的"金平价"（Gold Parity）来决定。

金本位制度开始于近代资本主义的繁荣期，在 19 世纪初，因为各国经济发展的需要以及黄金本身作为货币的缺陷（不便携带，铸造困难，纯度难以统一等等），纸币开始盛行。但是和传统的贵金属货币相比，纸币本身几乎没有价值，它只代表这一个政府所拥有的信用度和基本金融单位的一部分，于是贵金属的价值本身和银行发行的纸币挂钩便成了保障发行货币基本价值的手段。金本位制于 19 世纪中期开始盛行。在历史上，曾有过三种形式的金本位制：金币本位制、金块本位制、金汇兑本位制。其中金币本位制是最典型的形式，就狭义来说，我们通常所述和文种所称的"金本位制"即指该种货币制度。

金本位制 3 种基本模式：

1. 金币本位制 (Gold Specie Standard)

这是金本位货币制度的最早形式，亦称为古典的或纯粹的金本位制，盛行于 1880—1914 年间。自由铸造、自由兑换及黄金自由输出入是该货币制度的三大特点。在该制度下，各国政府以法律形式规定货币的含金量，两国货币含金量的对比即为决定汇率基础的铸币平价。黄金可以自由输出或输入国境，并在输出入过程形成铸币—物价流动机制，对汇率起到自动调节作用。这种制度下的汇率，因铸币平价的作用和受黄金输送点的限制，波动幅度不大。

2. 金块本位制 (Gold Bullion Standard)

这是一种以金块办理国际结算的变相金本位制，亦称金条本位制。在该制度下，由国家储存金块，作为储备；流通中各种货币与黄金的兑换关系受到限制，不再实行自由兑换，但在需要时，可按规定的限制数量以纸币向本国中央银行无限制兑换金块。可见，这种货币制度实际上是一种附有限制条件的金本位制。

3. 金汇兑本位制 (Gold Exchange Standard)

这是一种在金块本位制或金币本位制国家保持外汇，准许本国货币无限制地兑换外汇的金本位制。在该制度下，国内只流通银行券，银行券不能兑换黄金，只能兑换实行金块或金本位制国家的货币，国际储备除黄金外，还有一定比重的外汇，外汇在国外才可兑换黄金，黄金是最后的支付手段。实行金汇兑本位制的国家，要使其货币与另一实行金块或金币本位制国家的货币保持固定比率，通过无限制地买卖外汇来维持本国货币币值的稳定。

金本位本意上理解就是以黄金为信用货币的基本，也就是说有多少黄金储备你才能发行多少银行券——也就是信用货币概念。由于黄金本身便是天然货币，黄金有其固定而且无法抹杀的价值，当其他偿付手段失效时人们依然可以用它做一般等价物，作为最后的支付手段。但是黄金不便携带，所以人们发明信用货币代替黄金，但是如果允许你随便地加印信用货币，将出现通货膨胀，信用货币会迅速贬值，最后成为废纸。

所以金本位制要求有多少黄金，才可以有多少相应的信用货币在外流通。这样的货币制度保证了贸易的公平性，国家收支的保障性，增强了人们对信用货币的信心，实际上是一种"理想化"的货币体制。

但是随着经济的不断发展金汇兑本位制出现了问题：

第一，国际收支的不断加大，各国的黄金储备跟不上贸易的发展速度；

第二，因为黄金的稀有性和它本身的高昂价值，各国不愿黄金从本国流出；

第三，汇率政策受国家的影响，使得金汇兑本位制出现了不公平的贸易问题。

金块本位制和金汇兑本位制这两种货币制度在20世纪70年代基本消失。

附录 3
→ 煤炭、石油，有关英国海军燃料的点滴 ←

■ 石油的开采得益于第一次工业革命的成果。

蒸汽、煤炭和石油

英国的纽克门发明了以蒸汽做功的机械，依靠加热封闭容器内的水产生蒸汽，驱动机械装置提供动力，这就是"蒸汽机"的鼻祖。之后，在 17 世纪末，工程师瓦特将纽克门的设计进行了系统的改良，终于使这个世界上有了一种能不受到环境和地理限制的动力来源。只要有足够的煤炭，蒸汽机能为你提供源源不绝的动力。

第一次工业革命开始与瓦特的改良式蒸汽机的大规模应用，使英国从一个地处欧洲一隅的岛国，变成了一个真正意义上的工业强国。英国海军是这场技术革新的主要受益者之一，曾经以风为动力又受到风制约的军舰，终在蒸汽的驱动下航行于四海。

石油的开采得益于第一次工业革命的成果。

"现代石油化工之父"武科谢维奇。

19世纪中期的英国小城：路边装设着煤油灯，以廉价的沥青铺路。

在这个行星上，多数的石油深埋在地底，表层可以直接开采的油田屈指可数，所以蒸汽机的大规模运用使深层石油钻探成为可能，钻头在蒸汽机的驱动下可以钻入地底数公里打通储油层。

石油被制取作为燃料的历史并不短暂。在欧洲，作为"希腊火"[①]的主要原料，石油曾在公元7世纪帮助拜占庭（东罗马）帝国击败了阿拉伯人的入侵，"希腊火"在很长时间内是这个处于夹缝中的帝国苟活的秘密武器。而在东方，有关石油的记载最早可追溯至公元4世纪，石油在很长一段时间里都是中国人用来加热盐卤制取食盐的燃料。

石油的工业运用始于19世纪中后期，当时由于机械动力装置的普及，生产成本直线下降，各种工业加工品的价格日趋走低，最后成了大众都能消费得起的日常用品，欧洲被各种产品极大地丰富了起来。但是，照明的问题一直没有得到解决。在十几个世纪中，黑暗一直是被蜡烛的光芒逐退的，僧侣和修女们在烛火下抄写，贵族们在数百支烛火的光芒中举行盛宴，而不论西方

---

① "希腊火"是阿拉布人的叫法，拜占庭更习惯称之为"海洋之火"、"野火"、"防御之火"。第一次出现我们中国人所说的"石油"这个词汇，是在公元10世纪北宋年间的《梦溪笔谈》中。

还是东方，农民们还是延续着日落而息日出而作的传统。蜡烛的替代品是煤油，但是从原煤中提炼煤油的努力并不成功，这样做代价高昂。直到 1852 年，波兰人武科谢维奇通过尝试发现可以依靠蒸馏法从石油中获取煤油，所花费的成本比现有的其他方法要低廉得多。于是，石油的大规模开采和工业化运用开始了，而蒸馏法提炼石油的加工工艺，也被沿用至今。煤油灯和煤气灯[1]照亮了欧洲 19 世纪末的夜晚。

而石油在提炼出煤油之后的剩余物，除了少量被用作工业润滑油的产品和铺路防水用的石油沥青，其余连同汽油、柴油和渣油（重油），最初是被当作废弃物直接烧掉的……

以蒸汽为动力

没有丰富的物产，也没有沃野千里和取之不尽的各种资源，不列颠是个依靠对外贸易维持的国家，如果哪一天它的对外贸易完蛋了，那么这个国家也将灭亡，而海军，便成了英国避免发生这类灾难性后果的强有力保障。

瓦特的改良式蒸汽机被证明可靠有效，富尔顿的明轮推进蒸汽船也证明了蒸汽机在船用动力推进系统上的有效性，但蒸汽动力系统全面替代风帆要到 19 世纪 40 年代以后。因为早期的明轮船受到了安装在船体两侧巨大的"明轮"的限制，这种推进器容易被炮火损伤，也会阻挡住很多炮门，严重影响作战效能。推进方式的缺陷曾严重限制了蒸汽动力在海军中的普及，因此直到 1827 年的纳瓦里诺海战[2]，欧洲舰队的主力战舰都还以风帆战列舰为主，蒸汽船只是充当辅助用途。不过 1839 年出现的螺旋桨推进器将会彻底解决蒸汽机技术无法在海军推广的问题，纳瓦里诺海战成了帆船时代的绝唱。

进入 19 世纪 40 年代，英国海军迅速进入蒸汽化时代，在 1854 年底爆发的克里米亚战争成了有蒸汽军舰参加的首次大规模海上战斗，并发挥了重要作用。俄罗斯黑海舰队并未跟上当时的形式，那些曾在俄土战争中立下赫赫

---

[1] 这里指煤炭干馏之后制取的可燃气体，而不是现在混杂了石油液化气和天然气的一个笼统概念，在当时是多数现代化城市用来点亮路灯的燃料。
[2] 欧洲基督教国家联合干涉土耳其支持希腊独立的战争中发生的一场重要海战，如果结合 30 年之后的事情将充分说明英国在马基雅维利亚主义上的实践能力，以后将会有专文叙述。

战功的俄国风帆战舰在面对英法海军的蒸汽舰队时毫无还手之力，最终被作为阻塞船凿沉在塞瓦斯托波尔港的水道上。

英国海军动力改革进展迅速，舰队完全蒸汽化在19世纪60年代已经实现，但一支蒸汽动力舰队的消耗和一支帆船队的消耗完全不是一个概念上的事情。

英国海军在整个19世纪中后期一直致力于两件事情：首先是完成舰队更替，淘汰全部帆船；其次，是建立对应的燃料保障体系。帆船时代是没有"燃料"这个概念的，充其量是船上厨房用来生火做饭的一些柴火或者煤。但蒸汽机需要大量的煤，一支以蒸汽机为动力的海军需要的燃料数量惊人，和帆船不同，没有了燃料，蒸汽船和一堆废铁并没有实质上的区别。当然，在世界各地和英国海军的各个基地建立储煤站和煤炭供应体系也并非易事，建设本身的花费也很惊人，牵扯甚广，但却是必须做的。

和各合作伙伴签署条约、议定煤炭供应协议、建设加煤站和其他相关设施，颁布用以保障战时煤炭供应的专营法案，这些工作持续了整个19世纪下半叶。

■ 描写克里米亚战争的油画，俄国的帆船队被机动性良好的英法蒸汽船队打得毫无还手之力。

■ 狄塞尔引擎的复制品。

　　当然，在英国国内有充足的煤矿资源，威尔士无烟煤更被誉为当时最好的海军用煤，为此英国政府专门颁布法案限制威尔士煤的出口。

　　但以煤炭为燃料的问题却也不少。

　　首先，舰上需得设计专门的煤仓来储存，除了部分可以直通锅炉的空间，其他储煤可能会分散储存到全舰各处。随着航行距离的增加存煤被逐渐消耗掉，又需要从船内各处煤仓将煤运至锅炉舱。这是个非常麻烦的工作，而且煤灰和粉尘可能会在运输过程中将船内弄得乱七八糟。不单是存煤在船内运送非常麻烦，当船入港加煤的时候，其整个过程也是令人"胆寒"的。水兵们轮班去搬煤，煤炭是散装存在煤库内的，需要装入煤袋，然后一袋子一袋子靠人力运上船。将煤袋运到船上后，一部分煤包可以直接在甲板上拆开，然后通过甲板上开设的专用井道直接倒入煤舱，当然，通常还有一部分煤袋需要一袋一袋靠人力搬到船舱内，运到船内的几个存放点。这是一个又脏又累的任务，任何人只要干这么一趟形象就会立刻变得和威尔士煤矿的矿工无异，而煤在拆袋倒入船舱时扬起的煤尘会弄脏甲板，即使再小心也没用，通常每次装煤作业结束之后甲板上总是一片狼藉。当然，运送煤包上船的上下滑道和将煤包送下船舱的通道更是别想干净。海军为了使不幸轮到这种脏活的水兵保持状态，装煤期间舰上的军乐队总要在后甲板上列队持续演奏以鼓舞士气。在加煤工作和后续的清扫作业统统完成之后，水兵们多半还能领到一些特别的奖励，有时候可能是一杯白兰地或者一份特别的津贴。在公众印象里，蒸汽舰队时代之后的海军似乎总是穿戴整洁的一副端庄形象，然而每次运煤和装煤总会将这层美丽的画皮毫无保留地撕下。

煤炭的缺陷还远不止肮脏和麻烦这么简单。煤炭是一种易碎的固体燃料，煤粉尘如果处理不当容易引起爆炸事故。硫常常会和煤伴生，但含硫量高的煤在燃烧后会形成二氧化硫，二氧化硫具有腐蚀性，能侵蚀耐压高温容器以及管线的罐体和管壁，这对蒸汽机组是非常有害的。另外，煤炭和其他很多货物一样，在封闭空间内长时间存放可能会引起慢性自燃，如果没有及时处理最后可能酿成惨祸。众所周知的 19 世纪末美国海军二级战列舰"缅因"号的大爆炸便是因为煤仓自燃引发的。

一连串事件带来的意外结果

法拉第的电磁感应定律奠定了发电机和电动机的原理，而电能的广泛运用将世界带入了第二次工业革命。这个时代的许多事件和创造综合的结果，最后竟然将海军带入了燃油时代。

在 19 世纪 70 年代，煤油灯和煤气灯已经相当普及，火焰的光明曾照亮欧洲和北美城市的夜晚，直到爱迪生发明了电灯。爱迪生在 1879 年的创造是第二次工业革命的象征，当然，这种象征是建立在法拉第的电磁感应定律以及交、直流发电机的基础之上的。不过，最初这种伟大的发明并不那么容易推广，尽管它的优点是那么巨大，但是城市、家庭、工厂、王宫内无以计数的煤气灯和煤油灯又该怎么处理？煤气还能用来作为工业和生活用的火源，易于挥发的煤油又如何处理？这个问题无须担心，因为第一台内燃机早在 1852 年便曾运转过。

最早的内燃机出现于 1852 年，一个法国工程师发明了它，这台内燃机采用煤气为燃料，效率极低。1876 年德国工程师奥托在此基础上制造出了第一台按照现代"四冲程"模式运转的内燃机，虽然燃料依然是煤气。不久之后，德国工程师戴姆勒发明了使用汽油的动力装置。到了 1892 年，一位法国工程师又发明了柴油机。内燃机的历史就此开始了。

汽油引擎和柴油引擎分别使用石油的两种提炼物——汽油和柴油，而煤油作为长期照明燃料的地位因为电灯的出现被取代，暂时似乎无用武之地，只有少量煤油被当时新兴的干洗业和工业用作溶剂。随着技术的进步和资本的投入，这段时间逐渐出现了现代意义上的石油工业。

尽管各地开采出的石油在状态和特性上差异很大，但是以分馏法加热制取的过程中均能得到以下物质：

沸点最低的是石油气，这是一种可燃气体，现代人会把它装入钢瓶压缩用来作为生活燃料；

次一级的是煤油，原本被用作照明燃料；

随后是汽油和柴油，可以分别被用作两种新式内燃机的燃料；

比柴油沸点更高的油料可以被用作润滑油和清洗剂；

最后，剩下的是一些颜色乌黑或者呈棕褐色，较为黏稠的油质，这是蒸馏后的残渣，通常称为"渣油"或者"重油"；

在分离出重油之后，剩下的是一些极其黏稠的黑色液体，所谓的石油沥青。

■　19世纪末最先进的蒸汽机复制品，在那个时期蒸汽机技术已经非常成熟，气缸分成高、中、低三级，热效率利用达到了这种机械的最大程度。然而，烧煤的固有缺点和活塞冲撞式的工作方式注定了它将被内燃机和涡轮机取代。

煤油早就被大规模运用,虽然其照明用油的主导地位被电灯严重动摇,但要被完全取代还需要相当长的时间,到了 20 世纪初美国的标准石油公司还开发出加压裂解煤油制取汽油的技术。而更往后一些,煤油将在航空燃料中找到新的地位。而汽油和柴油随着两种内燃机引擎的普及将会变得越来越重要。沥青可以用来铺设道路,即我们所熟知的"柏油马路"。那么重油呢?

重油最初被当作残渣烧掉,但是炼油厂很快就发现,燃煤锅炉只需适当改良便可使用重油作为燃料。重油的挥发性很低,某种程度上更像是液态的煤。相比煤炭,工业化制取的重油品质稳定且不像煤的品质完全取决于煤矿本身,不论哪口油井的产油,无非是各种分馏物的比例各不相同而已。另一方面,尽管只是石油分馏后的"残渣",但是实际的热值仍然显著高于最好的煤,而且污染和烟尘要相对小很多,也不会产生讨厌的二氧化硫气体。

在 19 世纪末,重油开始在英国各地替代煤炭作为一般锅炉的燃料,而当时饱受工业污染困扰的英国正试图找寻煤炭的替代燃料,因为英国各地冒了一个多世纪烟的烟囱已经让不列颠岛的环境变得极其糟糕。以现在的标准,重油燃烧虽然也会产生大量污染,但毕竟要比直接燃煤要好得多。

而在当时,英国海军也在关注着新型燃料方面的问题。

英国与波斯

英国和伊朗(波斯)的关系开始与 19 世纪初,基于俄国试图通过侵占伊朗夺取温水不冻港的企图,担心横贯印度洋沟通印度殖民地的重要航线受到威胁的英国,向前来寻求援助的波斯萨法维帝国提供了有限的军事援助。但是这种非正式的盟友关系随着 1812 年英俄同盟条约的签署而终止。被出卖了的伊朗孤立无援,被迫接受了俄国割占土地的屈辱合约,对俄媾和的结果是原属波斯领土的高加索一线以及里海西岸地区落入俄国手中。而那里,恰好是世界上石油资源最丰富的地区之一。

在 19 世纪 60 年代,俄国的勘探部门发现了该地区丰富的石油储备,由于当时对照明用煤油、机械用润滑油的需求与日俱增,俄国迅速开始建设以巴库为中心、规模浩大的油气田。开采工作开始于 19 世纪 70 年代,1873 年巴库油田打出了第一口产油井。从此以后,巴库和里海西岸地区迅速发展成了俄国乃至世界的产油中心。

由于电灯的兴起，煤油作为照明燃料的价值在 19 世纪末走向衰落。但因为内燃机的出现和发展，石油的地位不降反升，一跃成了当时最有潜力的未来能源。在 19 世纪初，波斯曾是英国用来遏制俄国随时可以牺牲掉的棋子，但是随着第二次工业革命的开展，19 世纪末的波斯正显示出日益重要的战略价值。自俄国宣布在巴库地区开始大规模的石油开采以后，英国政府便开始极力拉拢当时统治波斯的恺加王朝。波斯位于里海南岸，英国势力在波斯的存在可以直接威胁俄国南方重要的产油重心。更进一步，波斯本身恰好处在里海和波斯湾这两个地质学上富含石油的地区之间，其开采石油资源的前景非常诱人。

恺加王朝的统治者对英国的示好行为并不买账，英国在两次俄波战争中拒绝履行援助义务，并在最后抛弃波斯同俄国签订合约之类的背信弃义行为，

■ 朱利叶斯·路透男爵。

导致了恺加王朝政府决定转投俄国怀抱。而同样心怀鬼胎的沙俄借机以支持伊朗收复领土为名怂恿伊朗进攻阿富汗的战略要地赫拉特，先后酿成两次赫拉特危机，英国痛感对其至关重要的印度受到威胁，借克里木战争之机于1856 年发动对伊朗的战争，翌年迫使伊朗成为巴黎和约的签约方之一。

　　巴黎条约签订后，俄英在伊朗的侵略竞争进入了一个以经济掠夺和争夺政治影响为主的新阶段。为了应对王室巨额开销，破罐子破摔的伊朗恺加王朝大肆向俄英两国举债，以便供王室成员在欧洲挥霍，并以出让设施租让权和签订对本国不利的贸易协定来作为贷款的保证。1872 年和 1889 年，通过对王室的贷款，英国犹太裔富商朱里叶斯·路透男爵（路透社的创始人）从波斯获取了一系列特权，其中包括开采煤、铁、铅、石油等矿藏的一揽子协议，但转让租让权的行为损害到了波斯各地部族的利益，引起了波斯国内的激烈抗议，而不甘心波斯资源被英国独占的沙俄亦强烈反对，各方势力无所不用其极，最后使路透男爵的开采工作无疾而终。同样的事情在 1889 年又重演了一遍……

　　至 1896 年，波斯国王纳斯尔·艾丁遇刺身亡，其子穆萨法·艾丁继位。1901 年 5 月 28 日，穆萨法·艾丁以 2 万英镑和价值 2 万英镑的股票，加上 1

■ 达尔西的钻探公司在伊朗打出的第一口出油井。

年纯利润的 16% 为代价，将除北部 5 省外波斯全境 60 年的石油独占开采权，出让给澳大利亚资本家威廉·诺克斯·达尔西（此人因投资金矿而暴富）。这一事件的幕后依然是英国和俄国的争斗，因为达尔西在波斯的石油投资有助于矫正英俄在这一地区力量的平衡，因此英国政府在谈判中给予了包括暗杀、行贿、威胁等无所不用其极的"充分"支持，而放弃在伊北部勘探和开采石油主要就是为了避免刺激俄国。

尽管 1903 年 10 月也就是开始钻井后 11 个月就钻出了第一口产油井，但勘探活动也在迅速吞噬着达尔西的资金，而且似乎是个永远填不满的无底洞。第一口井出油的时候，他已经用掉了 16 万英镑，而开发商预计至少还要再花费 12 万英镑以保障稳定的每日产量。到 1903 年年底时他已经在劳埃德银行透支了 17.7 万英镑，被迫用澳洲金矿的部分股票作抵押。但是根据预计，如果要完成整个开发，即建立 5 口稳定的产油井并建设配套的石油运输设施，总计还需要投入的钱将超过百万英镑。

为了摆脱困境，达尔西在英国海军部的朋友雷德伍德爵士建议他向英国海军部申请贷款，雷德伍德是当时知名的石油专家，海军燃料油委员会成员。当然，达尔西在海军部人脉还不止于此，1903 年 7 月他在前往波希米亚的马利恩巴德温泉疗养地休养期间曾意外结识了海军的"老爹"费舍尔爵士。费舍尔多年前在马利恩巴德温泉疗养地治愈了他的慢性痢疾，所以他是那里的常客，而在这次会面前不久一直竭力鼓吹皇家海军采用燃料油的费舍尔恰好刚出席了海军试验舰"汉尼拔"号的燃油锅炉现场试验，但那次试验让他极度扫兴。"汉尼拔"号在出港时使用上等的威尔士无烟煤，杂质稀少的燃料使全程航行中烟囱一直喷吐着白烟，直到司炉授命去接通燃油喷嘴，这些石油产自缅甸的一口小油井。当喷嘴朝炉膛内喷油时，烟囱内吐出的烟雾迅速变黑，很快燃烧不充分形成的黑烟充满了狭小的锅炉舱。和达尔西的交谈使正感沮丧的老爹又恢复了几分自信，而他不久之后就将带着无畏舰和燃料油的新概念以偏执狂般的精神和执着去出任第一海务大臣了。

达尔西在海军和英国政府内的关系起了作用，一番活动之后，海军部和外交部都表示支持这项交易，特别是在海军内由于有费舍尔的存在，其态度似乎比达尔西本人还要积极。不过并不是所有人都肯买账，比如财政大臣奥

■ 刚下水的"无畏"号及其安装的蒸汽涡轮机，"无畏"号英国海军第一艘实用化的采用了部分燃油技术的主力舰。

斯丁·张伯伦就明确予以拒绝，因为他认为下院不会同意这样的贷款，而且就实际花费而言，给予一个私人承包商这样程度的支持也实在太过分了一点。

1904年1月，位于贾苏赫地区的第二口井开始产油，而达尔西的资金来源也几乎枯竭，为了能把油田建设继续下去他不得不进一步寻求银行的支持，进而将其在澳洲金矿的全部产业用来抵押。到1904年4月，达尔西在劳埃德银行的透支进一步增加，银行方面要求达尔西把整个开采权作抵押。事情发展至此，已经将达尔西逼上了绝路，有一段时间他曾考虑将油田开采权进行转让而不是为这个抠门的政府继续承担无止境的投资风险。

事到如今达尔西和波斯石油开采的问题终于引起了英国官方的足够重视，因为就在进入 20 世纪的最初几年内，有关石油制品的价值已经因内燃机技术造就的一系列成功而显露无遗。1898 年，德国的"纽伦堡机械制造股份公司"（于 1841 年建立）与"奥格斯堡机械工厂股份公司"（1840 年建立）合并，成立了"奥格斯堡联合机械工厂和纽伦堡机械制造股份公司"，次年开始大批量生产被德国人称为"狄塞尔引擎"的柴油发动机。和蒸汽机相比，这种内燃机体积小、重量轻、没有复杂的锅炉和管道系统，迅速得到了市场的认同，成了小型机械的理想动力来源。这家联合体在 1908 年改名为我们所熟知的"奥格斯堡—纽伦堡机械工厂股份公司"，即可所谓的"M.A.N. 公司"。除了柴油机，汽油引擎亦大有作为，相比柴油机它的体积更小更紧凑，1903 年美国的莱特兄弟凭借汽油引擎飞上了蓝天，开启了航空时代。

与此同时，英国海军要求采用新的液体燃料的呼声也越来越高，来自欧洲大陆上竞争对手越来越强的压力，也继续为海军的发言权增加筹码。更何况，各种迹象都清楚地显示出了石油无可替代的未来价值。

在 1904 年，"汉尼拔"号的失败已经成为过去，下院在经过一场象征性的辩论之后通过了新式战列舰"无畏"号的预算。这艘战列舰引人瞩目地依照"全重型主炮"的模式安装了 10 门 12 英寸主炮并且使用了新式的蒸汽轮机，但并不为多数人注意到的是，这艘船的锅炉将采用煤和重油混烧的形式。

如果达尔西失去开采权或将开采权卖给外国公司，特别是很有可能落入俄国人之手，这将使英国政府 3 年前的如意算盘全部落空。但情况很紧急，由于资金的匮乏达尔西甚至病急乱投医地去找法国的罗斯柴尔德家族和荷兰的皇家壳牌石油公司，开采权如果被法国或者荷兰获得虽然后果不及落入俄国般严重，却同样会严重地损害英国的利益，这意味着可能将国家未来军事、工业的燃料来源交于他人掌控。恰在此时，英国海军部提交报告宣称在缅甸开发的试验性的石油供应有限，不可能满足皇家海军未来的燃料需求。海军部直截了当地要求政府插手波斯的油田开发工作，波斯庞大的石油储量将会是一个理想而且务实的选择。海军的看法与外交部不谋而合，因为波斯位置独特，产自那里的石油也能向印度供应，从而更牢固地将波斯和印度联系起来。

英波石油公司（Anglo-Persian Oil Company Limited）

在海军部和外交部的幕后运作下，由在缅甸土法开采石油的伯马石油公司①牵头，组织辛迪加重组达尔西的公司。1905年，达尔西的公司成了这个庞大的包括开采、运输、提炼加工、销售于一体的辛迪加集团的一个子公司。但集团本身并没有完全依赖达尔西的子公司，伯马公司与其平行的钻探机构也陆续成立。1908年，新的公司在马斯吉德·苏莱曼地区打出了有开采价值的油井，后来那里一度成为世界最大的油田。1909年4月19日，"英国波斯石油公司"（1935年后改称"英国伊朗石油公司"，简称"英伊石油公司"）IPO上市，公司股票的承销商是苏格兰银行格拉斯哥分行，在公司成立前海军部就注定将成为最大的主顾，这给了该公司以巨大的保障。伯马石油公司获得新公司的大部分普通股票，作为早期重要开发商的达尔西也获得了价值89.5万英镑的股票作为"犒赏"。当然最大的赢家是英国海军部，海军部在凭借政治运作保住并壮大了波斯地区的油田的同时，确保了对原油提供商的巨大影响力。而这些实际上却并没有花去海军多少钱。

此后的几年间，英波石油公司的规模持续扩张，到了1910年年底时该公司已经拥有2500名合同员工，但是由于扩张速度过快管理自然就出了问题，伯马公司原先在缅甸管理小型油井的经验显然不适应波斯地区的大规模跨地区开采活动，因为根据海军一再要求（准确地说，应该是丘吉尔及其党羽们的一再要求）下进行的无节制的扩张和油井建设，并未充分考虑到市场对原油的实际消费量和运输、仓储、提炼能力。到1912底，英波石油公司就因为各种各样稀奇古怪的问题陷入了严重的财务危机和运作混乱之中。一度地，英波公司方面甚至被迫考虑向荷兰皇家壳牌公司寻求援助，有必要的话寻求被其收购的可能……

这当然是门也没有的事情，时任海军大臣的温斯顿·丘吉尔第一个跳了出来，并指挥他在海军部内所有可以联络到的喽啰全速运作扭转局面。

---

① 这家公司总部设在格拉斯哥，是远东的苏格兰商号于1886年联合起来创办的。该公司在仰光设立了一家炼油厂，收购缅甸农民用原始方法采集的原油，提炼之后运到印度市场上去销售。和达尔西的公司相比，这是一家"官商"味很浓的企业。

丘吉尔会反应激烈也不足为奇，因为英波石油公司的危机可能会危害到他的全盘设想。欧洲的紧张局势在 1910 年以后已经达到了临界点，同盟国和协约国之间的战争几乎一触即发。既然面临严峻的战争威胁，那么有些事情是必须认真考虑和对待的。英国和德国之间从上世纪末起一直在进行海军军备竞赛，但海军竞赛和准备打仗是两个概念上的事情，海军竞赛中的强势舰队并不等同于是一支常胜舰队，长期侧重于主力舰层面的军备竞赛的结果就是忽视对轻型舰艇和辅助舰船的配套建设，使皇家海军成了大头小身体的畸形儿。作为费舍尔的接任者，新任海军大臣的丘吉尔充分意识到了这个危机，由他主导制定的 1912 年、1913 年和 1914 年为期 3 年的海军扩建计划旨在为海军补充足够数量的小型舰艇和新式巡洋舰，并建设足够多的辅助舰船以满足战时需要，使英国海军舰艇在种类和数量上趋于均衡。而在丘吉尔的规划中，这 3 个造舰计划议定建造的军舰均采用燃油动力。不论是 29000 吨的采用重油锅炉的"伊丽莎白女王"级战列舰，或者仅十几吨重的安装柴油引擎的联络艇。

海军的呼吁引来了足够多的关注，因为英国的贵族院和下院都已经很清楚其中的利害关系，如果不设法挽救英波石油公司而放任其寻求荷兰皇家壳牌公司的援助，英国海军甚至整个英国工业未来的命脉将有被掌握在他国手中的危险。当然海军部还有其他考虑：

第一，波斯以外的石油供应可能不可靠，英国虽然已控制了伊拉克，但是 1912 年德、英、荷等国利益集团组成了土耳其石油公司，而这个石油公司并不是英国一家老板能说了算的。

第二，由于全世界海运业的需求增长，石油价格相应地急剧上涨，仅 1913 年 1—7 月就上涨了 1 倍。而英国与德国的造舰竞赛正在关键阶段，预算必须得到保证，同时避免石油问题卷入到国内政治中去。

第三，则是 1913 年 6 月，丘吉尔提交内阁的"皇家海军的燃料油供应"备忘录，要求订立长期合同以保证能以稳定的价格得到足够的石油，同时"保持现有供应来源的独立性和竞争性"，从而挫败"建立全球性的石油垄断"，保证"海军部不至于依赖任何单一的联合企业"。

虽然此前英国政府曾深深地介入了导致这个公司产生的一系列事件中，但迄今为止还没有对英波石油公司承担特别的义务，不过内阁还是决定派遣一个调查委员会去波斯调查英波石油公司是否真有能力提供它所承诺的石油。英波公司方面也很清楚这个机会意味着什么，更清楚失去这种机会将会面临什么处境，在进行了一番装点门面的工作后，1914 年 1 月调查委员会的负责人前海军情报处长埃德蒙·斯莱德将军提供了正面评价英波石油公司的调查报告，为英国政府直接出资控制公司铺平了道路。此时欧洲已经战云密布。

戏里有戏的是，根据 1914 年 3 月 19 日签订的《外交部协定》，英波石油公司将重组土耳其石油公司，并掌握后者 50% 的股份，德意志银行和壳牌石油公司各持股 25%。英波集团和壳牌石油公司各拿出 2.5% 的股份作为"受益人利息"给土耳其石油公司的创始人卡洛斯特·古尔本金（Calouste Gulbenkian），但古尔本金没有表决权只是享受持股的所有财务利益，也就是说，只是白吃红利而已。不止古尔本金，他和其他的签约者还必须接受一个"自我放弃"（Self-Denying Clause）条款，规定除非通过土耳其石油公司股东的共同合作，他们当中任何人不得在奥斯曼帝国的任何地方单独从事石油生产，但这一明显不公平的限制性条款，为很多年以后的石油争夺埋下了伏笔。

6 月 17 日，丘吉尔在下院介绍他要采取的历史性措施，其中包括：政府向英波公司投资 220 万英镑以换取 51% 的股票；政府在公司的董事会中派驻 2 名董事，他们在涉及海军部的燃油合同问题以及重大政治事务上有否决权，但不干预公司的商业活动。为了保密，还单独草拟了一份合同：合同规定公司以优惠的条件向海军部供应燃料油，为期 20 年。此外，皇家海军还能在公司

■ 巨大的"伊丽莎白女王"级战列舰，由于在波斯运作的成功，该地的石油资源充分保障了英国和英国海军对石油燃料的需求。

的利润中提取一份回扣。丘吉尔提出的政府持股方案并非绝无仅有，50 年前迪斯累里同样基于战略考量购买了苏伊士运河的股权。部分议员代表地方利益，打算争取从苏格兰的页岩油和威尔士煤炭的液体中开发燃油，但最终石油议案还是以 254 票赞成、18 票反对的压倒多数通过。

在 1914 年，英国皇家海军的 3 年造舰计划正结出最初的硕果，以燃油为动力的巡洋舰、驱逐舰正在陆续完成，巨大的燃油战列舰"伊丽莎白女王"级也已经成形。随着收购和控制英波石油公司的提案在下院得到许可，丘吉尔……不，应该说是英国海军获得了他们想要的一切。

11 天后的 6 月 28 日，奥匈帝国皇储弗朗茨·斐迪南大公在萨拉热窝遇刺身亡，第一次世界大战的导火索终于被点燃。

8 月 10 日，英波石油协定终于走完了最后一道程序——被英王批准，不久之后，英国就派重兵进驻伊朗盛产石油的胡齐斯坦省，将入侵的土耳其军队赶回了两河流域。

从"亚特兰大"到"伍斯特"

美国火炮防空巡洋舰①

① 说明：鉴于资料来源等问题，本文混用了英制和公制两种度量衡，请各位读者注意识别。1英寸
=1/12英尺=25.4毫米，1磅=0.45千克

⇀ 起源 ↽

世人用"种瓜得瓜"来形容有努力必有对应的收获。可事实上，种瓜得豆的情况也并不罕见。

在 1931 年到 1936 年间，眼见用以维系一战以后世界海军军力平衡的系统——《限制和削减海军军备条约》的逐渐崩溃，英国人开始感到忧心忡忡。失去了"日不落"光辉的不列颠帝国，已无力再去同新兴列强和死灰复燃的老对头，去玩上一次以国运为赌注的造舰竞赛。

对皇家海军来说，最重要的舰种是巡洋舰，尤以具备远洋作战能力，续航力强并有一定战斗力的轻型巡洋舰为宜。因为不列颠帝国有着众多的海外殖民地与贸易航线需要守卫。条约允许英国建造轻重巡洋舰合计 339000 吨，其中重巡洋舰 146800 吨、轻巡洋舰 192200 吨。但是这个份额对于英国来说远远不够。由于有遍布世界各处的殖民地以及海运线需要拱卫，在英国皇家海军内部曾经流传着一个口号："英国决不能冒险将巡洋舰数量降到 70 艘以下！"

为了能在有限吨位下建造尽可能多的巡洋舰，英国试图缩小其建造的巡洋舰规模与尺寸，但是由于条约并未以吨位加以区别轻重巡洋舰，那么在未来可能爆发的战争中，英国人比较小型的巡洋舰在遭遇到敌对国家依照巡洋舰吨位上限来建造的同类型舰只时，就势必会处于劣势。但是如果依照 10000 吨界限来建造的话，原本有限的吨位将更为紧张，巡洋舰数量的缺口将会变得无法弥补。

基于上述原因，英国人对其他国家同类军舰表现出异常的关注。在日本海军建造安装有 5 个双联装主炮、排水量号称一万吨的"妙高"级型重巡洋舰的时候，就非常关注并想要获取相关的资料（甚至不惜以自己最新式的战列舰"纳尔逊"级的情报作为交换）。到了 1933 年 9 月，英国政府就因为美日之间的超级轻巡洋舰的竞争（日本当时建造了 15 门 6.1 英寸主炮的"最上"级轻巡洋舰，美国人则针锋相对地提出了同样安装 15 门 6 英寸主炮的"布鲁克林"级），而向两国提出过外交抗议，认为这是会对军备限制条约造成破坏的公开的军备竞赛。抗议归抗议，毕竟是不能让他们取消建造的，英国人除了在有针对性的建造与之抗衡的军舰（即著名的"南安普敦"级，10000 吨标

■ 日本最先吹响了巡洋舰竞赛的号角，除了一系列吨位超标并拥有强大武备的重巡洋舰之外，还建造了使用轻巡洋舰条约份额的重巡洋舰"最上"级。

■ 面对日本的作为，美国回敬以同样火力的"布鲁克林"级。

准排水量，安装有 12 门 6 英寸主炮，在防护上超过日本和美国的新舰）的同时，开始着手进行说服其他国家建造吨位不超过 8000 吨巡洋舰的外交努力。

英国人打算在其下一型轻巡洋舰的设计上做出表率。设计中的"直辖殖民地"级轻巡洋舰（或者称为"斐济"级）计划安装有 12 门 6 英寸主炮，但是却通过各种尽可能的措施缩短船体长度，将设计排水量控制在了 8000 吨范围。如果其他的海军强国进行效仿，那么英国的各个潜在对手就都可以从这种对于各方都有害无益的巡洋舰竞赛中脱身。

如果英国人的意图获得成功，即轻巡洋舰排水量的上限为 8000 吨这一限制在各国形成广泛的共识并具有了法律效应，那么皇家海军就可以在有限的吨位限制之内建造更多的轻巡洋舰。虽然这样还是无法实现 70 艘巡洋舰的宏伟目标，但是所能建造的舰艇数量已经可以应付必要的巡逻任务。最重要的是，再也不必担心在未来可能发生的冲突中，会遭遇到敌方强大的同类型巡洋舰的袭击。

■ 英国人并不希望看见这种局面，但他们也必须有所回应，以保证己方巡洋舰在质量上不落下风。"南安普顿"级就是在这种思路下发展而来的。

到了 1934 年，基于 1930 年签署的《限制和削减海军军备条约》即将到期的事实，英、美、日、法、意五国代表再次聚会伦敦，他们将为延续旧有的条约体系而进行磋商。但是整个会议并不顺利。日本代表因为认为其在 1922 年《华盛顿海军条约》和 1930 年《伦敦条约》中遭受到不公正对待，从一开始就对签署新的条约抱有戒心。更重要的是，因为上一次会议中他们的代表因为对美国人做出了让步，在归国后遭到了处分。因此，在与会期间，日本代表依照其政府指示采取了近乎拆台的对应方式，并在无法实现其要求之后宣布退出裁军会议。不过日本人的退出并未妨碍剩下的其他国继续商讨。英国人成功实现了他们的愿望——说服美国人同意了己方有关限制轻巡洋舰吨位的提议。美国人同意在 1942 年以前停建超过 8000 吨排水量和 6.1 英寸主炮的巡洋舰。尽管这种胜利因为日本和意大利的退出（意大利因为当时其侵入埃塞俄比亚的行为遭到了世界各国的广泛谴责，因此中途宣布退出会议以示不满）而大打折扣。《伦敦条约》最后由英、美、法三国签约，其主要内容除了上面讲到的对于巡洋舰作进一步限制以外，还有将航空母舰的单舰最大吨位降低到 23000 吨。

新条约的签署使英国人多少有些成功的喜悦，虽然他们也明白这一结果并不完美。而他们并不知道这一条约不能持久，更无法阻止酝酿中的战争爆发。但是这些都与本文无关，这里我们所要了解的，是这个出于英国人为了维护其自身利益而呼吁制定的限制措施——就是所谓关于巡洋舰的"8000 吨"限制，它是如何影响到美国下一代巡洋舰的设计思想，并最后演化为纯美国血统的火炮防空巡洋的。

就在美国政府忙着应付伦敦会议的同时，作为重振大萧条后美国国家经济的一部分，海军建设计划《文森·梅拉特法案》在国会获得了通过。

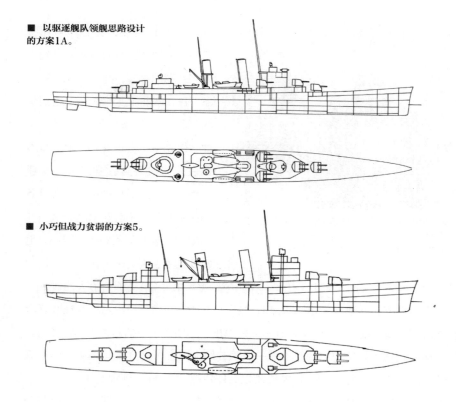

■ 以驱逐舰队领舰思路设计的方案1A。

■ 小巧但战力贫弱的方案5。

→→ 草创与最初的构想 ←←

　　根据《文森·梅拉特法案》的计划，美国海军将从 1935 年开始扩建。因此有关新型巡洋舰的构想，早在第二次伦敦裁军会议签署协议之前就已经开始着手实施了。

　　以海军舰船特性委员会（Ship Characteristics Board）[①]为首的规划机构很清楚，条约规定的 8000 吨排水量限制使新型巡洋的战斗力等同于"布鲁克林"级这一企图成为不可能。为此在 1935 年中旬，委员会在给未来的新型轻巡洋

---

　　① 《华盛顿海军条约》对于巡洋舰吨位作的限制，规定其最大吨位不得超过 10000 吨，主炮口径不得超过 8 英寸，又以 6 英寸和 8 英寸来界定轻重巡洋舰之别。其后的《伦敦条约》，则对各海军强国的巡洋舰吨位加以限制。

舰规划发展方向的时候，即确定了未来的条约型巡洋舰的设计方向：

1. 以"布鲁克林"级为蓝本加以小型化并减弱武装的轻型巡洋舰，其作战使命类同于其设计蓝本。排水量不超过 8000 吨。

2. 主要战术使命是担任驱逐舰编队核心，并为之提供支援。

3. 通用化设计，具有一定对空作战能力，并能担负反潜作战任务。

在上述要求中，通用化是一个比较明显的标志。这也就意味着新型巡洋舰的作战对象将不再像先前的"奥马哈"级和"布鲁克林"级那样被局限于平面作战。新的条约巡洋舰必须能兼顾到对空作战，以及投掷深弹猎杀潜艇的作战。换句话说，就是要设计出一种全能巡洋舰来。船体设计沿用大型军舰的惯例，同"布鲁克林"级一样是四轴驱动。对于吨位问题，除了必须依照条约规定的小于 8000 吨以外，委员会方面并没有硬性要求。但是他们似乎倾向于设计一种 6000 吨级舰艇。

可以执行反潜任务并不是什么大问题，安装上必要的声呐设备并配备上深弹投掷架即可，巡洋舰上有的是容纳这种设备的空间。但是要求兼顾到对空作战则是个大难题。撇开射控设备的问题不谈，就当时美国轻型舰艇的设计而言，其主炮的选择不外乎就是已经被"布鲁克林"级采用的 Mk16 型 6 英寸舰炮，或者是通用性极强的 5 英寸 Mk12 型高平两用型舰炮。但是给巡洋舰安装上驱逐舰级别的主炮这点在当时的美国尚无先例，似乎海军方面也并不甘心这么做，那么其主炮口径势必将沿用轻巡洋舰传统的 6 英寸系列。而能够以防空角度（必须大于 45 度）射击的 6 英寸舰炮，在当时还是不存在的。就当时的技术而言，要求一种 6 英寸口径的火炮具备对空射击的能力，是一个不切实际的要求。那么唯一的期望就是以 Mk16 火炮为蓝本进行改进，甚至是重新设计一种可以高平两用的 6 英寸舰炮，那就必须对整个火炮系统的俯仰和装填设备进行彻底的再设计。

从 1935 年底开始，对应上述的设计要求，舰船特性委员会责成海军舰船局各设计组所进行的预设开始招标。从当年年底到次年年初，委员会方面总共收到 17 份 24 项设计预案。从规模最小的 5 号提案（138.5 米长、标排 3500 吨）到最为庞大的 7 号预案（175.4 米长、标排 8400 吨）。在主炮布置的设计上，选择 6 英寸口径舰炮的预案以 9 号提案的 5 个双联装主炮的设计（主炮布置方式仿照"布鲁克林"级）最为强大，而 5-A 预案则只计划安装 4 门单管 6 英寸炮。使用 5 英寸炮的预案，主炮设计均为双联装，数量在 8 到 16 门之间。

综合这 24 个设计预案而言，整体性能最出色的还是第 8 号设计。175.4 米长的船体上被安装了 3 个三联装 6 英寸主炮塔和 4 个双联装 5 英寸副炮塔，这样的火力配置兼顾到了对海和对空作战的要求，也回避了整个计划的最大瓶颈——如何让 6 英寸主炮能够实现大仰角对空射击，因此技术风险相对最低。其设计最大时速 33 节，15 节时续航距离 9000 海里。这样的舰艇，既可以充当轻型舰队的核心力量，也能执行大型舰队作战任务，确实是一个不错的设计。但是无奈的是它的排水量太大了，8000 的设计排水量是怎么也不可能实现的，因为美国人暂时还不敢在吨位问题上搞猫腻[1]。

所有超过和略小于 8000 吨的计划都被立刻否决。就目前可以选择的设计而言，海军的主要兴趣集中在建造一种配备 4 个双联装 6 英寸炮塔的"小型化轻巡洋舰"上。依照这样的要求，4-A 和 11 号方案似乎最对海军的胃口。这两个预案的设计排水量分别为 6150 吨和 6900 吨，长度分别为 166 米和 175.4 米、均安装有 4 个双联装 6 英寸主炮塔、设计轮机功率相差不大（86500 马力和 84000 马力），4-A 的设计航速为 34.5 节，比后者快一节。但是这两个设计基于吨位和船体尺寸的限制，无法再安装高射性能出色 5 英寸副炮，因此这两个设计是否能最终成为船台上的实舰，变成了完全取决于对于 6 英寸舰炮的高射化改进工作是否能顺利进行。

依照计划，最终方案的敲定将在 1936 年的中旬。就在舰船性能委员会开始着手确定最后的建造方案之时，6 英寸 Mk16 型主炮的高射化改型尝试，以失败告终。面临的主要问题是——改进"布鲁克林"级采用的三联装 6 英寸炮塔使之适应对空作战要求的设想，根本就无法实施！这么大的炮要达到防空战斗所需的仰角，得彻底推倒原来的炮塔设计，仅保留 Mk16 型主炮本身，

---

① 这个委员会的工作任务就是决定海军需要什么样的船，依照其结果向舰船局下达大方向上的设计要求，最后则是审查舰船局提交的设计案并决定最后的建造方案。就在开始设计商讨"亚特兰大"级的具体方案时，新部门"总委员会"将其取代，而总委员会成为了海军造舰方面的权威部门（尽管在二战时该机构的权威被海军作战部长暂时剥夺）。

■ 方案6A。

■ 方案7。

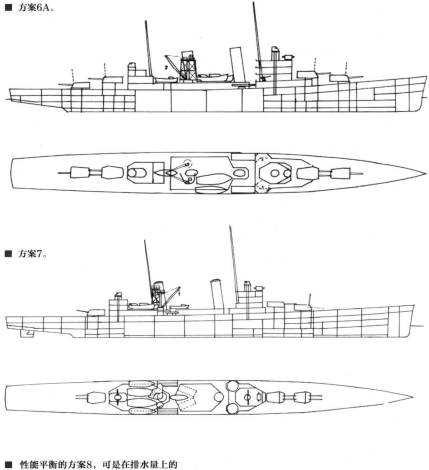

■ 性能平衡的方案8，可是在排水量上的
超标将无法避免。

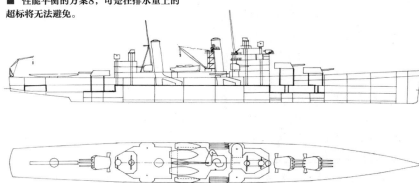

而着手重新设计一种全新的炮塔和一整套极其复杂的俯仰机构。这个工作所要花的时间和工作量可不是"改进一下"那么简单，况且炮塔重量问题也将变得无法控制。遭到这一打击，委员会的设想一下子沦为泡影。因为正在作最后斟酌选择的 4-A 和 11 号两个方案，都没有设计有副炮或者专用的大口径防空炮。其执行防空作战的设想，被寄托在了暂时无法付诸实施的 6 英寸主炮高平两用化上了……

建造一种主炮口径 6 英寸、能兼顾对潜对海和对空作战的 6000 吨级巡洋舰的企图，目前已经不可能实现，除非放弃让军舰兼顾对空作战能力的要求。但是这样一来，所谓新式巡洋舰的防空作战能力，将会变得比同期的驱逐舰还不如，海军的那些主力驱逐舰可都是用 5 英寸 Mk12 型高平两用炮作为主炮的。这样的战舰在面对未来可能遭遇到的日本海军精锐航空兵的威胁时，莫说给带领的驱逐舰队提供战术支援，恐怕还得靠那些驱逐舰的高平两用主炮来加以掩护吧。

高平两用炮 Mk12

美国海军研发一种能够同时执行对空和对海作战之高平两用炮的想法，起源于 20 世纪 30 年代初。当时美国海军有着两种主要的 5 英寸舰炮，对海的 54 倍径炮以及对空的 25 倍径，这两种类型的主炮又因为俯仰和回旋机构的不同分别有数种亚型号。研制一种能兼顾高射和平射的全能 5 英寸炮来统一各种 5 英寸炮型号纷繁的局面，也成为了一种必然。

新式高平两用型 5 英寸炮的研制工作始于 1932 年，于 1934 年正式完成服役，后来在太平洋战争中大显神威的 5 英寸 38 倍径 Mk12 型高平两用

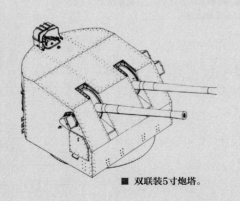

■ 双联装5寸炮塔。

炮由此诞生。Mk12 服役的时期正赶上了条约时代的结束，因此很自然地被海军选作下一代主力舰艇的标准舰炮系统。

　　Mk12 炮身长度 5.683 米、重 1810 公斤，炮膛容积 654in^3（10.72dm^3），一般工作压力在 2835 kg/cm^2 左右。防空作战最大仰角 85 度，发射对空作战时使用的 Mk35 型高射炮弹时，初速一般为 762 米/秒、射高接近 12000 米。但是 mk12 在防空作战中，最具优势的一项特点还是其超高射速，当装填系统齐备且工作正常的时候，能以超过 20 发/分钟的超高射速倾泄出炮火。显然，如此强大的火力对于防空作战的价值，自然不言而喻。

　　一系列的成功设计和实战价值，使 Mk12 成为了第二次世界大战中最富盛名的中口径舰炮，并在战后相当长时间内继续服役。

→ 预设计方案举例 ←

主炮联装方式如无特别说明则均为双联装模式								
计划	I	I-A	VI	VI-A	VII	VIII	XII-C	XXIV
标准排水（吨）	5260	5500	3600	3820	8400	8000	8000	5990
满载排水（吨）	6755	7015	不明	不明	10870	10490	10500	7800
船体长度（英尺）	540	540	454	462	575	575	570	530
最大舷宽（英尺）	9—47	9—47	8—46	48	59	59	不明	53.3
满载吃水（英尺）	3—16	3—16	6—15	6—15	20	20	不明	19.5
6 英寸炮	无	无	无	6*	12	9	9（3）	无
5 英寸炮	12	12	10	无	8	8	7（1）	16
1.1 英寸机炮	2	2	2	2	2	2	不明	3
.5 英寸机枪	4	4	2	2	4	4	8	8
21 英寸鱼雷	2	2	2	2	2	2	2	无
主机输出（轴马力）	76300	79500	81000	82500	不明	99000	100000	70000
极速（节）	34.5	34.5	36	36	33	33	33	32.5
巡航里程（海里）	9000	9000	8000	8000	10000	10000	10000	9000
* 两座双联装炮塔，两座非联装炮塔布置								

⟶ 通用的巡洋舰的设计 ⟵

新式条约型轻巡洋舰设计中遭遇到的挫折，引发了舰船性能委员会内部的意见分歧，一些委员主张将主炮数量削减到 6 门以预留重量以便安装比较老式的 5 英寸 25 倍径高射炮，而另一些委员则坚决反对这种各方面战斗力都贫弱的鸡肋转而选择可能要遭遇到吨位问题的 12-C 方案。但是双方都无法说服对方，于是事情开始变得无法收拾。主管设计工作并为舰船性能委员会提供技术意见海军舰船局，也不愿意承担责任。进而引发了机构内部、机构与机构之间的扯皮和争执，整个计划就这样迎来了 1937 年。

这一时期，海军改组了船舶建造审批机构，新成立的总委员会取代了原本的舰船性能委员会，尽管改组建立这个新机构的目的是使权限更为明确，并将职能加以集中，但是也造成了局面的进一步混乱。但是随着 1937 年夏末的到来，七七卢沟桥事变以及日本全面侵华的开始，使太平洋局势骤然趋于紧张。同年 12 月，新成立的总委员会完全接掌了原本舰船性能委员会的职责，整个计划开始回到正轨上。

目前最令总委员会感兴趣的 12-C 号方案计划混装两种执行主要作战任务的舰炮——3 座三联装 6 英寸 Mk16 和 7 座单管 5 英寸 Mk12，设计排水量为8000 吨。混装两种舰炮会对射击控制造成不利后果，为了抵消这种不良后果，船体上就必须安装更繁复且各自独立的射控系统，由此造成的重量问题却也不是现在的排水量规模所能允许的。原本那些坚持 6 英寸和 5 英寸炮混合安装的委员们，因为这些实际的、无法回避的问题开始动摇。从 1937 年 8 月 7日开始，替代设计案陆续送达，直到次年的 2 月 11 日收到了第 24 和 25 号方案。

最后送达的这两个方案，彻底推倒了先前的那 23 份设计。设计标准排水量均为 5990 吨、平甲板双烟囱构造的这两份设计，统一采用 5 英寸 38 倍径Mk12 型高平两用炮作为主炮，这些 5 英寸炮计划安装在 8 个双联装炮塔内，彻底摈弃了混装 6 英寸平射炮和 5 英寸高平两用炮的设想。新方案的设计最大航速在 32.5—34 节之间，主装甲带可以抵御 5.1 英寸口径穿甲弹的轰击。至于 12-C 和这一类的设计，后来演变成了美国海军在二战中建造的"克里夫兰"级以及更强大的"巴尔的摩"级重巡洋舰。

以 24 号方案为例，这个方案计划给军舰前后甲板安装上双重背负式布置 6 座 5 英寸双联装主炮，在船体后舰桥两侧安装有另外两座。配备 3 座四联装 1.1 英寸速射炮、8 挺 0.5 英寸高射机枪进一步加强其对空火力。不再像先前的那些设计一样采用大型舰艇贯通的四轴驱动了，而是改用了驱逐舰一样的双轴模式，主机设计最大输出为 70000 轴马力，最高航速为 32.5 节，15 节经济航速时续航力为 9000 海里。由于计划安装的是双联装 5 英寸而不是 6 英寸炮塔，而单个双联装 5 英寸 38 倍径炮塔的重量只有 6 英寸双联装炮塔的 1/3，因此即使在安装了前所未有 8 个双联装炮塔之后，全舰武器系统的整体重量较原来反而还下降近 1/3 左右。但是需要指出的是，双联装 5 英寸主炮塔的轻量化，也是以牺牲炮塔防护为代价的，所有的 8 个炮塔都仅安装有 1.25 英寸的防破片装甲。第 25 号设计采用的炮塔布置有所区别，前后甲板背负式布置 4 个双联装 5 英寸炮塔，另外 4 个则以矩形对称安装在前后舰桥两侧。但是这个方案的炮塔防护设计却依照实际中弹危险性不同而有所区别，危险性比较高的 4 个被重点安装了 4 英寸厚的装甲，至于其余的 4 个则同样只安装有 1.25 英寸装甲。

综合起来看，24 号方案的设计，只能抵御 5.1 寸炮弹的装甲防护等级比早先的那些方案逊色不少。以原本的 12 号方案为例，其设计主装甲带可以在 9700 码距离上抵挡住 6 英寸穿甲弹的轰击，对于 5.1 英寸两用炮弹的抵挡距

■ 1.1英寸速射炮加 25倍径5英寸高炮，条约时代美国大型水面作战舰艇的标准防空武器。

离则可以接近到 5300 码。防护设计更强的 12-C 防案号则拥有对 6 英寸穿甲弹 9000—17000 码、5 英寸两用弹丸 4850—16000 码的巨大免疫区[1]。但是吨位的限制和其实际战术用途决定了它并不要那么强的装甲，因此牺牲装甲带的防护效果成了新舰设计中合理取舍的一部分。

就重型防空炮的角度而言，5 英寸 Mk12 是一个尺寸和重量都非常合适的火炮，但是总委员会担心这种主炮的平射威力。因为他们清楚，新型巡洋舰将来所面对的对手将是日本海军不依照 8000 吨吨位限制，而且口径大上一英寸的强大对手。不过 8 个炮塔、侧舷最大一次能发射 14 门或 12 门 5 英寸炮的设计却使他们多少有了几分底气。尤其是 Mk12 的高射速特性，显然将使这种军舰在近距离混战上能以密集的火力大占便宜。

1938 年年中，总委员会在参考了各方面的意见之后，最后选定了第 24 号方案作为定案。该方案的提供者是 Gibbs&Cox 有限公司。在这一年，国会通过造舰提案。这级新式巡洋舰被顺利列入 1939 年度财政预算内，计划建造 4 艘，海军编号 CL-51 至 CL-54。计划首舰将于 1940 年初开工，期于各舰也将在 1941 年底以前陆续开工。

⇀ CL-51 建造与技术细节 ↼

1940 年 4 月 22 日，应对《伦敦条约》而设计的新式通用巡洋舰的首舰，海军编号 CL-51 的轻巡洋舰，在联邦海军造船场的船台上，安放下第一块龙骨。这一刻，宣告了其在经过长期的酝酿之后，新式巡洋舰已经离开了图纸阶段，进入到了最后的羽化过程。

---

[1] 这属于冠冕堂皇的说法。但是就笔者了解到的实际情况而言，最初美国方面与其说是诚实绅士，不如说是迫于无奈。大家都知道，当时美国国内盛行孤立主义风气，许多人坚决地、彻底地、甚至是近乎偏执地要求美国不要卷入任何国际冲突甚至军备竞争之中。这种人也同样渗透到了海军之中，任何隐瞒、谎报排水量的行为都将有可能遭到被国会传讯的下场。既然如此，还有哪个委员会委员胆敢去打排水量的擦边球？对于新式巡洋舰的设计自然也就以控制住排水量为第一要点了。因此，在设计之初性能出色但是很可能会超越 8000 吨限制的 8 号方案会被枪毙掉，也就不是那么难以理解的了。至于后来虽然 Vinson 海军法案使一切合法化，但是总体设计方向却已经有了定论，再行修改就显得不合适而且耗时日久了。

船体与防护设计

设计标准排水量 6000 吨、作战排水量 7400 吨、满载排水量 7800 吨，船体水度 541 英尺、水线长度 530 英尺、最大舷宽为 53 英尺 2 英寸，长宽比比值达到了 9.9 左右。船型介于当时传统的轻巡洋舰与舰队驱逐舰之间。从线形来看新舰还是在很大程度上仿效了"布鲁克林"级的设计，包括它的方尾设计。与众不同的方尾造型并非当时海军造船界的主流设计，依照比较保守的观点来说这样也破坏了一艘船的美感。但是这种设计有着比外形更重要的原因：

其一，这样做是为了能够在船艉部安装深水炸弹滑轨，并使之能顺利投掷深弹；

其二，也是利于船体的高速航行，或者说是在相对小的主机功率下通过改进船型拉大长宽比来实现高速航行，而且由于是方尾造型实际船体长度又不会被过分地加长。

对于这种设计，在开工前进行的等比例模型水池试验的结果就是令人满意的，新设计船体的耐波性能良好，稳定性也合乎要求，似乎不受甲板上堆砌了 8 个炮塔和沉重的鱼雷发射管的妨害。

两个方案的侧舷防护和前后装甲隔壁为 3.75 英寸、艏艉的装甲防护为 1.1 英寸和 1.8 英寸，水平装甲带 1.25 英寸厚，在 8 个双联装 5 英寸炮塔的弹药库部位追加 1.25 英寸水平装甲防护。主装甲带从艏部炮塔一直延伸到尾炮塔，大约覆盖了船体全长的 67%，但是限于重量限制它的宽度和下延都不大。值得一提的是两者都设计安装有独立的装甲盒式舵机舱保护，四周厚度 2.5 英寸顶部 1.25 英寸。总的来说，主装甲带和水平装甲能够在正常交战距离内抵御 5.1 英寸穿甲弹的射击，但是对于更大口径的火炮轰击，甚至鱼雷的袭击就无能为力了。

既然无法抵抗更大口径炮弹的打击，那就只能依靠妥善而且便于控制损害的船舱布置来将损伤加以限制了。由于船体本身的装甲比较轻薄，所以防护能力有限。为了尽可能提高全舰的抗损性能，设计师们在船体内部设计上也进行了仔细斟酌，以便使这种吨位有限的军舰能尽可能地承受损伤。首先被考虑到的是动力舱的设计，锅炉舱和轮机舱被设计成交错布置。由于安装的是功率大的新式锅炉总数只有 4 个，如果将锅炉舱合并为一的话，那么原本被分成 2 个的烟囱就能因为烟道的进一步靠拢而被合并成一个比较大的单个烟囱，这样就能相应节省甲板的空间，而上甲板重量也能略微减轻。设计师之所以设计成交错式的动力舱，是基于生存性方面的考虑，因为这样的设计即使单个锅炉舱或者轮机舱被命中破损，也不会导致全舰失去航行能力。

整个船体重量 2555.157 吨、船壳配件 484.074 吨，为船体提供防护的装甲板重量合计 585.413 吨。

动力系统

建造中的 CL-51 同早先设计相比，最明显的差异就是动力系统，不再采用大型军舰的四轴驱动，而改用驱逐舰惯用的双轴驱动模式，这也使其更为接近驱逐舰队指挥舰的身份。4 台燃料工程公司（B & W 公司）生产的单烟道燃油锅炉，设计主机功率为 70000 马力；输出高温蒸汽供给由通用电气公司生产的 2 台单轴齿轮传动式涡轮机[1]，理论上能够使军舰达到 32.5 节的最大航速。对于这一速度，跟随主力舰或者航母编队作战是绰绰有余的，充任驱逐舰队领舰却似乎略显低落。但是这也是经过精心计算后的选择，如果要使军舰达到 33 节那么设计主机输出功率就必须达到 75600 马力，机组重量相应的就必须增加 60 吨，而若是增加到 34 节则就必须加强输出功率达到 87600 马力，机组重量就必须再增加 200 吨。这可是个无底洞。而实际船体的尺寸和重量承载能力都有限，于是也就不考虑更高速的问题了。

推进器的设计和制造是基于对驱逐舰上的同类设备的改良，它的制造商就是著名的西屋电气集团公司。

为了预防紧急情况下所有锅炉关闭后完全失去动力的情况发生，船艉安装一台由通用动力公司生产的 201A 型应急柴油发电机组。201A 型柴油机在 1200 转 / 分钟的最大转速（最高转速还是最大功率转速不明）下，单机输出功率 250kW，其主要用途是在锅炉关闭舰上发电机停转后，为全舰提供应急

---

① 当炮弹弹着角随着距离增加而加大之后，无法从水平方向贯穿的炮弹，将可以贯穿比较脆弱的水平装甲。

电力。这一型号的柴油机也在美国海军其他军舰、商船队甚至工厂企业中有着极其广泛的用途。

动力部分不计算燃料和水，干燥状况下总重量为 1381.33 吨（即动力部分干重）。

武器与火控系统

以 8 个双联装 5 英寸炮塔作为主力作战武器，单就炮塔数量而言在海军历史上属于空前的。所安装的 Mk12 型 5 英寸 38 倍径高平两用主炮在后来的二战中被盛赞为性能最优秀的中口径舰炮，新式巡洋舰上的 Mk12 均被安装在双联装 Mk29Mod0 型炮塔内部，单个（座）炮塔重 49 吨。

Mk29Mod0 炮塔以电力驱动，仰角度 –15 度到 +85 度、俯仰速度能达到 15 度 / 秒，回旋速度为 25 度 / 秒，能够以任意角度装填。由于受船体限制，无法为 Mk12 安装如同"北卡罗来纳"级战列舰一样的全自动装填系统，因此无法达到那个使 Mk12 享有盛誉的 22 发 / 分钟的"著名"的射速（无法长时间持续，因为炮管会过热），但是在借助人力半自动模式下，CL-51 的主炮射速仍然能达到 15 发 / 分钟的程度，持续射击速度大约为 12 发 / 分钟。

就当时的情况而言，Mk12 型主炮可以选用的弹种不外乎 54 磅（24.5kg）重穿甲弹、Mk31/35 型 55.18 磅（25.0kg）高射炮弹、Mk32 型 54 磅通用弹，以及 Mk33 型高爆弹 63.3 磅（28.7kg）这几种。每一门炮被设计携带 450 发炮弹，全部 16 门合计携弹量为 7200 发，拥有比较强的持续作战能力。新式巡洋舰在侧舷齐射时每次能够投掷（发射）出 756 磅（343kg）的弹药，超越了太平洋上的现实对手——日本一战后到二战前的各型 140 毫米主炮轻巡洋舰，甚至比太平洋战争后期投入使用的"阿贺野"级巡洋舰要强（每次齐射 600 磅弹药投掷量），如果计算射击速度的话则差距更明显。

CL-51 上最初设计为配备有 3 座四联装的 Mk2Mod2 型 1.1 英寸速射机炮。安装部位为后部舰桥上一座，前部舰桥两侧各一座。这种小型速射炮是二战之前美国海军大小战舰的标准近程防空武器，负责 5 公里内的近距离防空任务，但是在太平洋战争的第一年的交战中，被证明不够可靠也缺乏足够的威力，其后它被可靠有效而且威力强劲的 20 毫米厄利孔式以及 40 毫米博福斯式所取代。首舰上最初并未安装其他的武器，但是从后续的 CL-52 开始起安装了 6 到 12 挺。5 英寸高射机枪作为 1.1 英寸高炮的补充。

为了适合驱逐舰队领舰的身份，舰上加装了 2 具四联装 21 英寸鱼雷发射管，分别安装在后舰桥两侧的炮塔前方。有趣的是，这些鱼雷发射管都是从美国海军的条约型重巡洋舰上拆卸下来的库存品，因为美国海军认为重型巡洋舰上无须安装此类武器。

军舰的作战能力优劣，相当程度上也取决于火控设备的好坏。CL-51 设计安装有 Mk37 指挥仪 2 台，配备 4.6 米基线光学测距（仪），分别安装在前后舰桥顶端为高平两用。用以指挥 5 英寸高平两用炮的 Mk37 系统被认为是二战期间最好用的火控指挥装置。据说英国人在得到了 Mk37 后，同样得出了这样的结论，并认为比自己的相应设备好很多。但是在建造 CL-51 的时候，雷达设备尚处于实验阶段没有能最后投入使用，因此最初的建造和服役初期的火控指挥，完全是依靠安装在 Mk37 之上的 4.6 米基线光学测距仪来做探测与测距设备。直到 1942 年以后才陆续装备各种搜索和测距雷达。射控中心内部最初唯有传统的方位盘式火控指挥盘，相对先进一些的设备就是拥有机械式弹道计算机，这种设备可以为射击提供便捷的弹道解算。

在航海舰桥上方安装有一具独立的观测用测距仪，除此以外并未为小口径武器安装射击指挥装置。

武器系统重量合计为 556.989 吨。

其他设备与特征

舵机由一台 100kW 的柴油电机驱动，每台弹药提升机（扬弹机）均由一台 25kW 的电机为其提供动力，船舵为单平衡舵模式。这种舵形式也是当时高速驱逐舰普遍采用的类型。

限于空间问题也有部分弹丸被迫储存在船尾吃水线之上。这显然会对防护造成不利影响，好在更危险的发射药存放舱室均被设计在水线之下。

由于不大可能将飞机弹射器安装在一艘堆砌了如此多武器的 6000 吨标准排水量的军舰之上，因此 CL-51 未考虑携带舰载水上飞机，因此它也就不能被用作舰队侦察任务。

　　船体上安装 7 部探照灯，分别被安装在前后舰桥两侧和后烟囱之上，另有两台光信号联络灯用以进行必要的视觉信号联络工作。

　　其他必须装备和成套设备总重 167.869 吨。

⟶ 通用巡洋舰的服役、太平洋战争的爆发 ⟵ 以及新的问题

　　1941 年 9 月 6 日，美国海军应对《伦敦条约》而建造的新概念巡洋舰 CL-51 的船体部分完工。当天的下水仪式宣告了一个新舰种的诞生，也告诉了世人这艘新锐巡洋舰的名称——"亚特兰大"号。自从这艘新式巡洋舰首次依靠自身浮力浮起时，也就意味着今后所有依照其图纸建造的后续舰，将被统称为"'亚特兰大'级"。

　　在完成船体的建造工作之后下一步要进行的就是舾装，为"亚特兰大"号安装上层建筑物、火炮以及其他设备。在这段时间内，她的另外 3 艘姐妹舰也陆续开工并下水，分别以"朱诺"、"圣地亚哥"、"圣胡安"来命名，她们成了美国海军序列中第一批被作为驱逐舰队领舰来设计的巡洋舰。

　　1941 年 12 月 7 日珍珠港事件爆发，次日美国对日宣战，太平洋战争爆发。在珍珠港的硝烟和日本人在太平洋上的咄咄进逼中，"亚特兰大"号开始了最后的设备舾装。所有工作都在次年年初完成，1942 年 3 月"亚特兰大"号开始进行海试。主要的测试工作被集中在航速与动力系统上。因为整个设计是以设计高速驱逐舰而享有盛誉的 Gibbs&Cox 公司完成的，所以海军内曾经有过一些不负责任的说法，盛传该级轻巡洋舰能实现最高达到 40 节的航速。这种传闻自然是荒唐的，因为设计标准排水量为 6000 吨，动力系统设计功率仅有 70000 马力是绝不可能达到这样的高速。

　　3 月的海试测定了"亚特兰大"号的真实能力，她的实际排水量为 7404 吨。试航中主机发挥了"上佳"表现，实际测出的最大功率输出达到了 78985 轴马力的极限值，最大航速超过了设计航速 32.5 海里大约 1.17 海里。但是从另外一种意义上来说这个海试结果堪称失败，因为主机与锅炉实际是按照 85000

马力来制造的，理论上极限航速至少应该有 34 节！

　　"亚特兰大"号是在美国海军最困难的时期服役的，作为海军最新式的新锐巡洋舰赶上了中途岛海战。作为人类历史上最负盛名的一次海空作战，双方的主力舰队都没有进入到对方的目视距离之内，所以水面舰艇之间的交火也就完全不可能发生。但是作为装备 Mk12 型 5 英寸两用炮的通用巡洋舰，"亚特兰大"号在中途岛之战时首次向着日军舰载机发扬其旺盛的对空火力。虽然没有任何确认的战果，但是同当时美国海军的其他舰艇相比较表现完全不同。那些条约型重巡洋舰大多因为吨位问题没有能安装 38 倍径 5 英寸高平

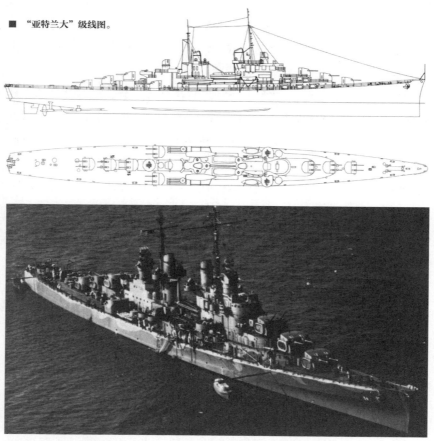

■　"亚特兰大"级线图。

■　"亚特兰大"四姐妹的最后一艘，"圣胡安"号服役照。摄于1942年6月3日。

两用炮，只使用老式的 5 英寸 25 倍径炮实施火力掩护。其效果也根本不值得期待。伴随着中途岛海战的落幕，损失 "约克镇" 号航空母舰的美国海军，已经不再怀疑舰队防空作战的必要性了。

而早在太平洋战争爆发之前，一种以 "亚特兰大" 级作为蓝本进行改进而来的专用防空巡洋舰，已经悄无声息地开始了建造。

"亚特兰大" 的设计初衷和太平洋战争中的最初用途并非是纯对空作战，但是当欧洲战场的战争爆发之后美国人却发现一种外形和武器系统布置酷似 "亚特兰大" 的英国巡洋舰，在地中海海域的海空战中表现出优秀的舰队防空能力。这就是皇家海军的 "黛朵" 级，这是一种以防空作战为主要使命的舰队防空巡洋舰。尽管其安装的主炮的高射性能还不如 "亚特兰大" 级的 Mk12，但是欧洲战场的实际运用中防空巡洋舰的价值依旧得到了充分的体现。

鉴于防空巡洋舰的实战价值，美国人在回过来审视自己的海军序列时，意识到了尚在船台上建造的 "亚特兰大" 级所拥有的巨大作战潜能。显然其在实际的防空作战中所能发射的对空炮火，并不输给任何一艘安装有 10 座双联装 5 英寸高平两用的新式战列舰。对于两舷各只能射击 10 门 5 英寸高炮的战列舰来说，侧射 14 门的 "亚特兰大" 在火力上更胜一筹。由于太平洋上局势日益严重，日本这个潜在对手有着极其强大的舰载航空战力，于是海军决定仿效英国人建造专用的舰队防空巡洋舰。

在建造专用防空巡洋舰之前，首先得对其设计蓝本进行必要的技术改进，因为上文已经一再强调了其最初并非被设计成专用防空作战的用途的。"亚特兰大" 级的主要缺陷是重心和稳定性的问题，虽然船体水池试验结果显示能够达到必要的安全值（当时全部 4 艘 "亚特兰大" 级都还未完成）。

稳定性问题是所有条约限制之下战舰的普遍问题，尽管美国并未犯类似 "友鹤" 号一样的错误[1]，但是必须要明白的是，"亚特兰大" 级拥有作为一

---

① 顺带介绍点轮机的常识。众所周知的是锅炉的压力越高单位重量下的功率输出就越大，但是相对应的油耗率也就高。如果一味要求机组高温高功率输出，那么很可能造成机组重量较同等功率下的低压机组大为下降，而主机油耗却大幅度上升的结果。总之这就是一种取舍，如果选择不当的话那么结果就如同德国海军的 "俾斯麦" 级战列舰那般，即使装载 8000 吨燃料也只能以 18 节速度航行 8000 海里（应考虑低工况工作状态下的油耗率，可能高工况条件下油耗率较少）。

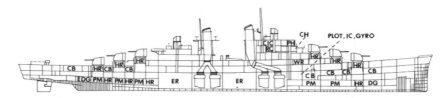

■ "圣胡安"号内部结构示意图 （ER:轮机舱；HR:弹药舱；CH:海图室；PH:航海舰桥；IC:内部通讯室；PLOT:测绘室；CIC:作战信息中心；RC:通讯中心；CB:船员住舱；DG:柴油机舱；EG:应急发电机；PM:发射药存放库；EDG:应急发电机；WR:军官休息舱）。

■ 试航中的"亚特兰大"号，从侧面展现出了"亚特兰大"级防空巡洋舰的全部特征——阶梯状的前后主炮，以及后舰桥两侧的炮塔，测距仪已经被安装于前舰桥之上。

艘执行二维平面作战的舰艇所必需的稳定性，却并不是一个完全符合防空作战这一任务所要求的高安定性射击平台。

那么，为了能建造出一种真正合格的防空舰，利用现有条件进行必要的改进就是难免的了。

⚓ 从通用向防空发展 ⚓

从 1938 年 5 月美国国会通过了 Vinson 海军法案起，一切扩军行动都已经合法化。随之而来的就是大量的建造计划，建造新式专用防空巡洋舰的设想正好赶上了海军大扩军计划。建造预算案轻易就被通过。一共计划建造 4 艘，海军赋予的编号从 CL-95 到 CL-98，也就是后来的"奥克兰"级防空巡洋舰。

"奥克兰"级是美国海军中第一种真正意义上的防空巡洋舰，这4艘舰的基础是先前的"亚特兰大"级巡洋舰。舰船局建议将"亚特兰大"级上效能不佳的腰部（舯部）炮塔取消，这一改动大约节省了150吨重量，但没有显著削弱军舰的侧射火力，因为不论朝左舷还是右舷，腰部的那2座双联装5英寸炮因为上层建筑物的阻挡一次只能射击一座。另一方面，拆除了船体腰部的炮塔来减轻两舷承受的重量，也就更有利于降低全部主炮侧射后的船身横摇。因为一般情况下，当重量集中在船体两侧时一旦船体出现摇晃，两部的重量就会像钟摆一样加剧晃动，使船体久久不能稳定。这对防空作战来说将产生非常大的负面影响。因此，将重量集中回中线上也有利于射击稳定性的提高，而舷侧弹药库的取消更使生存性进一步得到改进。

对于节省下来的重量，首先被考虑到的加强船体的结构。总计提高结构重量约120至150吨，这对船身耐久性的提高，是有比较大影响的。而且船体两侧的炮座开口的消失，本身就提高了船体的纵向结构强度，所以CL-95型防空巡洋舰在船体设计上比之改进母本"亚特兰大"级，是有显著提高的。

设计中，在原先腰部5英寸炮塔部位将代之以2座四联装1.1英寸口径速射炮。这是结合了皇家海军在地中海与北欧的实战经验而做出的。基于当时的技术与实战结果，手动设置引信的大口径防空炮只能被用来驱散远距离上的鱼雷机或者水平轰炸机编队，对付威胁巨大的俯冲轰炸机来说还是小口径速射炮更为有效。

另一方面，根据英国皇家海军在地中海的实际使用经验，船体上的大量无防护部分有必要加强破片防护（在地中海同意大利海军的一系列战斗中，皇家海军的舰艇数次出现过被近失弹爆炸的碎片扎成漏勺的情况）。因此，新的设计中共计分配了30吨重量为速射炮，以及露天的火控设备安装防盾和防破片装甲，驾驶台窗口附加3/16英寸钢制可收放挡板，部分甲板底部也设置这一厚度的钢板以抵御敌机可能的机枪扫射。至于不值得加强防护的其他部分，比如舰桥非操控部位、探照灯、信号台等，设计上并没有要求作任何改动。但是需要指出的是，后来在实际建造中射控中心到指挥中心的通讯管线、无线电通信台等部位，也被加装上0.75英寸防破片装甲；至于安装在舰桥上方的Mk37型指挥仪和航海舰桥部位，则安装上2.5英寸装甲予以重点保护。在

■ 皇家海军在北欧和地中海的实战经验充分说明了舰队防空的重要性，图中的这艘军舰就是英国的"黛朵"级防空巡洋舰，其在大战中的优异表现也促成了美国人建造专用舰队防空舰的兴趣。

■ 试航中的"亚特兰大"号，此刻正在高速航行中，高干舷使她具备了良好的试航能力。

太平洋战争中，"亚特兰大"级以及她的改进型号也作过几次大的改装，除了对空火力以外、尽可能加强装甲防护也是改进的要点之一。

最后，为了适应越来越复杂的作战形式，有必要将几种象征美国电子技术最新成就的雷达，安装到巡洋舰上。而早先开工的"亚特兰大"级，也被要求回厂加装雷达设备。

总委员会在 1940 年 10 月 3 日通过了参与这一改进计划，13 天以后海军作战部与海军部长也对此表示认可（伴随着局势的紧张，军事指挥部门已经开始插手军舰的建造工作）。

1941 年 7 月 14 日，CL–95 在旧金山伯利恒钢铁公司的船台上，安装下第一块龙骨。这一刻，预示着美国海军第一种真正意义上的防空巡洋舰诞生了。

她的姐妹舰 CL-96，则在 8 月 1 日铺下龙骨。另两艘同型舰 CL-97 和 CL-98 因为属于下一财年的预算，因此一直拖到中途岛海战结束后、双方开始在所罗门群岛大打出手的时候，CL-97 和 CL-98 才匆匆地各自安放下她们的第一块船体部件。

在这个时候，在她们周围的船台上，甚至在美国国土上的所有船厂中，数不清的船舶正在默默地建造着。从纵横太平洋战场的"埃塞克斯"级舰队航空母舰，到驰骋四大洋的自由轮，美国的海上力量正在以前人所无法想象的速度急速增长着。

CL-95 的船体是在 1942 年 10 月 23 日完工下水的，伴随着船体的完工，她有了正式的舰名——"奥克兰"号（Oakland）。CL-96 则在当年的 12 月 23 日下水，她被命名为"里诺"号（Reno）。至于 CL-97"弗林特"号（Flint）和 CL-98"图森"号（Tucson），则要拖到 1944 年才完工。全部 4 艘"奥克兰"级都加入到了向日本本土大反攻的钢铁洪流之中。

战争是技术飞跃发展的催化剂，因为人类的聪明才智，往往在如何更有效率的屠杀同类上会得到最好的体现。1943 年 7 月下旬，船政局依照美国海军作战部的要求开始对尚未完成的"弗林特"号与"图森"号进行改装。改装的主要工作是拆除原先已经在实战中被证明不可靠而且不够有效的 1.1 英寸机关炮，以及几乎没有价值的 5 英寸高射机枪，替代以 40 毫米博福斯与 20 毫米厄利孔机关炮。船政局的这一动作基于美国海军在所罗门群岛战役的实战经验，利用引进的许可证生产的这两种小口径速射炮被证明为极其有效的防空武器。"弗林特"号与"图森"号分别加装 38 门博福斯与 18 门厄利孔，前者大多采用四联装布置、少数两座呈双联装，后者则全都为双联装。

早一步完工的"奥克兰"号与"里诺"号也授命回港接受换装工作，但是她们的机关炮布置位置同 2 艘僚舰略有区别，2 座安装在中轴线上的博福斯炮塔替代了 4 座分别设置在两侧的同类设备，在几乎没有损失火力的前提下节省了一半的重量。厄利孔机关炮的数量也从 18 座被削减到 16 座。就"奥克兰"级的实际情况而言，这样的火力布置可以被认为已经接近了这种吨位不超过8000 的轻型防空巡洋舰的极限。在 1944 年底绝望的日本人出动自杀式的神风特攻队之前，是太平洋上最为有效的防空武器平台。

在 1943 年的下半年到次年年初，美国海军的其他大小战舰利用一切机会回港接受类似改装，这也使整个美国舰队的防空火力有了飞跃性的提高。不仅是近程速射炮的效率和数量上提高，另一种使大口径对空武器效能有质一般提高的秘密武器——无线电近炸引信，也在 1943 年堂堂登场。这种结合了先进创意和高超电子技术的新式引信，可以不用人工设定炮弹引爆高度自动选择合适的爆炸位置，这样不仅大幅度提高了射击命中率，也进一步提高了射速。经实战统计，使用这种炮弹之后，美国海军的大口径对空武器设计命中率提高了整整 3 倍。

从"亚特兰大"到"奥克兰"，美国海军真正意义上的防空巡洋舰诞生了。但是战争还远未结束，来自于空中的威胁将促使他们寻求更为有效的防空武器。利用通用巡洋舰船体而改进的防空巡洋舰或许是一种有效的武器，但是还远称不上完美。

■ "圣地亚哥"号线图（俯视）。

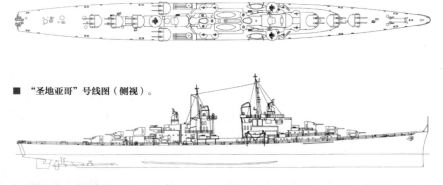

■ "圣地亚哥"号线图（侧视）。

■ 试航中"奥克兰"级防空巡洋舰。

在美国海军大量接收依靠本国巨大工业能力赶造的庞大舰队之时，一种以防空作战为目的大型巡洋舰的设计工作，已经悄然进入了最后的审查阶段。海军作战部长办公室在查看送抵的图纸之时，惊讶地发现了 6 年前所没有能成为现实的 6 英寸高平两用炮，居然傲然地呈现在了这种新式战舰的甲板之上。

无线电近炸引信

在第二次世界大战早期，高射炮弹配用的引信不外乎触发式和机械时间式两类。使用前一种引信的高炮炮弹必须要直接命中目标才能起爆摧毁；至于后者却需要预先装定引爆时间，但预装定引爆时间的长短又必须依靠高炮射击指挥装置对目标距离、高度、速度等进行估算。限于当时的技术条件，即使性能再优良的指挥仪，也无法 100% 的准确计算出这个必需的提前量和起爆高度。而对于三维空间内的细小目标，往往只要错开十几米甚至几米就意味着无法命中。因此，伴随着战争进程，如何提高防空火力的效费比就成为了各方面都为之关注的要点。

早在 30 年代中美国就开始了相关研究，在大量的人力与物力之下，终于在 1943 年获得了回报。这种利用无线电波为触发媒介的引信被称为"无线电近炸引信"，工作机理

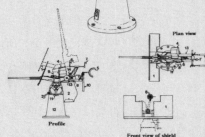

■ 二战中最有效的近距程防空火力系统之一，厄利孔高炮。

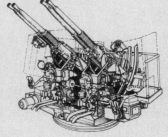

■ 二战中最有效的近距程防空火力系统之一，四联装博福斯。

类似于无线电波的多普勒效应。主要由振荡器、无线电收发机、选择放大器、电子开关、电雷管、电池、传爆药、自炸装置和保险机构等部件组成。

当炮弹飞出炮口一定距离后。引信保险装置动作，使引信处于工作状态，振荡器产生特定频率的无线电振荡信号，由无线电收发机向外发出，发出的无线电波碰到空中目标后会发生反射。由于炮弹和目标间的相对运动，反射波与发射波之间产生一个频率差，称差拍音频。差拍音频信号经选择放大器选择并放大，当信号强度达到一定数值后，就可接通电子开关，引爆电雷管，从而使炮弹在离目标较近的距离爆炸，靠弹丸形成的破片和冲击波毁伤目标。

根据统计，这种引信的出现，使美国海军的大口径高炮命中率提高了 3 倍以上。

→ 纯血统的火炮防空巡洋舰 ←

美国海军的 6 英寸口径防空巡洋舰，是一种给人以有传说中武器之感的军舰。这是美国海军中第一种，也是最后一种完全依照防空巡洋舰要求来设计的军舰。也可以说，最初在设计"亚特兰大"级时所未能实现的梦想，统统被寄托在这一种新式巡洋舰之上。

研制一种能够在大规模空中袭击之下为整个舰队提供对空保护的专用防空巡洋舰的动机，始于 1941 年。当皇家海军在斯堪的纳维亚的交战报告被送到美国海军作战部长的办公室之后，为美国舰队装备一种专用重火力防空巡洋舰就成了一个必须要考虑的现实问题。由于新的世界大战已经开始，所以之前在伦敦签署的第二次《海军裁军协定》自动失效。对于轻巡洋舰的吨位，可以不必再遵守严重制约舰艇性能的 8000 吨排水量限制，甚至连华盛顿条约上就确立的巡洋舰 10000 吨标排上限，此时也不用再加以考虑。其实早在 1939 年 5 月，在"亚特兰大"级的总体设计完成之时，舰船局就在 CL-55 型轻巡洋舰的一系列设计草案中作过一种 8000 吨级全部安装 6 英寸两用型主炮的巡洋舰的设想，但是最后还是因为各种问题的制约而采用了混装 6 英寸平

■ "奥克兰"级细部特写,同"亚特兰大"级相比,最大的区别在于拆除了舯部炮塔但保留了鱼雷发射管,白圈中的分别是改进过的高炮俯仰装置和新安装的厄利孔机关炮。

■ 改装之后的"圣胡安"号,拍摄于1944年1月,太平洋大反攻之前。舰桥被加高并安装了破碎防护,拆除了全部的1.1英寸速射炮,换装博福斯与厄利孔,并更换了火控系统。

射炮和 5 英寸高平两用炮的设计，即著名的"克里夫兰"级。

1941 年中，美国海军部向舰船局下达设计新式防空巡洋舰的要求时，舰船局下属的各个设计组和相关的设计公司，是在一种自 1922 年以来前所未有的轻松中接下这个项目。

在当时舰船局担负着两种常规大型水面舰艇的设计任务。一种是本文所要讲述的新型舰队防空巡洋舰，另一种则是比早先"巴尔的摩"级更大更强的超级重巡洋舰，即后来的"德梅因"级。"德梅因"级计划安装一种经过改进的 8 英寸 55 倍径 Mk15 型炮，即威力巨大射速极快的 8 英寸 55 倍径 RFMk16 型舰炮，甚至可以说这级军舰就是为了能装配上这种新炮而设计的（以后将有专文论述）。但是新式舰队防空巡洋舰计划则不同，美国人有 5 英寸 54 倍径 Mk16 以及 6 英寸 47 倍径 DPMk16 两种舰炮的备选方案，前者是 5 英寸 38 倍径的升级版本，扩大了炮膛容积并延长了身管；后者则是 6 英寸 47 倍径 Mk16 型的高平两用化改型。

皇家海军在地中海，特别是克里特岛地区作战的实际经验告诉人们，在大规模空中打击之下，缺乏有效高射火力的军舰将是何等的脆弱。因此，总委员会要求这种专用防空巡洋舰不仅要能够在高强度的轰炸下幸存，还必须能保卫己方舰队的安全。

Mk16 两用炮

虽然先前的"克里夫兰"级和"布鲁克林"级也装备了同样的 MK16 型 152 毫米舰炮，但是新型舰炮使用了对输弹和供弹进行了重大改进的新式炮架。在世界范围内，这是第一种真正意义上的炮塔的回转和火炮的俯仰速度都能够达到防空用途的 6 英寸双联装炮塔。而且和过去所有的 6 寸炮塔不同的是，这种炮塔能够实现任意角自动装填，特别有利于进行防空作战。不幸的是，搭载 MK16 152 毫米双用炮塔的军舰出现的太晚，紧跟其后出现的防空导弹很快取代了她们的位置。

由于在一开始便遭到了忽视，这种火炮经历了一段很长的发展周期。海军军械局的军官们倒是对它抱有很大希望，但是在为其寻找合适的搭载平台却一直没有任何眉目。可是到 1940 年计划便终止了，因为海军需要建造更新式的可以令人接受的巡洋舰。同年,试图将新型舰炮装备到"蒙大拿"级战列舰的设想也遭遇了挫折,因为军械局自己的研究认为,安装127/L38或127/L54双联装炮是更好的选择。1941年,新炮又遭受了打击,因为新式飞机的不断出现,对防空武器的性能提出了更高的要求。美国参战后,如何提高现有武器的产量成为当务之急,新式152炮的发展计划被进一步放慢。直到1943年,MK16型火炮才设计定型,而搭载它的"伍斯特"级防空巡洋舰一直拖到1948年才投入现役。

后来证明,这种炮并不适宜装备服役。因为需要较高的射速和在大仰角下快速装填,炮塔配备了一套两用扬弹机构,一种工作模式用于输送对海射击的穿甲弹和榴弹,另一种工作模式用于在大仰角情况下输送对空弹,后来证明这种扬弹装置是个特别明显的故障源。而且双用炮塔在重量上付出的代价也着实太大,双联装炮塔居然要比"克里夫兰"级装备的三联装炮塔还要重20%。另一个很典型的例子是,和战前装备双联127炮塔的"亚特兰大"级防空巡洋舰相比,"伍斯特"级的火炮数量没有增加,但是排水量却增加了一倍。

MK16型152毫米双用炮塔可以看做比它成功得多的MK16 203毫米双联装炮塔的衍生型。单筒自紧身管用插接式接头连接在炮尾上。后期的身管内膛镀铬,并且带有锥形加强衬条。所有火炮均使用半自动立楔炮闩。

新式舰队防空巡洋舰计划的正式启动,是在1941年5月27日。当时依旧掌握着造舰大权的总委员会在下达设计要求的时候,特别提到了如下几点:

1. 装备12门6英寸高平两用炮;

2. 具备非常强的水平防护,水平装甲应该达到6到7英寸,但是不需要侧舷甲带;

3. 为了跟随以高速战舰或者航空母舰为核心的舰队,执行编队作战任务,最高航速必须达到33节。

最早的2个设计草案——方案A和方案B在当年7月出笼,在这两个设计中计划给新舰配备上12门6英寸高平两用炮,有所区别的是前者计划配备三联装炮塔4座、后者则是6个双联装炮塔。同样地,都没有考虑再行搭载5

英寸高平两用炮。在船体规模上，预计比搭载 4 个三联装 6 英寸炮塔与 6 个双联装 5 英寸炮塔的"克里夫兰"级更为庞大，预计标准排水量将达到 14000 吨。设计航速 33 到 33.5 节，15 节时续航力 12000 海里。

在酝酿这两个方案时，设计师认为把主水平装甲甲板布置在露天甲板上会导致船体重心严重升高。从另一方面来说，露天甲板要作为强力甲板[①]，因此厚度必须超过一英寸，本身就具备相当的重量。如果再安装上装甲的话重新稳定问题就会变得无法收拾，所以除了强力甲板本身的厚度以外仅安装 1 英寸装甲甲板。设计师将主水平装甲设计在了第二甲板之上，厚度大约为 3.5 英寸。但是总的来说，方案 A 和 B 的水平装甲防护全面而且完整，不过仍没有一处的厚度达到总委员会的要求。由于设计上的问题，水平装甲最大厚度只相当于 4.8 英寸到 5 英寸，离设计要求相差甚远。就一艘设计标准排水量 14000 吨，且不具备垂直装甲带的战舰来说，这种程度的装甲保护也是无法令人感到满意的。

除了 A 和 B 方案，当月送达的还有 C 方案。同前两个方案不同，C 方案是明显小型化，只安装了 4 个双联装 6 英寸炮塔，同它的 12200 吨设计排水量比起来，未免显得有些贫弱。但是在方案 C 的设计中，水平防护达到了以前巡洋舰设计中前所未见的水平。露天甲板安装 1.5 英寸防破片装甲，主水平装甲带最厚处达到了 5 英寸，水平防护累计等效厚度达到了 6.1 英寸。这种程度的水平防护，对于当时已经实践证明对军舰有致命威胁的俯冲轰炸，有着相当程度的抵御能力。理论上 6.1 英寸的水平装甲可以抵御从 7200 英尺投掷的 1000 磅炸弹，和 5000 英尺上投掷的 1600 磅炸弹。很明显，已经能够达到总委员会最初的要求了。保守的设计师依然给军舰设计了侧舷甲带，厚度达到了 4 英寸。同样，炮塔座圈也有 4 英寸装甲防护，炮塔的防护水准也类似。因此 C 方案的垂直防护可以抵御 11700 码距离上射来的 6 英寸穿甲弹（弹重 105 磅），略低于"克里夫兰"级的 9000 码水平。而方案 A 和 B 为了能实现这一防御能力，必须给炮塔增加至少 200 吨的装甲，如再加舷侧装甲的话还需加重 600 吨。

---

① 指维持船体承受舰体强度的那层甲板。一般来说没有固定的位置，视具体情况而定可以被安装在炮列甲板，同样也可以由露天甲板来承担（承受总纵强度负荷的甲板）。

对比之下，A 和 B 两个方案同 C 方案比较起来，在防护上丝毫不占据优势，航速上比较仅快了半节。续航力对比中，方案 C 也仅小 A 和 B 大约 1000 海里，无关痛痒。方案 A 和 B 唯一能占到优势的是主炮数量，12 门 6 英寸两用型主炮一次齐射的弹药投掷量等同于"克里夫兰"级，而且在射速上更高。相较之下，C 方案就显得火力贫弱。显然，总委员会对这 3 个设计都不满意。就在珍珠港事件爆发前不久，总委员会收到了方案 D。

某种程度上来说，这个方案就好像是前两类设计的折中。主炮数量从 12 门削减成 10 门，总体水平防护能力有所削弱，比如轮机舱部位的水平装甲设计厚度是 1.5 英寸防破片装甲加 4 英寸主水平装甲。同最初的两个方案相比，牺牲一座炮塔约 600 吨重量，来加装垂直防护并适度增强水平防护。弹药库上方的水平装甲，得到了重点加强，那个部位的装甲厚达 5 英寸。总体防护能力比之方案 C 有所削弱，但是要害部位的防护却显得"过剩"。该方案的航速设计不够现实。设计主机功率约为 100000 马力航速 32.5 节，但是标准排水量排却达到了 14200 吨，这同 A、B 方案 14000 吨标准排水量、120000 马力预计 33 到 33.5 节的设想相比，显得估计过高。

总的来说，上述的 4 个方案都不讨舰船局喜欢。目前已经有的全部 4 个设计都具备太鲜明的"特点"，要么过于注重防护性能忽视火力，或者就是彻底的反其道而行，这显然不符合舰艇设计中"均衡"的要求。就在系统检讨之前设计上的失误，为整个计划谋求进一步突破的时候，珍珠港事变爆发，美国对日宣战并全面投身世界大战之中。

战争的爆发打乱了很多事情，由于美国转入战时紧急体制，因此许多部门都发生了地震一般的变革。主管海军舰艇制造的总委员会的职能，因为战时体制的问题被海军作战部逐渐剥夺，这样做的目的在于尽可能设计并装备符合实战需要的军舰。再者，直接管理也利于节约战时宝贵的时间。太平洋战争的最初阶段，海军作战部和舰船局忙于应付战时最急需的紧急任务，特别是对于老旧但是还有利用价值的舰艇的改装。1942 年中，当最初岌岌可危的形势得到缓解之后，战前即告展开因为战事而被耽搁的各个项目相继重新启动。

方案 E 是 1942 年 7 月送抵的，这可能是舰队防空巡洋舰计划的所有设计中，尺寸最小的一个了。尽管设计安装 5 个双联装 6 英寸炮塔，但是船体长度只有 600 英尺，设计标准排水量 11500 吨。无疑防护性能遭到了牺牲，水平防护仅 1 英寸防破片装甲外加 3.5 英寸主装甲，炮塔的侧面和后部装甲也被削弱。整个防护系统中唯有装甲盒间壁得到一定增强，厚度同侧装甲带一样为 4 英寸。明显的，这违背了项目开始前制定的总方针，过于薄弱的水平装甲无法有效应付空中威胁。

随着太平洋上的局势得到日趋好转，从 1943 年开始设计工作得到全面恢复。1943 年 1 月，方案 F 被送抵海军作战部。在这个设计中，最初构想的 6 个双联装炮塔布置得到了恢复。至于船体内部设计也有所改变，从最初的 2 个锅炉舱的设计被修改成 4 个拥有独立防水隔壁的锅炉舱，无疑这会大大改善生存性能和持续作战能力。由于增加了炮塔船体也被拉长，同方案 E 相比延长了 40 英尺，船体总长度达到了 640 英尺。当然，排水量的增加也是不可避免的。设计标准排水量为 12900 吨，满载则超过了 15000 吨。这一设计中，除了增加炮塔以外在垂直方向上的装甲也有所加强，厚度提高到了 5 英寸，

■ 1944 年的"圣胡安"号。

■ 高速航行中的"奥克兰"号，仔细观察可以发现它的上层建筑物同"亚特兰大"级差异明显。

但是水平防护比之方案 E 却没有丝毫改善，结合已经掌握的实战报告和经验教训显然是无法适应未来作战要求的。

之后送来的 F、G、H 等设计方案也都无法令人满意，这 3 个方案的设计标准排水量在 12550 到 13700 吨之间，火力布置雷同于年初的 F 方案，但是在轻型防空武器上有了进一步加强，计划安装的 40 毫米四联装博福斯速射炮在 10 座到 12 座之间。这是基于太平洋战争爆发以来的数次实战经验而进行改进的措施，圣特鲁克之战的实际结果，已经使美国海军认识到轻型速射炮的实战意义。但是总的来说，这些设计都是无法令海军作战部满意的。撇开防护不足的老问题不谈，安装在前后舰桥之间的上弹射器，也是一个比较困扰海军的选择。由于设计思想起源于 1941 年，因此依照条约时期大型军舰的传统有此布置也不足为奇，但是实战证明将舰载机这种"易燃物"装在这个位置实在不明智，尤其是 1942 年的萨沃岛夜战中（日本方面习惯称呼为"第一次所罗门海战"）舰载机被弹片击中燃烧，使军舰完全暴露在了日舰的视野中最后遭到了灭顶之灾。海军作战部的要求是结合前述 9 个设计的优点，修正其缺点进行一次总的改进。而这个最后的方案 J，最终完善成了 6 英寸重型防空巡洋舰的最终设计。

1943 年 7 月，吸取前面设计之经验教训的方案 J 被呈交上来，这一设计坚持了 6 个双联装炮塔的设计，水平防护上采取了类似于方案 D 的布置方式适度防护的同时强化关键部位。轻型防空火力进一步强化为 12 座四联装博福斯和 20 门厄利孔。总体设计在 1943 年底之前完成，最后被列入了此年的财政预算之内。美国海军在 1943 年 6 月 15 日下订单建造首批 6 英寸主炮防空巡洋舰。

第一批次共计有 4 艘，包括"伍斯特"（WorcesterCL-144）号、"拉沃克"（RoanokeCL-145）号、"沃雷杰"（VallejoCL-146）号和"加里"（GaryCL-147）号。

"伍斯特"号最终以如下面貌呈现的：使用双烟囱、平甲板外形。尽管过渡时期（条约时期）的设计还是以单烟囱为主，这样有利于节省甲板空间以布置更多的武器，同时还能缩短装甲带长度节省重量，比如"俄勒冈"级。但是一个大的、合并式的锅炉舱并不利于遭到攻击后安全性的提高。同样，即使修改了弹射器的位置将船体长度适度减短，但是为满足 6 座双联装炮塔快速射击所需的供弹弹药舱的空间，船体尺寸甚至超过了以前的"克里夫兰"

级轻巡洋舰。"伍斯特"级的水线长度为 664 英尺、宽 70 英尺 8 英寸、最大吃水 26 英尺，排水量达到 14700 吨。这种尺寸在安装 6 英寸主炮的轻巡洋舰中属于空前规模，仅比有"最后的重巡"之称的"德梅因"级要小，但却也超越了包括"巴尔的摩"级重巡洋舰在内的其他任何国家的所有类型轻重巡洋舰。

舷侧锅炉舱外主装甲带厚度 5 英寸，设计长度为 379 英尺，深入水下 4 英尺 11 英寸，然后厚度减为 3 英寸厚度，装甲带的总宽度为 9 英尺 6 英寸。船艏部分的在水线处有 2 英寸厚、深入水下 4 英尺 6 英寸深的装甲保护。侧装甲带与上甲板 1 英寸厚度的水平装甲构成了"装甲盒"，但是主要的水平防护是那层 3.5 英寸的轮机舱装甲。全部的装甲重量合计 2119 吨，占全舰标准排水量的 14.3% 左右。

采用经过实验证明效果良好的设计原则进行船体内部隔舱设计，每个锅炉都有独立的隔间。同海军最后建造的重巡洋舰"德梅因"级一样（"伍斯特"的设计本身就借鉴了许多德梅因上的设计风格，或者说它们在设计时被相互借鉴），横向装甲防水隔壁将整个装甲盒内部分割成 6 个主要隔舱。基于战时防空舰的实际使用经验，将最初设计的 100000 马力输出修改为 120000 马力，以实现最高达到 33 节的航速（为了能跟随设计中的"中途岛"级大型航空母舰的作战）。

最后定型的 14000 吨设计排水量（实际下水时则超过了 14700 吨），远远超越了同样装备有 12 门 6 英寸炮的"克里夫兰"级轻巡洋舰。其中一个主要原因，是因为"克里夫兰"级安装了更为紧凑的三联装炮塔，而且设计中并不要求这种炮塔能实施对空射击，所以也就没有那么多复杂的俯仰系统，在重量上也要小得多。而"伍斯特"级上的 6 英寸 47 倍径半自动炮，都拥有独立的弹药提升装置，使用油压驱动的俯仰系统，最大能实现 78 度的仰角。相对于"克里夫兰"级 173 吨重的三联装炮塔，新舰的双联装炮塔竟然重达 208 吨，这也是为了实现大仰角高射速和较高的回旋能力而安装复杂的俯仰回旋装置与供弹机构所造成的。由于新的炮塔是如此的沉重，因此考虑到船体稳定性和问题，设计师没有采取传统的全背负式布置形式，最靠近舯舰的 4 个炮塔（1、2、5、6 号炮塔）平行安装在露天甲板上，只有靠近前后舰桥的那两个炮塔才被以背负式的方式安装在加高的炮塔座圈之上。这样的安装方式只是以少量

■ "伍斯特"级内部结构示意图 （H:机床；FP:通讯中心；PH:航海舰桥；PLOT:测绘室；EVAP:海水淡化设备舱；CB:船员住舱；DG: 柴油机舱；EG:应急发电机；BR:锅炉舱；ER:轮机舱）。

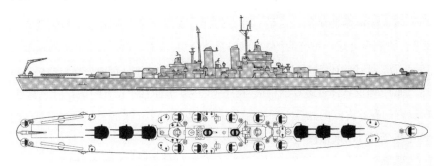

■ 侧面与俯面视角下的"伍斯特"级线图。

牺牲的近距离正前方平射火力的代价，解决了船体重心过高的问题，而且适度节省了消耗在防护上的重量。

指挥这 12 门威力巨大的 6 英寸高平两用炮的是 4 台 Mk37 型指挥仪，在前后舰桥的顶部和船体两侧舯部烟囱之间对称各安装一台。Mk37 型指挥仪兼顾高射和平射功能，"伍斯特"级上安装的是 1944 年投入使用的最新型号、它以 Mk12 搜索雷达为主要目标探测器，对空对海有效搜索跟踪距离分别为 41000 米和 37000 米，距离方位误差为 8 米和 3 密位左右，就当时的技术水平而言精度极高。早期型号上作为主探测设备和测距装置的 4.6 米光学测距仪，如今变成了配合雷达工作的辅助装置。"伍斯特"级建造时间较晚，安装射控系统时加装更新的装置——Mk22 雷达。这种小型雷达主要用来搜索超低空目标，也可以说就是针对低空偷袭的敌机来袭而设计的，实际使用中它可以探测到距水平面方位角只有 0.8 度的来犯敌机。总的来说，Mk37 被认为是二战期间最好的射控装置，拥有如此优良射控装置的战舰的战斗力，显然是值得期待的。

最初的设计中，提供近距离对空火力的是 11 座四联装或者双联装的 40 毫米博福斯机关炮，以及 20 门 20 毫米厄利孔机关炮。但是在随后的建造中，所有的博福斯炮被 12 座双联装 50 倍径 3 英寸炮所取代。因为后者这种中口径高炮，是海军专门为能发射配备了无线电炸引信的高效能炮弹而设计的，较之前者对于来袭的敌机更有杀伤力。修改后，20 毫米厄利孔机关炮也被削减到 12 至 16 门。

为 3 英寸速射炮提供火控的，则是 4 台 Mk56 式指挥仪。它们被 2 台 1 组地安装在船体两侧舯部。这是一种专门针对 3 英寸对空速射炮而研制的火控系统，研制设计这一系统的约翰·霍普金斯公司，充分发挥了所谓"战时速度"，1944 年 3 月开始研制 10 月即告完成。整个射控系统由一部 Mk34 小型探测雷达、1 部陀螺仪和弹道解算器构成。由于 Mk56 系统拥有比较大的预存射表容量，所以它拥有非常好的截算（解算）能力，可以对付多个来袭目标。在紧急的时候它甚至可以用来指挥主炮射击。

船艉处安装有 2 台弹射器，甲板下安装有配备了升降机的机库，总计能携带 4 架水上飞机。但是在"伍斯特"号建成服役之前，她的姐妹舰并不拥有类似装置。同"德梅因"级一样的是，"伍斯特"号的设计也同"克里夫兰"级拥有许多类似的地方。

"伍斯特"号于 1945 年 1 月 29 日在纽约造船厂内铺设下第一块龙骨，"拉沃克"号则是在 5 月 15 日就在"伍斯特"号旁边的船台上开始动工建造。但是随着欧洲胜利日的到来和日本帝国的投降，后续舰的建造计划已经显得没

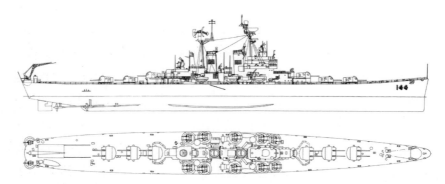

■ "伍斯特"级防空巡洋舰线图，我们可以发现从舰桥和上层建筑物的设计上，与同期的其他型号轻重巡洋舰非常类似。但是也必须注意到，自"俄勒冈城"级之后不再采用的双烟囱构造再次出现在该舰上，这显然和"伍斯特"级的作战使命有关。

■ 完成舾装工作后，被拖离装配码头的 "伍斯特" 号。

■ 除了曾短暂地派驻地中海并在朝鲜战争中 "打打杂" 之外，"伍斯特"
以及她的姐妹舰在整个服役期内无所事事。

有必要了。第二批次的订购计划旋即被取消。第一批次的另外 2 艘——3 号舰
"沃雷杰" 和 4 号舰 "加里" 号的建造计划，也于 1945 年 8 月 12 日被撤销。

就在寄托理想的 6 英寸高平两用炮防空巡洋舰计划以这种近乎虎头蛇尾
的结果收场时，以通用巡洋舰 "亚特兰大" 级为基础继续发展的舰队防空巡
洋舰计划却还在继续着。一种在主炮布局上类似 "伍斯特" 级的最新改进正
在建造之中。

→ 5 英寸主炮防空巡洋舰的再发展 ←

早在 1943 年年底，即 "奥克兰" 级的 2 号舰安装着新的近距离防空武器
系统驶离码头的时候，海军的相关部门就意识到了进一步改进的必要。

"奥克兰" 级是 "亚特兰大" 级的防空作战改型，因此在设计时充分考

虑到了基于舰队防空作战必须具备的各种性能要求。但是随着太平洋战争战况的进一步发展，尤其是传统近程防空武器已经被实战证明无法适应未来作战要求的时候，海军抓住了作战空隙为所有战舰换装了后来被证明极其有效的新的武器系统——博福斯速射炮和厄利孔机关炮。尚在建造中的"奥克兰"级，自然成为第一批接受改装的对象。但是这样一来，问题也就随之而来了。原本出现在"亚特兰大"上的稳定性问题再次出现在了"奥克兰"级之上，虽然"奥克兰"级对此作了专门的改进，但是船体两侧大量增加的速射武器还是让原本已经被基本克服的问题再次显现。拆除这些武器自然是不可能的，因为实战证明这些火力是必要而且非常有效的，那么唯有在后继舰上进一步改良设计以消除隐患。

这个时刻，美国海军已经在太平洋上取得了压倒性的优势，日本联合舰队的残余已经退回濑户内海的柱岛锚地苟延残喘，疯狂反扑的神风特攻队尽管引起美国人的恐惧慌张，但是也无法挽回败局。可以说建造完美的舰队防空舰的愿望，虽然存在但是却并不迫切。

一个比较实际的问题随着美国舰队越来越接近日本本土而显现出来。在和神风特攻队的自杀机群周旋的日子里，海军发现了曾经在一年多内屡见战功的近距离防空黄金组合——博福斯与厄利孔炮开始显得力不从心。造成这种结果的直接原因不外乎自杀式机的驾驶员原本就不存苟活之心，所以即使座机被美舰击毁，只要还能进行最基本的操纵，那一心赴死的驾驶员就会继续驾驶座机向着目标冲撞。除非能够将驾驶员击毙或者彻底将敌机打成碎片。

针对这个实际问题，美国人启用了淘汰中的老式武器——3英寸高射炮（依照回旋俯仰机构的不同被细分为Mk10、17、18、19、20、21、22等型号）。这种高射炮属于第一次世界大战以后的第一代舰载高射炮，战术地位类似于日本的8厘米高射炮和德国的88毫米舰载高炮。之所以选择这种濒临淘汰的老炮，不是因为别的，而是由于技术限制。当时的电子技术水准，无线电近炸引信尚无法做到小型化，所以40毫米博福斯炮无法配备安装了近炸引信的高爆弹，因此无法进一步提高威力。另一方面，40毫米炮的火力虽然足以击落敌机却很难使其丧失"继续"特攻的能力，威力有限。很自然地，具备足够威力并有可能速射化的3英寸高射炮成了当然选择。不过虽然说是沿用老炮，可原封不动照搬过来的仅是火炮本身,回旋俯仰机构和装填系统都进行了完全的再设计,从而使其成为一种威力无穷的速射炮,一种能发挥速射炮一样射速的大威力炮来充实轻型舰载高射火力。

改进型5英寸主炮防空巡洋舰在设计上,充分参考了"伍斯特"级的设计思路,两者最为类似的特征莫过于一致的主炮布置方式。艏艉4个炮塔平行布置于露天甲板,靠近前后舰桥的两座炮塔背负安装于2号和5号炮塔之后。在设计阶段甚至考虑过以最新研制的5英寸54倍径Mk16型炮替换老式的5英寸38倍径Mk12,但是终因会对船体的结构和稳定性能造成过大影响而作罢。因为在一种标准排水量在6000吨左右的平台上,现有的武器配备已经是极限。

从总体上来说,这种改进型舰队防空巡洋舰除了造型呈现明显差异以外(由全背负式炮塔转变为串列、背负式样),从船体内部、装甲防护等方面来看,却同"奥克兰"级并无太大的区别。有别于同"奥克兰"与"亚特兰大"级那种比较彻底的改进,因此许多资料仍然将这种外形有着显著差异的军舰归为"奥克兰"级。

建造工作自1944年底开始,计划建造3艘。1944年9月15日编号CL-119首舰开始龙骨铺设,11月15日和次年的2月12日,CL-120、CL-121也先后开工。为了纪念在所罗门群岛战役中战沉的"亚特兰大"级"朱诺"号,

■ 高平两用化6英寸双联装炮塔,可见其复杂而庞大的俯仰结构。

■ "朱诺Ⅱ"号,摄于1946年4月3日。从照片中可以看到它天线林立的桅杆和复杂的上层建筑物,虽然不再具备"亚特兰大"级那样的简洁与流畅,战斗效能却有了质的飞跃。

CL-119 继承了这一光荣之名。由于这是属于同一种型号战舰的延续,因此有人也称其为"朱诺 II"号(Juneau II)。CL-120 和 CL-121 分别以"斯波坎"号(Spokane)和"弗瑞斯诺"号(Fresno)命名。但是这 3 艘军舰完工的时候,太平洋上已经恢复了和平,除了在朝鲜战争中充当象征性的特混舰队护航以外,这些以面对空作战为主要任务的舰艇就注定将在无为中终老……

"朱诺"级亦非 5 英寸主炮防空巡洋舰的终结。太平洋战争的结果尚不明朗之前,海军作战委员会曾在考虑设计全新的"伍斯特"级之时,以新式 5 英寸 54 倍径高平炮为主要作战武器,设计全新的"8000 吨级 5 英寸主炮舰队防空舰":一方面全新的高平两用炮同相对老式的 Mk12 在结构和特性上有着比较大的差异;另一方面已有的 6000 吨级船体已无法完全满足实战需要。但在计划尚停留在图纸阶段时,美国舰队的出色表现就已经奠定了太平洋上的胜局。就像世界上所有因故取消的舰船设计一样,这种 8000 吨级火炮防空巡洋舰遗留在世上的唯有档案记录和一些后人绘制的想象图。

➜ 完成后的总结 ⬅

纵观整个战争进程,美国舰队在太平洋战争中并不"太"缺乏舰队防空火力。因此他们也就对建造专用舰队防空舰,显得并不那么积极。

从美国防空巡洋舰概念起源的"亚特兰大"级,到积累了足够经验和技术之后、完全依照防空巡洋舰标准来建造的"伍斯特"级的发展,这一系列研制和发展工作与其说是应对实际战况的需要,倒不如将其看作是在跟随潮流并促进研制新的技术。美国海军建造防空舰的构思起源于英国皇家海军的实战经验,但并不意味着这种实际经验就一定适合于美国人所处的实际情况。

英国皇家海军也在他们的新式战列舰"英王乔治五世"级上安装高平两用副炮,即著名的 5.25 英寸 /50 倍径(13.4cm)QFMkI 型。但是这种舰炮的尺寸太大也太重,安装在"英王乔治五世"级战列舰上的 QFMkI 有近 80 吨重,并非是小小的驱逐舰所能承载的。后期开发了提高回旋能力的 QFMkII 型,更是超过了 90 吨重(改进炮塔驱动设备的结果)。如此沉重的炮塔显然不适合安装在需要横越大西洋的惊涛骇浪、为商船队护航的皇家海军驱逐舰之上（英国人在二战中使用的绝大多数舰队驱逐舰的主炮仰角都很小，根本不适合执行防空任务）。也正因为如此，皇家海军会想到了开发专门的防空巡洋舰，不仅是设计了"黛朵"级和后续的"斯巴达"级舰队防空驱逐舰，还将一战时期曾大量建造的C级和D级轻巡洋舰加以改装，拆卸掉原本的6英寸主炮，安装上比较轻的4英寸高射炮3到4座，用以充当舰队防空舰。

而美国人则完全不同！得益于1934年研制5英寸高平两用炮Mk12的先见之明，美国人在太平洋战争初期的最困难时刻，拥有一样能够反击日本海军航空兵精锐的利器。第二次世界大战之中，Mk12是美国海军大型作战舰艇的标准副炮和防空炮（轻重巡洋舰、战列舰与舰队航母），也是几乎所有一线驱逐舰的标准主炮。这也就使得几乎所有美国海军的主力舰艇，都具备对空射击能力。只要配合适当的火控装置，就能有效地执行防空任务，如果能配备上后期的VT信管（即近炸引信），其实战效能自然不言而喻。

具备了充足而且有效的防空火力，自然也就不必像英国皇家海军和日本联合舰队那样刻意地专门建造对空舰了。更何况，实战证明了小口径速射炮的有效性，博福斯与厄利孔的有效搭配所取得的战果甚至超过了使用VT引信的大口径高炮。

既然美国海军并不急需一种火力强大的舰队防空舰，那么他们为什么还去研制这样一种军舰呢？同日落西山的大英帝国有所不同，作为一战暴发户

■ 风格与前辈迥异的"朱诺II"号前部舰桥以及舯部特写。注意被遮盖起来的双联装3英寸速射炮，以及烟囱一侧的MK56型指挥仪。

154

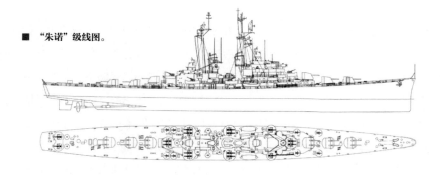

■ "朱诺"级线图。

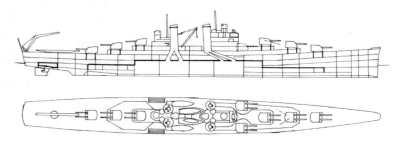

■ 8000吨级5英寸54倍径防空巡洋舰构想图。

的美利坚合众国仿佛正在世界舞台上冉冉升起，庞大的工业能力和强大的经济实力使这个年轻的国家显得无与伦比的强大。一个能够同时打赢两场全面战争的国家，去花点不算多的资金开发、建造一种自己并不急需但是有一定潜力的军舰，难道也是什么值得奇怪的事情吗？

伴随着"伍斯特"级和"朱诺"级的完工，美国海军火炮防空巡洋舰的历史就此拉下了帷幕，虽然在战后相当长的一段时间里，这些造型特异的功能型战舰依然会活跃在四大洋上。如果战争需要，那么她们有无可能东山再起呢？

历史是无情的，1948年底逃过了终战大裁军浩劫的"伍斯特"号以及"弗林特"号此刻尚在船厂内进行舾装。在美国内陆一个不为人熟知的地方，1944年开始运行的"大黄蜂"计划正在结出它的第一个硕果。美国的技术人员成功地对一枚采用固体燃料火箭发动机驱动、以超越音速飞行的"火箭"进行了有效的波束制导……这一实验的成功，是这美国海军未来"3T"系列防空导弹诞生的前奏，也预示这一个新时代的开始。

■ 在和平的阳光下，“里诺”号静静地驶过查尔斯顿大桥。战争已经在一个半月前结束，现在是1945年10月8日，船员们慵懒地站在甲板上眺望着两岸的景色，体验着这种久违了的感觉。这张照片很好地展示出了终战状态的“奥克兰”级防空巡洋舰的姿态，从四联装博福斯到全新的雷达和射击指挥仪。

■ “巴尔的摩”级重巡洋舰船体重建的导弹防空巡洋舰。导弹时代没有“贞洁”的军舰。要么被制导武器改装得面目全非，要么就是被拆毁。

从"诺曼底"到"里昂"

巨兽时代的法国战列舰

19世纪末，受普法战争后盛行的"新学派"观点影响，法国国家海上战略偏离了传统的大舰队海上正面交锋的攻势战略，逐步转入主动防御态势。新学派战略摒弃了传统的以主力舰为主的舰队编成思路，建立了一支以大量轻型雷击舰为主的舰队。战时，这支小舰队可以近海突破敌舰队的封锁，也可主动出击摧毁敌国近海航运体系。由此，曾长期占据世界海军排行榜第二位置的法国海军，逐渐被新兴的美、德两国甩在了身后。

然而在新世纪之初，欧洲的局势正在发生着翻天覆地的剧变。

凭借普法战争后获得的巨额赔款以及阿尔萨斯州产出的铁矿石，德国的鲁尔产煤区迅速发展起来，成为欧洲驰名的工业中心地带。战后20余年的时间里，德国从一个主要以出口土豆为主的农业国家，建设成了一个以输出钢铁为主的工业国家。曾经被讥笑为只会山寨英国菜刀、勺子的克虏伯等德国企业，在这20年间发展壮大，逐步跻身世界级的工业巨头行列。

阴霾伴随着工业强国德意志的崛起而到来。

从世界范围来看，自普法战争结束以后至今，各主要消费市场的容量并未得到根本性的提高。在有限的市场这一背景下，工业成品的输出国却增加

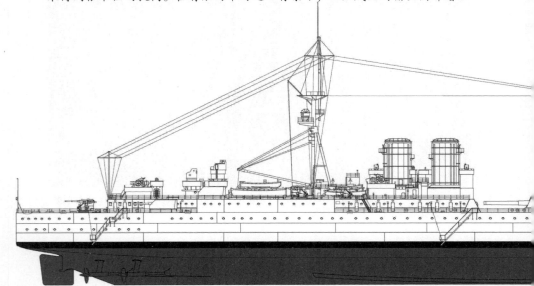

了两个——除了德国以外，还有大西洋彼岸的美利坚合众国……

产能过剩的现实使市场竞争日趋激烈，贸易纠纷日渐增多，并逐渐演变成大大小小的贸易战，进而成了严重的政治问题。与此同时，为争夺资源、土地，欧洲各国的矛盾也在日益激化。到了20世纪初，欧洲已阴云密布。

普法战争结束20年后，法国已回复元气。战败的耻辱和巨额的赔款使法国上下卧薪尝胆，也更加着力于金融资本的筹措和运用。在19世纪末至20世纪初，已成为全欧洲资本和银行业的中心，也成了世界上最主要的资本中心。国力的迅速增强不但使其在世界资本游戏中获取了巨额收益，更使法国在世界殖民地扩张竞赛中，在非洲占据了面积广大的土地。但随着德国的崛起，这个新兴的工业巨人渴求空间和资源，并竭力在非洲拓展其领地，这就必然威胁到了英法等老牌殖民国家的既得利益。

20世纪初，意识到危机逐步临近的法国开始摒弃新学派道路，逐步回归主力舰决胜的传统海军建设思路，并建造了一大批威力巨大的战列舰，试图迅速拉近同英、德两国的海上差距，极力重返世界主要海上强国的行列。

然而，历史却对他们开了一个玩笑。

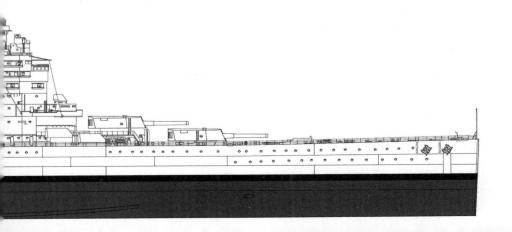

→| 追之不及的法国海军 |←

1905 年 10 月 2 日，举世瞩目的"无畏"号战列舰开工。世界海军的历史从此了进入"无畏舰"时代。自"无畏"号诞生以后，海军技术的发展日新月异。1909 年 9 月 29 日，当主炮口径 13.5 英寸、炮塔全中轴线配置的战列巡洋舰"狮"号在德文波特造船厂启工时，海军史又大跨步迈进了"超无畏舰"时代。

在此期间，英、美、德等海上强国无不斥巨资投身其中，竞相建造各式新锐的大型主力舰。然而曾经是欧洲传统海上强国之一的法国，却因为种种原因未能及时跟上时代的步伐。当"无畏"号战列舰于 1907 年初加入英国海军作战舰艇序列之时，法国海军的无畏舰计划还在不同部门的扯皮之间努力挣扎。对于"丹东"级等尚未建成就已过时的老式主力舰，官方并未狠下心来个当断则断的终止建造计划，而是任由其继续占据宝贵的大型船台，直至建成。所以直到 1909 年 9 月 1 日，开启超无畏舰时代的战列巡洋舰"狮"号动工前的 28 天，法国海军的首艘无畏舰"孤拔"号才在克服万难后，于布雷斯特船厂放下第一块龙骨。一度试图奋起的法兰西舰队，依然落后于时代……

此时的欧洲，德国这个依托工业化崛起的国家，正全方位挑战着英法等老牌列强自克里木战争以后建立起的国际秩序。海军技术革新与军备竞赛的日趋激烈，是欧洲气氛日益紧张的真实写照。

与英德舰队相比，法国海军处于绝对的劣势。而这种劣势也随着两国新一代战舰的不断下水而逐渐加大。与此同时，地中海上意大利舰队的日益增强，也直接动摇了法国舰队在地中海曾经的优势。凡此种种，迫使法兰西政府决心赶超，并为此制定了庞大的海军造舰计划：从 1908 年到 1914 年间，每年开工建造 2 艘新式战列舰。总共计划配备 12 艘最新式主力舰。不过，法国海军的技术部门与造船部门并没有因为时间紧迫而变得更有效率。各级人员的官僚作风与糟糕的人际关系在这一时期似乎成了普遍现象，各部门之间沟通不畅，缺乏协调几成痼疾，对海军之后的发展造成了极为不利的影响。

1909 年，法国海军终于开始建造他们的第一种无畏舰——"孤拔"级战列舰。至 1911 年 11 月 10 日，4 艘"孤拔"级战列舰（分别为"孤拔"号、"法国"号、"让·巴尔"号和"巴黎"号）先后开工。这些船将在 1913 至 1914 年间加入法国舰队的作战序列之内，从而将法国海军引入无畏舰时代。

但是，法国海军的担忧并未随着"孤拔"级的开工有所缓和。因为所有对海军业务稍有认识的人都明白，迟至 1914 年才能全部服役的这 4 艘战列舰，对于加强法国的海上安全几乎毫无意义。"孤拔"级在设计上仅配备有 305 毫米的主炮和最大厚度 260 毫米的侧装甲带。在进入超无畏舰时代以后，这样的战舰其实已经过时，且就数量上来说也是严重不足。

自 1903 年英王爱德华七世访问法国以来，法英关系已趋向缓和。两国在国际事务中，逐渐一致地将矛头指向了此时正从海陆两方面带来挑战的德国。与法国舰队至 1914 年才能获得的这 4 艘过时货相比，德国公海舰队的无畏舰和超无畏舰普遍具有更好的装甲系统，且数量上已具绝对优势。其压倒性优势是法国舰队目前无法对抗的，即便是与法国在地中海上的老对头——实力较弱的意大利海军，仅有"孤拔"级的法国舰队似乎也不具备什么优势。意大利舰队最迟到 1915 年也将能够获得包括"但丁"号和 3 艘"加富尔伯爵"级在内的 4 艘无畏舰。虽然和法国舰队的"孤拔"级一样，这 4 艘无畏舰也只配备有 12 英寸主炮，但却具有更快的航速和良好的火力配置——其全中轴线布置的主炮塔能够在侧射时发挥全部火力。与之相比，"孤拔"级仍带早期无畏舰侧舷对称布置肿部主炮塔的构型，浪费了部分侧射火力。

⇥ "布列塔尼"级战列舰的马后炮 ⇤

法国海军要求获得一种配备更大口径主炮、具有更好的装甲系统，且能够在侧向发挥最大火力的主力舰。

为了满足海军的这个要求，海军技术部的设计师们放大了"孤拔"级并对船体结构进行了适当的修改，完成了安装 5 座双联装 340 毫米主炮的"布列塔尼"级战列舰。由于其应一时之需，设计和预算很快就得到了通过，海军很顺利地从法国国民议会要到了建造 3 艘所需的经费。

那么这种升级版的"孤拔"级真的就能满足法国海军的需要么？

1911 年 12 月 5 日，法国海军技术委员会（Technical Committee）对将在

次年（1912 年）开工的"布列塔尼"级进行了一次系统性调研。

这种新式战舰配有 10 门 340 毫米口径的主炮，分装在 5 座双联装炮塔中。5 座主炮塔以前中后方式布局，艏艉各两座背负式布局的主炮塔，船体舯部在两个烟囱之间单独布置一座。对于这种布局方式，技术委员会在调查初期即表示出了反对，进而对于自身未能在战列舰的设计阶段加以阻止表示"后悔"。参与这项调研的委员会成员认为，这种将炮塔安装在舰体舯部的设计，法国海军早在 20 世纪 70 年代末建造的"海军上将博丹"号、"可畏"号铁甲舰上就有过颇为失败的尝试。从已有的使用经验来看，射界欠佳只是舯部炮塔的表面缺陷。其真正致命的问题是一旦舯部炮塔以小夹角指向艏艉方向射击的时候，炮口激发的暴风会横扫船体，对前后建筑造成极大破坏。据此，委员会针对在舯部安装主炮塔的布局给出了如下的建议：

"移除不合适的炮塔，并在不增加排水量的前提下，能够安装同数量的 340 毫米口径主炮。当前（"布列塔尼"级）这类火炮布局应当予以避免。"

当然，委员会的建议是不可能实现的。单就"布列塔尼"级而言，海军不能容忍减少一个炮塔带来的后果，因为这将直接使全舰的火力下降 20%。修改设计把位于舯部的炮塔挪到艏艉炮塔群内以保持火力的想法也是不切实际的，因为这必然对现有设计产生颠覆。最后的结果，自然是海军在纠结再三后接受了这种存在缺陷的设计，并期望将问题留待以后去解决。

从现实角度来说，委员会对"布列塔尼"级的看法是正确的。但若结合法国海军当时所面临的局面，以及主管部门在海军主力舰设计中所需要担负的责任，则令人感到颇为突兀甚至诡异。建造新型战列舰在当时对任何一个国家的海军来说都堪称头等大事。然而在战舰的设计阶段，法国海军的技术委员会不知出于何种原因，竟然没有提供任何建议（至少他们如此声称）。倘若果如委员会所言，这一炮塔布局如此不堪，那么为何不在设计阶段就做出指示？以至于如此重要的缺点，竟然可以任其一路畅通无阻延续到了"布列塔尼"级即将开工建造而不发一言（或是毫无察觉），直至木已成舟方才冒出来表示"后悔"。我们不得不认为，法国海军高层的这种责任心，无论在当时还是现在而言，都堪当"渎职"的评语。

虽然充满了各种荒谬，但这次调研在某种程度上成了后来"诺曼底"级战列舰的起源。

技术委员会提出那些意见，海军造船部门对于这种不告而罪的行为是否不满如今已不得而知。但在表面上，他们对这些意见积极接受，并宣布在1913年开工的新一代战列舰①上不再采用相同的火炮布局。

然而与这个表态本身所传达的信息来说，关于海军造船部门对炮塔布局设计的检讨和说明似乎是无足轻重。包括商人、本国海军爱好者、军事观察员乃至外国间谍在内的所有人都注意到，海军造船部门亲口承认了要在1913年建造新型战列舰！

对于海军的各路分包商们，这当然是一个极大的好消息；而对于新型战舰的吨位，这些行家们倒也是都心里有数的。这倒并非是分包商和船厂的商人们各有其后台和内幕消息的缘故，因为若将当时法国海军掌握的锚地、港口、干船坞等场地与设施的条件纳入全盘考虑，那么新战列舰的尺寸限制也是很容易就能得出的：长度不超过172米，型宽不超过27.5米，吃水约8.8米。若再根据上述指标，各方技术人员们就能很快测算出，在这些限制条件下建造战列舰的标准排水量至多为25000吨。由于此前的"布列塔尼"级战列舰排水量已达23500吨，在现有技术基础上新型战列舰若想在性能上进一步提升，那么达到法国现有设施基础的25000吨上限也是自然的事情。然而，尽管各方对于海军期望的新式战列舰已有大概认识，但其能达到何种航速，准备使用的主炮为何种口径以及准备使用几联装的炮塔等信息则尚属未知之数。不过，海军方面很快就揭晓了。

⚓ 新战舰——需求与限制下的折中 ⚓

1912年1月5日，海军部长决定就新战列舰的设计框架，向海军高级委员会提交相关质询，双方遂展开紧急磋商。之后过了大约二十余天，在2月1

---

① 即后来的"诺曼底"级。

■ 25000吨级战列舰的早期设计图之一，12门340毫米主炮分装在2座四联装炮塔与2座二连装炮塔内。从图上可以看出，这一初稿至少在主炮数量与推进装置方面与最终确定的设计图已非常相似。

日，初步设计初稿正式出炉。当然，这不是因为法国海军造船部的设计师效率有多高的缘故。早在去年下半年，受 7 月爆发的第二次摩洛哥危机影响，各方已考虑到了最坏的可能，均全面着手战备工作。新战列舰的设计也是在上述背景下出台的，遍布着战前紧急状态下仓促的痕迹。

正如外界所预料的那样，在初期设计中新型战列舰的设计排水量被定格在 25000 吨。在此之后，尽管设计方案多次进行修改，但排水量数据直至开工也未出现变化。造船部曾认真地考虑过是否要给新式战列舰配备最新的燃油动力系统。但考虑到系统风险和技术难度，最终选择采用最为保守的动力配置方案（详见下文）。对于舰上燃料的搭载，造船部计划在满载状况下，设计携带 2700 吨燃煤与 300 吨油料。这些燃料将足够使新战舰具有至少 5000海里的续航能力。

因法国海军自 19 世纪末以来长期落后的缘故，大多数法国人将这种设计中的新舰视为"大型战列舰"。但综合当时世界海军主流概念， 25000 吨已成为主流战列舰的标准尺寸，更大尺寸的战列舰也算不上啥稀罕之物。

大西洋彼岸的美国，此时正在建造 31400 吨，装备 10 门 14 英寸主炮的"宾夕法尼亚"级战列舰。而同在欧洲，英国首艘 25000 吨级的战列舰"铁公爵"号，已然于 1912 年 1 月 12 日在朴次茅斯海军船厂开工。"铁公爵"号战列舰设计装备的 10 门 13.5 英寸口径主炮，早于 1909 年末开工的"猎户座"号战列舰上就已经出现。作为法国的老对手德国，此时正在建造排水量为 23589吨的"国王"级战列舰。出于成本和建造进度方面的考虑，德国人为这种新式战列舰配备了 10 门 305 毫米主炮，而非等待威力更大的 350 毫米主炮完成。但这并不代表德国人放弃了将更大口径的主炮弄到新式战列舰上。在 1911 年

9月，德国海军掌门人提尔皮茨元帅已经拍板了代号为"多拉"的3万吨级新式战列舰计划，并为其拟定了分别配备10门350毫米炮和8门380毫米炮的不同方案。更有甚者，法国地中海上的近邻意大利也正试图于1913年或1914年建造排水量接近3万吨的"弗朗西斯科·卡拉乔洛"级战列舰，同样计划装备8门381毫米主炮。与世界领先水平相比，法国海军不过在追赶差距而已。而且，还不能指望这次就能追上……

火力是新战舰首要考虑改进的方向，被认为必须强于现有的"布列塔尼"级。海军造船部门认为，若新战舰的速度要求在"布列塔尼"级的基础上被降低为20节，则可以在火力上较"布列塔尼"级稍微做一些提升：在舰体前后各配置一个由一座四联装炮塔和一座双连装炮塔组成的主炮塔群，前后4个炮塔共配备12门340毫米主炮。当然，这只是涉及主炮配置的众多预想方案之一。实际上新战列舰很难按照这一方案建造，因为艏艉各2座炮塔的布局，加上必要的主机和锅炉舱段后，势必使船体总长度超过180米。而鉴于法国海军的现有设施规模，船体长度必须控制在172米以内。

尽管此前海军造船部门明确表示过，不再考虑为新式战列舰上设置恶名昭彰的艏部炮塔。但到了新式战舰实际的设计阶段，由于受到25000吨标准排水量和172米最大长度等标准的限制，设计师又不自觉地将之前信誓旦旦的话吞了回去。在拟定诸多主炮布局先期方案中，集中论证了使用3座四联装炮塔的可行性。然而这一火力配置方案中不免又将一座主炮塔塞到了舰体艏部，但其对缩短船体全长起到的作用，也是显而易见的。不过，既然不久之前有行政主管权的法国海军技术委员会刚刚狠批了这种设计，那么造船部门于评估阶段也不敢触碰老爷们的逆鳞，对于这个"顶风作案"的方案只是简单叙述，轻飘飘地一笔带过。

与上述显得中规中矩的火力配置方案相比，另有一个颇具特色的主炮配置方案曾经在建造部门内部更受青睐：在舰体前后各配置2座四联装主炮塔，全部安装305毫米口径主炮。按照该方案的构想，新战列舰将不再追求更大威力的主炮与更远的交战距离，而是以强大的单位时间弹药投射量来横行海上。不过，这种看似新颖极端的方案对于法国海军来说也不算什么全新创意，前任海军造船部门主管刘易斯（M.Lyasse）早在"布列塔尼"级战列舰设计阶段，就曾经考虑过采用这种配置。只不过，当时5座双联装340毫米主炮塔的方案更受欢迎，并最后得到了落实。

谈到这里，就必须说一下相当关键的四联装炮塔了。

在新式战列舰的初期设计图纸中附有一份四联装炮塔的设计草稿。它最初是由圣沙蒙公司（Saint-Chamond）的工程师杜庞特（M.Dupont）绘制的。此公在过去一年中为这一设计花费了大量精力，并亲自解决了大量的技术难题，堪称法式四联装炮塔之父。在他的设计中，炮塔沿中线被一道40毫米的装甲墙彻底一分为二[①]。在墙的两侧各配置一个炮组。战斗中，若一侧的炮组被击中损坏，在墙另一边的炮组理论上仍能独立装填射击。换言之，所谓的四联装炮塔的实质，相当于2座简化和紧凑的二联装炮塔被安装在一起。所以，四联装炮塔的抗损能力并非为一些人所担心的那样，一旦被击中受损必将损失全部火力。其基本构造此后一直沿用到了二战前建造的"黎赛留"级战列舰，成为了之后所有法国主力舰的标准搭配。

→ 在无尽的扯皮中艰难推进 ←

已经付出的一切努力使参与新战舰设计工作的人感到疲累，但结合整个项目的进度来说，其距离产生成果还遥遥无期。闹完了主炮布局的问题后，关于"诺曼底"级应当使用怎样的动力系统就成了造船部门与技术部门下一个纠纷的焦点。

技术部门提出了两套截然不同的方案。其中一套显然不难猜测，"布列塔尼"级的影子在"诺曼底"级的设计过程中可谓无处不在，在"布列塔尼"级战列舰上应用的直接传动式涡轮机又被摆上了桌面。鉴于当时全燃油战列舰已经被英美等国付诸实施，所以这种煤、油锅炉混合的涡轮机动力方案，也不过是中规中矩的主流设计而已。但是相较于另一套方案，这种"随大流"

----

① 这一基本设计被之后的法国战列舰一直沿用了下来。

却已算是"先进的动力系统"。因为第二套方案计划在"诺曼底"级上混装 2 台直接传动式涡轮机和 2 台低速往复式蒸汽机。

两套方案在技术部门内部一度颇有争议。涡轮机应当说是那个时代军舰驱动设备发展的方向,转而使用往复式蒸汽机某种程度上可以说是技术倒退。然而,在当时这种混装方案一度非常流行,我们所熟知的"泰坦尼克"号邮轮(47000 吨,其时即将完工)即应用类似的动力方案。同一时期法国海军新建的 450 吨级驱逐舰上也是照此办理。但最终引导技术部门在"诺曼底"级的动力系统上做出这一决定的关键因素则并不全然是由于此类方案大小通吃、技术可靠,还有一个极其重要的考量是燃料问题。直接传动式涡轮机曾经被安装在"丹东"级战列舰上,当时即遭到了"技术冒进"的批评。后来由于燃料消耗过大,又招惹到了法国国会。国会下属的一个委员会甚至要求技术部门与造船部门必须承担责任,两部门当时的主管多德巴特(M.Dudebout)和勒赫姆(M.Lhomme)皆深受其苦。既然坚持真理是要付出代价的,那么具体负责的人考虑到自己的利益,也就只能一副"老爷您说咋办就咋办"的态度了。如此一来,采用低速往复式蒸汽机以节约燃料,成为能规避眼前政治风险的唯一选项。

当然,尽管动力装置因为诸多原因有了倒退,但在实际应用层面法国海军的造船部还是做了一些调整。在那些邮轮采用的混合动力方案中,由于其只需要使用固定巡航速度,因此往复式蒸汽机可以和涡轮机串联,直接将蒸汽排入涡轮机中。但在作战中,由于战舰需要经常大幅度调整航速,设计人员在"诺曼底"级上将两者分开:船体内侧的 2 个螺旋桨各由 2 台涡轮机驱动,而靠外的 2 个螺旋桨则各由 1 台往复式蒸汽机驱动。这就使得新战列舰的动力装置系统,多少克服了由纯涡轮机配置倒退到往复式蒸汽机与涡轮机混用的缺陷,基本满足了战斗需要。

不过,这种开历史倒车的境况在次年得到了扭转。法军参谋总部在使用自己的顾问系统仔细调研了同时代的其他国家新式主力舰以后,发现若海军的下一代战列舰全部安装涡轮机,将使战舰具有更好的机动能力,从而在随时会爆发的战争中更好地履行其使命。这一认识使海军对动力系统的态度发生了颠覆性转变。为全部战舰配备涡轮机的呼声此起彼伏,甚至有部分技术激进人士认为,应该干脆使用齿轮传动涡轮机来取代直传式涡轮机,使战舰拥有良好的变速航行能力。不过由于法国海军甚至其整个造船工业当时还缺乏在大型军舰上应用这种推进设备的经验，再加上当时该级的大多数战舰的进度，已越过了可修改的最后节点。最后，只有新开工的五号舰"亚贝恩"号完成了动力系统改进，改为安装 4 台直传式涡轮机。

各方对新战舰的争议不仅在动力系统的选择上，甚至在主炮口径方面，也充满了各种争执。

虽然造船部门早在"诺曼底"级设计之初就敲定了会使用与"布列塔尼"级同款的 45 倍径 340 毫米主炮[1]，但是反对意见在设计过程中还是层出不穷。鉴于其他国家的海军已经开始采用 356 毫米和 381 毫米口径的舰炮，有不少意见表示在"诺曼底"级上应当考虑使用更大口径的主炮替代。但是在 1911 年末顶替了退下来的 M. 勒雅斯出任海军技术部门主管的 M. 多利亚则对此不屑一顾，一概以"时间不足"为由予以驳回。M. 多利亚在系统内一般被认为颇富才智但性情不佳，所以在工作中树敌极多。上任以来，他十分露骨地以对待私人事务的态度对待"诺曼底"级战列舰的设计工作，几乎听不进任何意见。

1912 年 3 月 26 日，法军总参谋部也来蹚这个浑水。其向海军造船部门下发了一纸通知。在这纸通知中，总参谋部表示其在主炮口径方面倾向于保持原有的 340 毫米主炮，并倾向于使用四联装炮塔，因其可以增加主炮数量而不增加排水量。更精确地说，参谋部倾向于在舰体前后各配置一个由一座四联装炮塔和一座二连装炮塔组成的主炮塔群，共 12 门 340 毫米主炮的方案。然而，参谋部在同一通知中又补充道，若造船部门发现这一方案不可行，则类似于"布列塔尼"级的主炮配置方案（即重新采用舯部炮塔）亦是可以接受的。

截止前述内容，这一通知来来去去，表达了一堆倾向，然而除了对火炮口径提出了明确意见之外（实则也不过是一个保守的意见而已），其余方面则多为模棱两可的表态。由于通知在两头都留了活路，所以其对于平息纷争显然是没有帮助的。更因为其在表述中将被技术委员会大加批判的"布列塔尼"级式的炮塔布局"可以恢复"，更是在设计部门中引起了轩然大波。总参谋部

---

[1] 弹丸重 540 公斤，炮口最大初速 800 米每秒，1 万米距离存速 473 米每秒，射速约 2 发／分钟。

对于技术委员会意见的重视程度可见一斑，与造船部门堪称一时瑜亮。实不知技术委员会诸公在读罢这一通知后会有何感想。

客观地讲，法军总参谋部对火炮系统的建议是非常务实的。既然不适合在火力系统上打一些折扣，那么考虑到主力舰战斗力的严峻问题，在炮塔布局上做出一些妥协也是在所难免。然而总参谋部在这一通知中却也不乏一些非常奇怪的要求：由于该舰设计携带了 300 吨油料，故而被正头疼于缺乏舰队液体燃料补给船的法军总参谋部一眼相中。通知中法军参谋部要求，新战舰应该在设计上做出必要的调整，使之能够承担对目前新入役的 800 吨级驱逐舰进行加油作业的任务……

通知的这一部分当然遭到了海军技术部门的坚决反对。"诺曼底"级战列舰乃是此时穷尽法兰西物质条件所能建造的最大军舰，其最重要的任务乃是参加海上决战并对抗他国的同类型军舰。而其余军舰则无不以辅助这些战列舰完成前述任务为使命。在深受排水量不足所困扰的情况下，法国参谋总部竟然还要求主力舰承担起为若干小型军舰加油的使命（这种任务本可以由专业的补给舰去完成，如果没有补给船就应该去建造），可以说是主次不分。然而，法军总参谋部的无理要求在某种角度上也是有其原因的——面对当前国际环境，法国需要增强的除了海军更有陆军。所以，海军必须以有限的经费来尽可能多地完成战备工作。

归根结底，资金问题是一切的根本，也是现有所有症结的根源。

→ 混乱中成形的"诺曼底"级 ←

1912 年 4 月 3 日至 4 日，为了在当时众多意见中厘清实际需要，最终对下一代战列舰的技术规范和总体特性做出最后的标定，海军高级委员会召开了一次关键性的会议。在会议上，混装动力系统首先得到了确认。同时，一份建议加强新战列舰防护标准的备忘录遭到驳回。委员会认为，鉴于现有的吨位和船体尺寸上限，要求新战列舰在防护上再有增强是很不现实的。所以，新战列舰应当维持类似"布列塔尼"级的防护标准。当然，委员会同时表示，如果在"条件许可的情况"下，应当对现有的装甲进行加强。但既然吨位上限是 25000 吨，那么这个表态也就毫无意义了。

在副炮方面，最初的设计方案是在船体上安装 22 门 138.6 毫米炮。但在这次会议上，技术部门提交了一个惊人的方案。由两种口径的火炮组成的副炮搭配，共有 18 门 138.6 毫米炮与 12 门 100 毫米炮。经过这番修改，新战舰搭载的副炮总数达到了惊人的 30 门！不过，由于 12 门 100 毫米炮的总重量与 4 门 138.6 毫米火炮的大致相当，因此副炮武备的总重量保持不变。

尽管副炮的调整存在着极大的问题，例如其基本思路似乎还停留在海上混战时代的残余，对于当时已经展现出的中远距离舰队战的前景是不合时宜的，但或许是由于其他方面出现的问题更抓人眼球，以至于会上似乎没有人有精力再去关注副炮调整的小事，所以在会议上这一提案并未遭遇到什么麻烦。而提议的技术部门，同时还建议将副炮安装在单装或者双联装的旋转炮塔中以加强

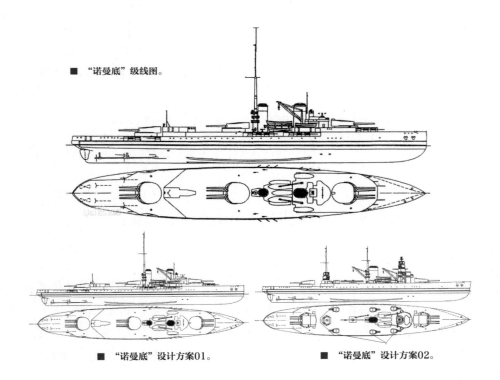

■ "诺曼底"级线图。

■ "诺曼底"设计方案01。　　　　　■ "诺曼底"设计方案02。

作战效能。但由于高级委员会担心增加不必要的重量，更倾向于配备只需手动操作更为简便可靠的炮廓式副炮，所以这一提案遭到驳回。不过可笑的是，就在会后不久，技术部门就向海军部长坦承无法按时造出计划中的 100 毫米炮来，因此最终这个方案无论是否得到通过，也都注定无疾而终了。

主炮方面，总参谋部在 3 月 26 日下发的通知中对 340 毫米主炮的明确态度看来起到了作用，与会者决定继续使用这种大炮，无人敢出面胡说八道。尽管对于四联装炮塔抱有极大的期望，然而其正式设计案尚未出炉，会议只得决定罔顾技术委员会的意见，暂时按照"布列塔尼"级的模式安装 5 个双联装炮塔。

会议开到这里，海军高级委员会差不多也就可以做出决定了。按照回忆纪要和各种审核过的备忘录，技术部门最终整合出了一个代号为 A7 的设计案。从构造上来说，它基本就是"布列塔尼"级的放大版本。但为了实现最初的设计意愿，设计师们又弄出了一个编号为 A7bis 的方案。其与 A7 方案的关键差别就在于使用 3 座四联装炮塔，其中一座就被布置在舯部。而此时，所谓的"四联装炮塔"还只存在于圣沙蒙公司提交给海军的备忘录里，没有人知道其是否可行，是否能够按时完成。

如果堪用的四联装炮塔没有在短时间内出现，那么 A7bis 将注定成为设计人员们聊以自娱的废纸。虽然在现实世界里，奇迹之所以为奇迹，就在于其在绝大多数时候都不出现。但这一次，在会后仅仅 2 天，奇迹就出现了。

圣沙蒙公司在过去一年多的时间中一直尝试完善四联装炮塔的设计并取得了显著的进展。其正式的设计方案于 4 月 6 日被提交给海军部长。由于设计中的各项指标完全符合法国海军的要求，海军部长未经招投标流程便决定采纳这一设计方案。在这之后，新战舰在从计划和方案通向建造图纸的道路上稳步迈进。

5 月 23 日，由于 100 毫米副炮无法按时生产，海军大臣拍板决定仅使用 138.6 毫米炮即可。

6 月 26 日，A7 与 A7bis 的设计终稿出炉。

7 月 5 日，鉴于在火力与防护两方面皆有优势，造船部门表示支持 A7bis 方案。

7 月 8 日，海军高级委员会批准了 A7bis 方案，并提交海军技术委员会。

法制 340 毫米舰炮简介

340 毫米 /L45 1912 年型火炮，是法国海军于第一次世界大战前开发的一款重型舰炮。当时法国舰炮的口径通常都很接近英国的同期产品，但从 340 毫米口径主炮开始，法国海军海军逐渐倾向于更多地采用公制口径规范设计他们的新式火器。

第一种配备这种口径主炮的，是法国海军的第一代超无畏舰"布列塔尼"级。随着开始设计更新的"诺曼底"级战列舰，军工部门还为其开发了一种新型穿甲弹，弹体长度由原来的 1.08 米增加到 1.3 米，装药约 21.6 千克，弹丸重量也由原有的 540 千克增为 590 千克。新式穿甲弹射程更长，穿透力也更强（在 12000 米距离上，当入射角为 30 度时，可有效穿透 290 毫米厚的装甲板，比旧的版本强约 15%），从而使其能够更有效地攻击敌舰脆弱的水线以下部分。

由于使用这些大炮的"诺曼底"级以及之后的"里昂"级战列舰，因为种种原因均被取消建造，所以在第一次世界大战以后，有相当数量的 340 大炮被改造成列车炮，并先后被用于两场世界大战。美国陆军第 53 海岸炮兵团在一战期间使用过两座四联装 340 毫米炮塔。而在二战中，随着法国战败，部分 340 毫米大炮甚至落入了德军手中。

在 1944 年 8 月 15 日的龙骑兵行动中，被自由法国控制的"布列塔尼"级战列舰"洛林"号，曾和守卫土伦港的"Big Willie"炮台交火。由于这个炮台装备了从法舰"普罗旺斯"号上拆下来的 340 毫米大炮，且由原班舰员操作。所以这使得在交战过程中出现很不寻常的情况：双方使用同款大炮相互射击。

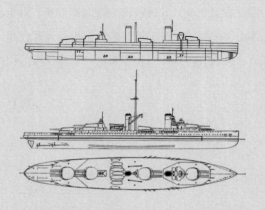

■ "里昂"级战列舰方案。

7月20日，法国海军与圣沙蒙公司签订了供货合同，最终敲定了新战列舰上四联装炮塔的设计和布局。

10月26日，技术委员会对桅楼的布局提出了一些修改意见，但在整体上批准了A7bis方案，并计划建造5艘。那么，下一个考验就是设计方案能否从

"诺曼底"级主要技术指标

船体尺寸：

全长176.4米，垂线间长175米，龙骨长138米，最大舰宽27米，最大吃水8.84米。

船体重量：

25230吨（船体6969.61吨、防护7637.365吨、船体附加及设备5213.844吨、基本装载物资与可移动设备5222.038吨、其他187.909吨）。

武器系统：

12门340毫米/L45主炮（每炮备弹100发）。

24门138.6毫米副炮（每炮备弹275发）。

6具450毫米水下鱼雷发射管（备雷总数36发）。

防护系统：

主装甲带300毫米。

炮塔正面装甲340毫米（分为3层，300+20+20）。

炮塔顶盖装甲100毫米。

副炮护甲180毫米。

动力系统：

设计最大动力32000马力，设计最大航速21节。

搭载煤2700吨、重油300吨。

估计航程1800海里（21节）、3375海里（16节）、6550海里（12节）。

议会争取到预算了。

然而和以往的经验截然不同的是，新式战舰的预算案并没有在法国议会内受到太多的质询。拨款提案很快就获得了高票通过。显然，迫在眉睫的战争预期迫使政客们将尽可能多的资源导向军工体系，以充实法国目前并不完善的军备系统，特别是其与英德两国相比薄弱得多的海军舰队。早在1912年5月议会就通过了《扩充陆海军法案》，要求海军增加9艘新型战列舰以应付可能爆发的战争。

于是现在，终于有5艘新战舰的份额可以落实了，而且还可以再造4条全新的……

→➔ 更大和更强的"里昂"级 ←

法国政府在海军拨款方面的态度转变，始于上一年发生的一次危机。

早在1911年春，摩洛哥首都非斯爆发了反对苏丹和法国侵略者的人民起义。5月，为了稳定其势力范围，法国以保护侨民为由派出舰队和陆军，先后占领了非斯及其他数个摩洛哥沿海城市。这一事件让德国看到了机会。同月，德方照会法国，要求分割一部分法属非洲殖民地给德国作为（其不干涉法国行动的）"补偿"。7月1日，更借口保护德国商人的生命和财产安全，派遣炮舰"豹"号开往摩洛哥大西洋岸的港口阿加迪尔。这一系列震惊世界的举动，被后世的历史学家戏称为"豹的跳跃"。尽管从德国的角度，这只是一次打破被英法所占控的欧洲秩序的尝试和试探。但就英国而言，德国的这一举动本身就意味着其对现有国际秩序的否定，代表着其直接挑战英国海上霸权地位的企图。7月21日，时任英国财政大臣的劳合·乔治以一副"是可忍孰不可忍"的态度，发表了暗示英国将不惜因摩洛哥问题与德国一战的演说。同时，英国海军也进行了部分作战动员。面对英国前所未有的强硬态度，加之其本无全面冲突的打算，德国选择了退让，继而与法国就较小规模的补偿问题进行谈判。11月4日，法、德达成协议，德国承认摩洛哥受法国保护，法国则给予德国一部分法属刚果领土作为补偿。1912年3月法、摩签订《非斯条约》使摩洛哥沦为法国的保护国。本次事件是 1905 年 2 月爆发的第一次摩洛哥危机的直接延续，史称"第二次摩洛哥危机"。这一次，欧洲距离大战只差一步之遥。

不过，第二次摩洛哥危机所导致的欧洲紧张气氛，对于各国海军而言却是前所未有的利好消息。由于摩洛哥是悬于北非的法国近东利益桥头堡，直接受意大利、奥匈帝国等老对头的威胁。所以法国国民议会开始以空前的态度去督促海军建造新一代战舰。法国海军期盼已久的机会也终于来了。

根据《扩充陆海军法案》的要求，法国海军在完成了 4 艘"孤拔"级、3 艘"布列塔尼"级以及 5 艘"诺曼底"级战列舰以后，将再建 4 艘新式战列舰。根据议会分配的预算表，新战舰将排定在 1915 年开工，建造编号分别为 I-12、I-13、A-14、A-15。

对于新战舰，第一个跳出来的当然是海军技术部门主管多利亚先生。他以异乎寻常的速度向上级递交了一份备忘录，明确主张新一代战列舰不应继续受到类似于"诺曼底"级的尺寸限制。这意味着新战列舰的设计将不再如此前的"布列塔尼"级那样，只需在前一代战列舰设计的基础上进行增补。对于设计部门来说，这好比是脑袋上的紧箍咒被突然拿掉一般。由于多利亚对新战舰早有规划，所以在 1913 年 9 月 19 日，他又向海军部提交了两份备忘录。其中的一份表示希望海军部能够尽快发布新型主力舰基本技术指标。

由于此时距离法案拟定的新战舰开工日期尚有距离，所以法国船政部门也就有时间着手扩建现有的造船设施，以满足更大尺寸主力舰的建造工作。根据计划，布列斯特、土伦与洛里昂三地各有一个新的大型干船坞正在修筑中。它们的预计完成时间，分别为 1915 年 3 月和 4 月，以及 1916 年 7 月。这三处设施的完成，届时将使法国建造大型船舶的能力得到飞跃，也成为多利亚去突破 25000 吨、171 米限制规划更大尺寸战列舰的依据。不过，相对于法案拟定的 1915 年开工期限，洛里昂那个船坞的建设进度似乎有所滞后。不过，海军部的上级对技术部保证到，届时若采取一些措施加快施工进度，即可使工期大幅度提前。即使最后仍无法赶在 1915 年内完工，延误的最大期限也不会超过 2 个月。

对于新规划中的战列舰，多利亚领导下的技术部门首先着手处理的是其主炮。

　　在内部讨论中，继续沿用现成而且逐渐成熟的 340 毫米口径主炮，当然是首选项。但鉴于英德两国均已上马了配备 15 英寸级别主炮的战列舰，所以为新一代法国战列舰配备研发中的 380 毫米口径主炮的呼声不绝于耳。为此，多利亚也专门将这类意见汇总到一起，并安排时间进行了初步的讨论。而部门讨论的结果也是明确的——此时 1912 年型 340 毫米舰炮已然完成了所有的开发流程，并且样炮也已然经过了系统的测试，第一批量产品此刻在洛里昂兵工厂的火炮车间里进行最后的炮身加工。如果一切按照计划进行，它们将被安装于当时在建的"布列塔尼"级战列舰上。至于"诺曼底"级也已经注定会配备这种火炮。与之相比，虽然新式的 45 倍径 380 毫米口径舰炮被许多人视为法国海军未来的撒手锏，但此时这种火炮尚未走过图纸阶段，只是位于图纸上的美好畅想。而且即便进度毫不拖拉，想要见到法制 380 毫米主炮的样炮，也最少得等到 2 年以后。因此以多利亚这种极端现实的人看来，在计划于 15 年开工的新战列舰上配备 380 毫米主炮，将会使整个计划面临巨大的不可控风险。

　　当然，放弃 380 毫米口径主炮的理由也不只是规避风险的必要。根据技术部门的估计，在保持"诺曼底"级战列舰的防护、速度与副炮的前提下，单座二联装 380 毫米主炮塔的重量约为 1700 吨。那么若新战列舰要装备 4 座双联装 380 毫米炮塔，那么其标准排水量将达 27500 吨。而如果要装备 5 座炮塔的话，算上其他必要部件和配套设施后，战列舰的排水量将会突破 30000 吨大关。尽管新战舰已经明确将突破 25000 吨限制，但这样也太大了一些。所以在排水量设定为 27500 吨的情况下，可以考虑装备 14 门 340 毫米舰炮主炮（3 座四联装和 1 座双联装炮塔）的模式。多利亚经过计算后认为，这种火力配置模式能够在单位时间弹药投掷量上，超过只配备 4 座双联装 380 毫米主炮塔的模式。

　　当然包括多利亚在内的技术部所有人，对于 340 毫米舰炮的有效射程仅有 15000 米的缺陷也是心知肚明的。尽管有许多人认为在当时的技术条件下，理想的交战距离为 8000—10000 米。而实际交战距离往往也因天气原因被缩短，尤其在大西洋与英吉利海峡。但若天气良好，地中海上的接战距离有可能达到 15000 米。那么在这种情况下，敌舰是打算快速接近到 8000—10000 米以确保较好的命中率，还是会选择在远距离上冒着耗尽弹药的风险一试身手呢？

而且，目前海军兵工厂也在研制一种升级版本的 340 毫米口径主炮。这种主炮增大了药室的容积，炮身也从 45 倍径提高到了 50 倍径。

技术部门最终拿出了两组共 4 个方案，按照配备 340 毫米口径主炮和配备 380 毫米口径主炮的取向，分为 2 组。具体细节见下表：

序号	吨位	主炮口径	火力布局
方案 1A	27500 吨	340 毫米	14 门 /3 座四联装 +1 座双联装炮塔
方案 1B	28500—29000 吨	340 毫米	16 门 /4 座四联装炮塔
方案 2A	27500 吨	380 毫米	8 门 /4 个双联装炮塔
方案 2B	29500—30000 吨	380 毫米	10 门 /5 个双联装炮塔

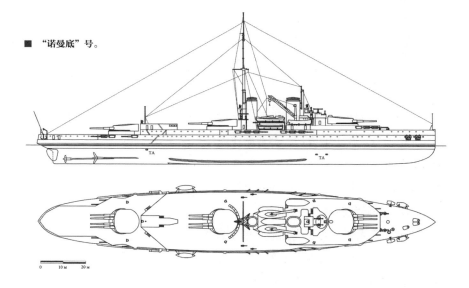

■ "诺曼底" 号。

虽然在方案规划阶段，技术部还是把 380 毫米主炮列为考虑项。不过主管多利亚很快就在后续论证阶段，以 380 毫米主炮尚在开发过程中为由，将使用这种主炮的方案搁置了。同时，他还在讨论会上塞进了私货，提出了一种排水量 29000 吨，安装 20 门 305 毫米主炮（5 座四联装主炮塔）的私人方案。纵观多利亚在技术部门主管这一职位上的工作经历，显然他对更大口径的舰炮并不感冒，也更倾向于在设计中使用更多口径略小的主炮，以更快的射速、更大的弹着密度和更大的单位时间内弹药投掷量来换取优势。当然，对于新一代战列舰来说，305 毫米主炮的这个方案在技术方面的倒退步伐实在是太大了点。更何况这位老爷素来刚愎自用，在部门内虽然贵为领导却仇家遍地且鲜有党羽，所以这一方案最后在同僚们的一片沉默中遭到了默杀。那么，新战列舰只剩下在方案 1 的 A 案和 B 案中来个二选一了……

舰型	"诺曼底"型战列舰	"里昂"型方案 1A	"里昂"型方 1B
垂线间距	175 米	185 米	190 米
最大宽度	27 米	28 米	29 米
最大吃水	8.65 米	8.65 米	8.65 米
排水量	25200 吨	27500 吨	29000 吨
浸没体积	24561 立方米	26803 立方米	28265 立方米
长宽比	6.48:1	6.61:1	6.55:1
偏斜系数	6.02	6.18	6.23

"里昂"级（340 毫米主炮）两种设计方案的船体尺寸表（参照"诺曼底"级）

在"里昂"级战列舰的这两个方案中，副炮布局与在建的"诺曼底"级基本保持一致。在主炮方面，都考虑在舰体后部布置 2 座四联装炮塔，舰体前部也布置一座。最后一座炮塔（二联装或者四联装）则安置在舯部的 2 个锅炉舱之间。如此布置会令舰体的上层建筑相对齐整一些，也留出的空间安置交通艇，并避免舯部过于沉重。

初步计算表明，通过优化船体的水线设计，27500 吨的战列舰在主机马力相当于"诺曼底"级的情况下，可以达到相同的航速。但若排水量提高到29000 吨，则需将马力提高到 38000—40000 方可。

技术部的这些规划，全部建立在新式战列舰将继续选用与"诺曼底"级相同的 340 毫米主炮与 138.6 毫米副炮的前提下。在当时，军工部门正在试图对这两种舰炮进行升级。新型的 340 毫米舰炮及其弹药都已基本完成，138.6毫米舰炮的准自动版本也在开发中。如果这些新式武备都被采用，不免又要增加 800—1000 吨的排水量。在主炮口径方面一贯保守的多利亚则认为，只要安装 14 至 16 门现有的 340 毫米舰炮，就足以应对其他国家在建或规划中的战列舰了。此时也只有英德两国正在试图使用口径在 380 毫米左右口径的舰炮，意大利方面虽然一直叫嚣要开发 15 英寸级别的主炮，但法国的情报部门综合各方面的信息后对这位地中海上的老对头下了"你也配姓赵"的结论。所以这一家嘴炮的态度，就大可不必再考虑了。当然，如果法国舰队的新式战列舰在战斗中运作良好的话，即便是配备 15 英寸主炮的"伊丽莎白女王"级战列舰，或者配备 380 毫米主炮的"巴伐利亚"级，也会被密集而迅速的 340 毫米弹雨敲得灰头土脸。

关于动力系统的选择，多利亚于 1913 年 9 月 19 日提交的第二份备忘录中陈述了自己对新式战列舰的动力系统的一些想法。"诺曼底"级战列舰的前 4 艘所采用的混合动力系统与第 5 艘 A-11 舰使用的全涡轮机系统都在备选之列。然而从行文中来看，这两种方案事实上均不受他的青睐。在备忘录的后文中，他补充说齿轮传动涡轮机的生产技术目前"显然已经取得了可观的进展"，借此委婉地表示新式战列舰可以考虑采用。因为此时法国在这种设备的生产方面确实有所突破。如可采用，多利亚认为有三个好处：首先，可有效减少低速航行时的燃料消耗；其次，还能大幅度减少系统的重量；最后，更是能大幅度降低占用的空间，且装卸便捷。

不过，很明显的一点是，多利亚本人其实非常清楚上下级对他都看不太顺眼的事实，所以大概是怕施压过甚而适得其反，其竟然在事实如此明确的情况下，于备忘录的末尾表示：目前尚不必急于做出决策。这正是可笑的"欲盖弥彰"。但是不管怎么说，在上述两份备忘录被提交之后，未来战列舰的动力系统选择已不再是问题，火力选择的方向也已被确定。那么最后敲定到底使用哪一种火力配置方案，就成了决定这一项目实施效率的当务之急。法国海军军械部在 10 月 20 日也以备忘录的形式提交了主炮的 3 个备选方案：

A 方案：380 毫米口径，45 倍径型舰炮。使用长 1.27 米，装药 40 公斤，重 800 千克的穿甲弹。

B 方案：340 毫米口径，50 倍径型舰炮。使用长 1.46 米，装药 25 千克，重 630 千克的穿甲弹。

C 方案：340 毫米口径，45 倍径型舰炮。此炮此前已用于"布列塔尼"级和"诺曼底"级战列舰。军工部门还为其开发了一种新型穿甲弹，弹体长度由原来的 1.08 米增加到 1.3 米，装药 21.6 千克，重量由原有的 540 千克增为 590 千克。

射程更长，穿透力更强（在 12000 米距离上，当入射角为 30 度时，可有效穿透 290 毫米厚的装甲板）。尤为重要的是，这种新弹九入水后可具备 100 米长的水下稳定弹道。

11 月 24 日，海军高级委员在确认了海军部于 10 月 22 日、10 月 31 日提出的备选方案后，宣布了如下的决定：明确了新战列舰的排水量将为 29000 吨，装备 16 门 C 型 340 毫米主炮；同时，如目前在进行的测试工作能够达成预期的效果，主炮及其炮塔将由液压驱动。

现任海军部长皮尔·贝丁（Pierre Baudin）显然不打算将这一事务的决策权交给海军高级委员会。当他看到委员会的决策并不合乎他的预想，便立即将其推翻。在其授意下，海军部随后进行了进一步的质询，并在 11 月 29 日做出了使用 B 型大威力主炮的决定。值得一提的是，截至当天，这位海军部长的任期仅剩 10 天。

技术部门闻知这一新决策后，立即对原有的 29000 吨级设计方案重新进行了评估。由于 340 毫米 B 型主炮远重于 C 型主炮，四联装炮塔将增重至少 20%。如此则有必要将全舰排水量增加到 31000—32000 吨，预计耗资也将由 8700 万法郎增至 9300—9600 万法郎。

12 月 3 日，"诺曼底"级 5 号舰与"里昂"级各舰命名。"诺曼底"级 5 号舰被命名为"贝亚恩"号。"里昂"级各舰则被命名为"里昂"、"里尔"、"迪凯纳"、"图尔维尔"。后两舰预计 1915 年元月 1 日开工，地点预计为布列斯特和洛里昂。前两舰则考虑在 1915 年 4 月 1 日开工，建造地点可能会选在圣纳泽尔和土伦。

12 月 9 日，与后来著名奢侈品品牌刚巧同名的那位海军部长卸任，时任国民议会参议员的莫里斯（Monis）接手了这一职务。技术部门于 1914 年 1 月 12 日向新部长提交新的设计方案的时候表达了强烈的保留态度。莫里斯新官上任，估计也还不太熟悉业务，便索性又将这一设计踢到海军高级委员会那边去了。

海军高级委员进行了全面细致的讨论。原本就青睐 C 型 340 毫米舰炮的这个老官僚部门自然不会放过这个重弹老调的良机，当然也不会笨到直接就把原来的决定重新搬出来复读一遍。他们采取了一个迂回的策略，装出一副革命到底的态度，宣布了新的意见：委员会对于 A 型 380 舰炮与 B 型 340 舰炮的质量与优点均不满意！据观察，"美国与俄国都在探讨在 15000 米的距离上交火"。"共和"号战列舰的射击测试也显示，在这一距离上，其弹着点散布是"可以接受的"。据此，委员会认为未来的正常交战距离应为 12000 米，而接火距离应为 15000 米。

在表达了对两种火炮的不满意之后，委员会成员们理直气壮地在 2 月 2 日投票（有二人缺席）通过了如下决议：

1.1915 年开工的新式战列舰将以四联装炮塔的形式装备 16 门 340 毫米 C 型主炮。火炮与炮塔均为液压驱动，安装有圣沙蒙公司最新开发完成的，可在任何角度装填弹丸的柔性装弹机，并配备有具备良好水下弹道的新式穿甲弹；

2. 应研发一种不限身管长度，但更能满足新战斗需求的火炮。尽量增加其装药以便有效地破坏当前他国海军现役、在建、规划中的战舰的水下防护。在 6000 米距离上能击穿 400 毫米装甲；当入射角为 30 度时，在 12000 米距离上能击穿 250 毫米装甲、在 15000 米距离上至少能击穿 200 毫米装甲；

3.1915 年及其后建造的所有战列舰在防护方面均应能抵御炮弹的水下攻击，为此可以稍微牺牲一下主装甲带，但其厚度无论如何不得低于 250 毫米。

海军技术部门原本计划新战列舰在防御方面保持"诺曼底"级战列舰的水平，如今海军高级委员会的新决议一发布，只好再次返工。尽管技术部门声称"诺曼底"级战列舰的水下防护已经考虑了针对鱼雷攻击的防护，并表

■ 建造中的"诺曼底"号船体部分。从图中我们可以看出，这种战舰坚持全面防护概念，仍拥有覆盖面积非常大的装甲系统。

■ 被拖出船坞准备拆解的"诺曼底"号的船体。

示在洛里昂进行的测试也证明舰体内部的三重弹性防雷隔舱已然展示了"最为期待的结果",但面对当前出现的水下射弹攻击的新威胁,则意味着这些设施的效果需要重新接受检验。

水下射弹的威胁又可分为两种情况:其一是类似鱼雷攻击的水下炮弹攻击,也即炮弹在撞击到船体外侧的时候发生了爆炸;其二则是炮弹穿过了外部船体并钻入了船体内部。对于前者,现有的防雷设备或许可以应付。而对于后者,似乎有必要对主装甲带以下部分的船体提供一些防护。但若如此,如不在其他方面减少重量,则势必又会增加全舰的排水量。此前的设计工作显示,在装备16门主炮,保持"诺曼底"级防护水平的情况下,全舰排水量已达29600吨,这已然接近允许吨位的极限。于是造船部门随即表态,认为若需提高防护,则牺牲火力在所难免。

技术部门又重新评估了分配给防护系统的排水量,此时的问题就变成了在若干个不同的防护目标上,根据其重要程度的不同进行取舍:要么减少主装甲带的厚度,要么减少上层建筑的防护。由于减少主装甲的想法不受待见,于是在一番内部扯皮之后,138.6毫米副炮的炮廓装甲(160毫米装甲敷设于双层10毫米的底板上,总厚度180毫米)就被拎出来充当祭品。

最终技术部门要求海军高级委员会接受如下的折中方案:

首先,将副炮炮廓的装甲总厚度由目前的180毫米减少为120毫米;

其次,节余的重量中,一部分用于在副炮盾上加装固定装甲,以尽可能补偿减少炮廓装甲厚度的危害。其余的用于安装装甲以加强水下防护。这层装甲在船体两侧自前主炮前方延伸至后主炮塔后方,敷设在主装甲带以下,并延伸到水下6米的深度,厚度自80毫米渐变为35毫米。

在6月17日,上述方案被提交审阅。然而此时,技术委员会内有人公开表示,其担心在战争爆发前已经没有时间讨论这些内容,关于"里昂"级的全部努力可能竹篮打水……

谁曾想到这阵势一语成谶。伴随着萨拉热窝的一声枪响,8月2日,欧洲列强的新贵与老霸主之间积蓄的怨恨再难抑制,一场世界规模的战争全面爆发。随着英法两国对德宣战,"里昂"级战列舰的研发工作随之被中断,从此再无人关心。

→ 匆匆开工，命运多舛 ←

按照 1912 年 3 月 30 日的舰队法案，新战列舰方案的 1 号、2 号舰的建造订单，将于当年的 12 月 12 日开始执行。海军部将其命名为 "诺曼底" 和 "朗格多克"。按照惯例，这级战列舰也被后世称为 "'诺曼底'级"。而 3 号舰 "弗兰德" 号与 4 号舰 "加斯科涅" 号，则将自次年 7 月 30 日开工。而在 1913 年 7 月 30 日，1912 年舰队法案得到修订升级，增加了第 5 艘——"贝亚恩" 号（Bearn）。"贝亚恩" 号计划于 1913 年 11 月 3 日开工。此时，由于法国海军船用动力技术的进步，新式轮机的研发，"贝亚恩" 号得以修改动力舱设计，主机全部代之以帕森斯式涡轮机。为这些涡轮机提供蒸汽的，是 21 个 "尼克劳斯"（Niclausse）锅炉。

1914 年 6 月 28 日，奥匈帝国皇储费迪南大公夫妇在萨拉热窝视察时，被塞尔维亚青年加夫里若·普林西普开枪打死。以此为导火索，第一次世界大战爆发。8 月 3 日，德国向法国宣战，德军在没有宣战的情况下越过边境进入比利时境内。至 9 日，已攻克比利时全境。8 月 21 日，德军分兵五路攻向法国北部，至 9 月初已逼近巴黎近郊。法兰西一度危在旦夕，直至 9 月 12 日马恩河战役结束后方才稳住阵脚。

在一战爆发前，"诺曼底" 级的前 4 舰已经完成了相当的进度，开始为舰体下水做准备。但在 1914 年 8 月，大战的来临使得法国的造船工业陷入了混乱。法国政府最初认为战争将迅速结束，因此并未考虑工业动员问题，将

舰名	建造地	开工	下水	服役
"诺曼底"	圣纳泽尔，卢瓦尔造船厂	1913.04.18	1914.10.19	1916.03
"朗格多克"	波尔多，吉伦特造船厂	1913.04.18	1915.05.01	1916.03
"弗兰德"	布雷斯特，布雷斯特造船厂	1913.10.01	1914.10.20	1917.06
"加斯科涅"	洛里昂，洛里昂造船厂	1913.10.01	1914.09.20	1917.06
"亚贝恩"	拉塞纳，地中海造船厂	1914.01.10	1920.04.15	1918.01

■ 1915年，4号舰"朗格多克"号下水照片。

■ 1916年，4号舰"朗格多克"号在波尔多港的某船坞内舾装照片。

大量工人编入军队。但不久后，对补给物资与武器补充的需求迫使工厂迅速恢复生产，但优先事项乃是弹药、陆军武器与护航的轻型舰艇。"诺曼底"级的建造虽未完全正式宣布停止，速度却极大地放缓了。

由于战争期间大量的修理任务以及建造更紧缺的轻型舰艇的必要。完成度较高的4艘战舰船体，在1914年至1915年期间先后强行下水。然则，其中除了"诺曼底"号和"朗格多克"号以外，"弗兰多"号和"加斯科涅"号均未达到封闭船体的程度，主机也尚未安装到位。在这种状态下，两舰等于是已提前遭到了处分处理……

虽然船体已被挪出船坞，但毕竟是没有一个正式的说法。一直拖到1915年7月9日，法国海军部终于做出了批示：鉴于目前的战况，"诺曼底"级战列舰的建造工程已非当前海军建造部门的首要任务。这也就间接地宣判了5舰的"死刑"。但海军部的抉择是可以理解的，由于德军对法国北部工业区的占领，大量配套设置遭到破坏，工厂被捣毁。这些都使建造工作难以继续。7月23日，海军部又下令完全停止相关战列舰配套系统，特别是舰载火炮的研制与生产。早在1914年和1915年年初，用于"诺曼底"级的全部60樽340毫米舰炮中的半数，就已经完成。只待船体建造完成后进行装舰任务。在战舰建造任务被搁置以后，这些宝贵的闲置品也并未浪费，统统被法国陆军要了过去，改造为列车炮。因部分炮身被设计改作臼炮，故其口径被扩镗至400毫米，以便发射重型弹丸。大约有40樽以上的138.6毫米副炮也被陆军征用。经过扩膛后被改造成了145毫米重型加农炮。

1917 年末，随着战争形势的明朗，缓过一口气的法军总参谋部总算想起船厂里被荒废了 2 年有余的"诺曼底"级战列舰来。为此，他们还专门质询了在海军主力舰建造和运用方面经验异常丰富的英国海军。当年 12 月 29 日，法国海军总参谋长向海军部长发了一份函件。这份函件主要传达了英国方面就质询的答复。英国方面认为继续完成该级战列舰应该是更为经济的选择，估价约为 200—250 万法郎，还不算太贵。但关键的困难在于，由于战争导致的动荡和破坏，重启和修复相关配套设备与工厂这一项，总共约需耗时四五年左右。而修复工厂企业，恢复各系统建造能力的所需预算，是不包括在英国人给出的答复报告书内的。

对法国海军来说，能多获得几条大船当然是一件好事。但就眼前这几个造到一半的壳子而言，却很难再激起他们投入下去的兴趣。第一次世界大战中，英德海军之间的多次大规模海战，已经令法国海军充分领略了现代海上战斗的景象。对比其英国盟友强大的"伊丽莎白女王"级、R 级战列舰，以及新锐的"海军上将"级战列巡洋舰[1]，或者失败者德国的"巴伐利亚"级战列舰与未建成的"玛肯森"级战列巡洋舰，这堆烂尾的"诺曼底"级战列舰无论在装甲、火力还是航速上，显然都是乏善可陈的。海军没有兴趣再把这几艘已经落后的主力舰再建造下去，更对需要付出的投资和努力望而却步，故对总参谋部的建议采取了拖延和敷衍的态度。这也就等于最终宣判了"诺曼底"级的死刑。

当然，鉴于各种考虑，海军部是不能直接对总参谋部的建议一口表示回绝的。所以海军的造船部门一直拖到了 1918 年 11 月 22 日，方才向总参谋部

■ 1920 年，改建中的 5 号舰"贝亚恩"号。此时船艏已经过修型，并铺上了木质飞行甲板。　■ 1921 年，被拖往拆船厂的 3 号舰"加斯科涅"号。

---

① 实际只完成 1 艘，即"胡德"号。

提交了一份报告，列数当时世界各国先进主力舰的性能，强调"诺曼底"级的落伍和过时。与此同时，为了能够表现出一副"热心恢复战舰建造工作"的态度，同步还提交了《"诺曼底"级战列舰现代化改装计划草案》一份。希望总参谋部的相关管理机构能在阅读后提高一些"常识"知难而退。谁知此计划草案险些搬起石头砸了自己的脚。

一周后，总参谋部在读罢报告和草案后发来回复，对改造"诺曼底"级战列舰使之现代化的计划表示支持，并进一步要求将该级战舰的速度提高到26—28节，同时认为还应对该舰的防护与武备进行大幅度的提高。总参谋部的想法是可以理解的。法国在刚刚结束的世界大战中损失惨重，1/5 的土地惨遭战火涂炭。1916 年 5 月 31 日英德两国于日德兰半岛东北爆发的史诗级大海战，更是令法军总参谋部痛感加强法国舰队战斗力的必要性。基于这种心态，其对"诺曼底"级这种看似可以利用的资源，也就难免抱有诸多不切实际的想法了。

总参谋部的脑洞震惊了整个海军部。很难判断造船部门在看到这个要求时，有没有对没在 1917 年敲定继续完成"诺曼底"级的计划感到后悔。面对此时这个来势汹汹的局面，海军技术部马上就意识到，在目前的状况下只能智取不可力敌，而且就算要智取，也要借他人之手去"火中取栗"。

技术部门的主管多利亚又一次被抬了出来当枪使。然而，在官场上摸爬滚打几年后，其总算是长进了。对此他采取了一个小计谋，并不直接回复参谋总部表示"此乃一派胡言，绝不可行"一类的。而是在 1919 年初向海军部长提交了第二份报告。其内容自然不难猜想：大谈特谈当前的实际困难。诸如"此等要求远超时下技术水平"、"预算将严重超支"、"完工时间遥遥无期"、"战火纷飞致使造船能力不进反退"之类的辞令充斥整篇报告，差不多把能想到的问题全部罗列了一遍。其潜台词不言自明：不是我们不干，是实在没法干！而且请老爷们明鉴啊，问题有多少？

既然技术权威已经发话了，那么海军部长自然要出面处理这一状况——将问题上报给上级。于是这一脚弧线球成功将皮球又踢回给总参谋部。不过多利亚和法国海军部的如意算盘并未打响。总参谋部在 1919 年 2 月 25 日还是摆出了要铁了心要干到底的姿态！造船能力不足？可以等新船坞造好。时间不够？允许延长。反正一句话：有条件要上，没有条件创造条件也要上！

于是，海军部下属的技术局与造船局自然就成了难兄难弟。祸不单行，1919 年 2 月 25 日当天，总参谋长指派凡萨鲁·范迪尔（Vaisseau Vandier）上尉担当总参谋部与技术部门的联络人。这位上尉在大战期间驻留英国，并对英国大舰队进行了长达 18 个月的调研，对于各种设备在战争期间的使用状况了如指掌，堪称法国海军中少有的行家里手。多利亚的小聪明不但没给自己省事，还给自己招引来了一位"监工"。总参谋部对"诺曼底"级战列舰寄托的这种不恰当的巨大期望又令他骑虎难下。此时，与其共事的同事们也先后跳出来，指责由于其固执和不愿意听取意见，导致了"诺曼底"级尚未建成就显得过时。当然，这并非事实，"诺曼底"级战列舰的问题绝非一个技术总监的缘故，此时的诘难更像是同僚们在借机搞人事清算。而对于多利亚本人，尽管心不甘情不愿，但此时木已成舟，局面已然失控，一切都已脱离了他甚至是海军技术部门的掌握。

无奈之下，顽固如多利亚也只好赶鸭子上架，在安抚好团队后按照总参谋部的要求，投入到对"诺曼底"级战列舰进行脑洞性大翻新的相关设计与规划工作中去。

⤙ 创造条件去上 ⤚

1912 年设计初期那种随便蒙事儿的情况此时已经不太能玩得转。举例来说，技术部门曾经提交报告声称经过研究，若将"诺曼底"级的舰体延长 15 米，则可以将速度提升至 26 节！姑且撇开研究内容不谈，按照正常情况，技术部门在技术方面应当是权威。总参谋部本不应该在技术领域对其进行质疑。然而此时的总参谋部有行家坐镇，于是在 1919 年 3 月 4 日委婉地回复说这一研究还需要进一步的测试。

而多利亚的苦日子看起来还有得熬。不过在若干周后，随着海军参谋总长德·波恩（de Bon）将军去职，诺南齐（Ronarch）将军接任这一职务，局面开始发生了变化。诺南齐将军对意大利海军抱有很强的戒心，因此在上任之初对于继续建造或许还持有较为积极的态度。在 1919 年 7 月 19 日，他写信给海军

186

部长的时候还表示"经过考虑,我还是认为我们必须对意大利海军保持优势"。

1919年2月25日,考虑到工程中的种种困难,总参谋部决定将升级并完成"诺曼底"级战列舰时间,延长至6到7年,以便有足够时间改善条件、汲取战争经验,全面升级原有设计,使其作战能力得以焕然一新。由于可以获得新的更大尺寸的船坞以便盛放更为庞大的船体,那么现有的船坞及工厂状况,就不再是改造计划的阻碍。原有的172米全长和25000吨排水量上限也就不复存在了。

鉴于全新的形势,并充分尊重总参谋部的要求,多利亚在摆平了造反的技术部同僚后,终于在部门内部就改建"诺曼底"级战列舰达形成了下列原则和共识:

1. 增大排水量至30000吨规模,并将船体动力舱段延长15米,使全长达到187米;

2. 凭借新增加的吨位和额外的动力舱空间,为动力系统大换血。废弃早就过时的蒸汽机并换装新的涡轮机。使主机输出功率提升至80000马力。经过计算,这番改进将使得战列舰在吨位和尺寸大幅度增加后,仍能使航速提高至25节;

3. 鉴于当时射程越来越远,威力也越来越大的鱼雷威胁,在两舷水下加装1米宽的侧舷防雷突出部,以增强对鱼雷和水雷的防护能力。根据计算和之前海军武器站进行的实弹测试,这一规模的防雷部大约能够承受装药200千克TNT当量的近距离水下爆炸;

4. 为了适应日德兰大海战后逐渐成为主流的中远距离炮战,应当有效增强现有主炮的最大有效射程。简而言之就是设法提高主炮的最大仰角。根据计算,如果使仰角提高至24度,则现有340毫米主炮使用全装药进行射击时的最大射程,可提高至接近25000米左右;

5. 由于目前越来越严重的远程大角度落弹的威胁,必须要在现有装甲基础上增强甲板防护,特别是主装甲甲板的防御能力。主装甲甲板的厚度应当增至120毫米。此外,主炮塔与司令台顶部装甲也应同步增强至200毫米;

6. 撤销早已过时的水下450毫米鱼雷发射管,在两舷副炮炮廓内各安装3具新式的550毫米鱼雷发射管。同时,为鱼雷安装独立的射控系统;

7. 增大发电机舱尺寸,增加发电机组的功率,以满足越来越多的电气化设备的能耗需求；

8. 完善远程射控系统，在前舰桥顶部增设三足桅作为主火控平台，安装独立的配备大型旋转式测距仪的火控站。提高现有指挥塔的高度，并同步在其上设置大型回旋式测距仪；

9. 设置水上飞机弹射装置，使战列舰具有独立远程校射和侦查能力。弹射器计划配备于中央炮塔顶部。

而对于 5 舰中完成度最低的"贝亚恩"号[①]，除却以上改进外，还计划全面换装燃油锅炉。多利亚以及其同僚一度认真考虑为其换装当时正在研发中的 400 毫米舰炮。

就在技术部和造船部就翻新"诺曼底"级忙得热火朝天的同时，法国政府与国民议会也正在热烈地讨论这 5 条未完成舰的续建事项。从军事角度来说，新战列舰可以迅速缩小法国海军与其他列强舰队的差距。从政治上来说，大幅度增强的法国舰队将使国家发言权与干涉国际事务的能力有显著增强。况且作为协约国内胜得最惨的一方，完成这几艘战前开工的战舰，也意味着向国民宣誓对战争创伤的重建。然而无论完成"诺曼底"级战舰有多少优点，唯一的一个缺点——钱，却成为制约一切的关键。上百万战死者的抚恤金使战后法国政府的财政不堪重负。而满目疮痍的国土东北部，也急需要大笔拨款进行重建……对于满目疮痍的战后法国而言，庞大的主力舰建造工程无疑是沉重的财政负担。

到底要不要继续这个"面子工程"呢？

1919 年中，地中海上传来情报，意大利海军计划正式重启他们的"卡拉乔诺"级战列舰项目。这是一种配备有 15 英寸主炮并能以 28 节速度航行的超级战舰，法国海军对此必须做出回应。然而他们很快就发现，这个"回应"是代价不菲的。

1919 年 7 月 19 日，多利亚的部门为总参谋部送来一份备忘录。其中包括目前就"诺曼底"级战列舰升级措施拟定的几个可行方案，同时还费心计算

---

① 当时尚未安装主机和锅炉设备封闭船体。

了不同续建方案的预计费用：若按照原设计建成，计划总开支约 4 亿 3 千万法郎；若在原计划基础上进行提高射程、加厚主甲板、提升火控、加装 1 米防雷部的改造，总开支将增加到 4 亿 8 千 2 百万法郎；若要进行延长舰体、加强动力与加装 2.7 米防雷部的改建，总开支则是惊人的 7 亿法郎。

这份账单着实吓到了总参谋部，更是惊到了掌管国库钥匙的议会。战后的法国内阁、议会，在经历了 4 年多血腥战斗所带来的巨额支出以后，支持全面裁军和恢复经济已成为政府内的主流意见。于是，管钱的迅速对耗资巨大的"诺曼底"级升级计划失去兴趣，更连带对继续把船造下去的兴趣也没了。而在当年 8 月，驻罗马的法国情报人员传来了关于"卡拉乔诺"级的后续消息——建造计划因财政困难而取消。随后传来的更精确的情报，也显示意大利方面的财政能力暂时"顶多只能建成一艘战列舰"。此消息一到，情况顿时扭转。曾强烈主张继续建造并升级"诺曼底"级战列舰的诺南齐将军于 8 月 4 日再度致函海军部长时，口风已然 180 度转向："如果这是真的（指意大利海军事宜），则已然无须继续建造'诺曼底'级，最好还是放弃她们吧。"到了 9 月 12 日，他又再次催促尽快放弃 5 艘"诺曼底"级的建造计划。

领导的意见至关重要，这在法国官场也不例外。其后虽然在书面上对"诺曼底"级的建造仍有讨论，但所有的实际建造事务都已中止，建造和升级计划被无限期搁置。战后一直被安在多利亚等人头上的"紧箍咒"也终于松了……

1922 年，随着已经被战后重建和增强海军的双重经济压迫弄的疲惫不堪的列强，最终一致选择在《限制海军军备条约》上签字，"诺曼底"级战列舰终于走到了其历史终点。除"贝亚恩"号外，其余各舰在拆除设备（拆下来的设备和材料被尽量用于 1923 年"贝亚恩"号的建造与改造工作）后都被卖掉，价钱大致在小几十万法郎。

至此，关于"诺曼底"级战列舰的故事总算是匆匆画上了句号。其折腾程度和发展的戏剧性，借用曾担任法军总参谋长的德·波恩将军的一句哀叹可以说明个大概：我想我们得为这 4 艘"诺曼底"级战列舰而下台了！①

---

① 其实原句的意思更像是"这 4 艘耗费如此之巨的"诺曼底"级战列舰如果建成，我们统统得下台！"，不过就算没建成，他也很快就下台了。

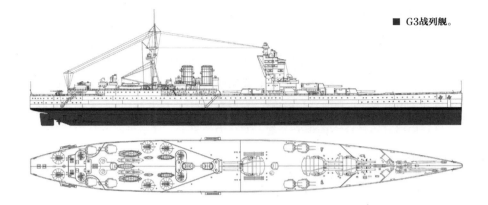

■ G3战列舰。

而"诺曼底"级战舰的设计者多利亚，早在其授命对战舰进行升级改建期间就曾对自己的作品做出过揶揄。那番评价虽于情急之下，但却无比精准和恰当——其堪称一时之选，但终非明日之星。

⚓ 尘埃落定后的追述 ⚓

"诺曼底"级战列舰的设计，由于在设计过程中层出不穷的争议与批评意见，留给后世一个相当不好的印象。但是这级战列舰真的如此糟糕吗？

公允地说，一艘 25000 吨级的战列舰，安装了 12 门 340 毫米口径主炮和 300 毫米的主装甲带，航速 21 节，按照第一次世界大战的技术水平来衡量，应当说还是能够及格的。即使在当时英、德等海军强国的无畏舰中，逊于"诺曼底"级的无畏舰数量也并不算少。事实上，"诺曼底"级战列舰在设计到建造过程中之所以饱受批评，相当一部分原因是多利亚主管的人际关系极为糟糕。

最初许多批评集中在主炮上，面对应用大口径主炮的主张，多利亚根本懒得进行任何周旋，一概以时间紧迫为由驳回，坚持使用现有的 340 毫米大炮。或许这是其顽固的个性所致，自然也得罪了不少人。但是需要注意的是，这一主张实际上得到了总参谋部的书面支持，只是多利亚并未想到用借力打力的办法来化解反对意见罢了。此外，从后续的实际情况来看，无论多利亚是否确有先见之明，即使应用 340 毫米大炮，"诺曼底"级战舰的任何一艘都未能在战争爆发前及时完工。如果"停工待炮"，显然更谈不上是什么正确的策略。

"诺曼底"级的最大亮点则是其采用的四联装炮塔。这些炮塔之所以能够得到采用，虽然头功应当归于炮塔设计师杜庞特（Dupont），但多利亚在设计过程中对其不遗余力的推介（其不遗余力的程度，甚至可以说是偏执的）也是其最后能够得到采用的重要因素。根据设计，单座四联装 340 毫米主炮塔仅重 1500 吨，宽 10.85 米。而单座双联装 340 毫米炮塔却重达 1030 吨，宽 7.91 米。在火力相等的情况下，二联装炮塔需要多占用 37% 的排水量，而被弹概率也会增加 46%。

对于"诺曼底"级的水下防护及弹药库防护，在当时遭到了公开的、极为苛刻的批评。多利亚对这一部分设计一度采取一手包办的态度，在部门内招致极大的不满。该级战舰水下部分前主炮弹药库至后主炮弹药库之间布置了 3 层总厚度为 30 毫米的钢板，其间还填充了煤作为补充，大约可抵挡 100 公斤的鱼雷战斗部袭击。尽管算不上什么坚固的防护，但是公允地说，至少比起"布列塔尼"级，总还算是有一定的进步。

最后，关于"贝亚恩"号。在其停工的时候，造船部门多少还是为其后续建造花了一些心思。主要的考量如下：

1. 防护方面，与其他 4 艘"诺曼底"级战列舰一样进行现代化改造。尤其是要加装防鱼雷突出部。根据测试与计算，加装 1 米防雷突出部后，防雷能力将提高到能抵抗 200 公斤鱼雷战斗部的袭击。

2. 用 8 个当时普遍用于法国新式驱逐舰的高效率燃油锅炉，来取代现有的 Niclausse 锅炉。

3. 安装 80000 马力的齿轮传动涡轮机，预计与燃油锅炉一起，将使战舰的最大航速提高至 24—25 节。从而成为一种准高速战列舰。

4. 用双连装 400 毫米主炮塔取代现有的主炮塔。如果这一想法不能实现，则考虑设计新型的四联装炮塔以提高 340 毫米主炮的最大仰角。

由于该舰在停工时完成进度很低，所以在升级改建中也几乎不需要拆毁现有完成的部分，所以在 5 舰内具备最低廉的改造成本。然而我们都知道的是，

■ 战列舰 “布列塔尼” 号（1932年）。

因为种种原因，“贝亚恩”号最后成了航空母舰，而且在很长一段时间内，是法国海军仅有的航母。

从“诺曼底”到“里昂”，法兰西海军在战列舰巨兽时代的华丽表演尚未有机会揭开帷幕，便匆匆宣告终结。纵观其整个过程，既有法国政治特有的局限性的阻碍，也是因为其所处时代背景导致的注定命运。随着《限制海军军备条约》的签署和“海军假日”时代的开启，困顿于战争损害和财政危机的法国政府，暂时搁置了其铸造浮动钢铁巨兽的梦想，转而全力投入到国家的重建。

然而法国人建造高性能战列舰的念头并未泯灭。“诺曼底”和“里昂”这两种未出世战舰，也为后世的法国战列舰留下了四联装炮塔和柔性装弹机这两样珍贵遗产。而这两者，也在相当程度上决定了未来法国战列舰的基本构造。

多舛的命运

法国海军的"德·格拉斯"级巡洋舰[①]

　　1938 年 10 月 18 日，也就是在第二次世界大战爆发前不到一年，位于布列塔尼半岛南部布勒斯特东南约 120 公里的洛里昂兵工厂接到了一道命令，工人们将要为法兰西海军建造一批新轻巡洋舰——也就是我们的主角，被命名为"德·格拉斯"号的新式轻巡洋舰。该舰起初被作为对当时日趋激烈的巡洋舰竞赛的回应，同时亦是为了更替海军作战序列内的旧式巡洋舰。

　　然而时运不济的"德·格拉斯"号并未能以法国海军所希望的姿态完成。1940 年 6 月，刚刚完成工程 28% 进度的"德·格拉斯"号由于法国的战败被迫停工。残缺不全的船体被一直留在船台上，直到二战结束以后才建成下水。

　　然而，命运坎坷的"德·格拉斯"号最终也没有能够以轻巡洋舰的姿态完成，它在经过一系列重新设计后，被改建为一种全新的战舰，并终于 1956 年 8 月建成完工。最终建成后的"德·格拉斯"号对比其最初的设计，已经面目全非，其被建成为法国最新系列防空巡洋舰的样板舰，成了 20 世纪五六十年代里法国海军防空力量的中坚。

　　"德·格拉斯"号坎坷的命运，在某种程度上可被视为是法兰西第三共和国海军在那个时代里的缩影。

---

　　① 注：由于技术需要，下文将会混用英制和公制单位，请读者注意识别。如无特别说明，下文一切除法、意军舰数据外，吨位数据如无特别说明则均为长吨（英吨，折合 1024 千克），而为了方便行文起见，法国和意大利军舰的排水量数据均为公吨。

⇥ 时代的回音 ⇤

有关"德·格拉斯"号的起源，我们就必须从 1930 年的《伦敦限制海军军备条约》说起了……

1930 年 4 月 22 日，在由原来《华盛顿海军条约》的 5 个缔约国——英国、美国、日本、意大利、法国召开的伦敦海军军备会议上，正式签订了作为华盛顿协议补充条款的《限制和削减海军军备条约》（即所谓的"伦敦海军条约"，以下简称《伦敦条约》）。条约的有效期到 1936 年 12 月 31 日为止。

《伦敦条约》对缔约国的主力舰数量做了进一步裁减，并继续冻结各缔约国主力舰的建造至 1936 年。条约甚至对于主力舰的改装工作亦做了规定——只有舰龄超过 20 年的主力舰方可进行改装与性能提升，改装增加的排水量也遭到了限制。对于《华盛顿海军条约》未定义的部分，《伦敦条约》明文规定了巡洋舰的分级与数量的限制。将标准排水量超过 1850 吨、不大于 1 万吨的巡洋舰分类又分为两级：主炮口径超过 6.1 英寸（155 毫米）的轻巡洋舰；主炮口径不超过 6.1 英寸的重巡洋舰[①]。除了上述内容，条约亦对驱逐舰、潜艇的吨位总和、排水量与主炮口径也做出了限制。

尽管法国方面对条约本身有足够的诚意并付出了相当努力，但是法国代表最终并未缔约——法兰西的老对手，已为法西斯主义掌控的意大利正谋求称霸地中海的野心，不愿意被一纸协约牵制而在海军力量上与法国平起平坐。伦敦海军军备会议遂以美、英、日这 3 国缔约而告终。

法国是受到著名的 1929—1931 年金融危机冲击的主要西方国家之一，甚至可被视为损失最为惨重的欧洲国家。然而在 1930 年初金融危机的大潮未波及法国本土之前，法国人甚至一度天真地认为他们将会游离于这次世界性的崩溃之外而独善其身。固然，法兰西自第一次世界大战结束以来取得的傲人成就[②]可能使他们对未来产生一点美好的错觉，但是仍有一些目光长远的法国

---

① 轻巡洋舰总吨位美国不得超过 18 万吨；英国不得超过 14.6 万吨；日本不得超过 10.8 万吨。重巡洋舰总吨位美国不得超过 14.3 万吨；英国不得超过 19.2 万吨；日本不得超过 10 万吨。

② 法国在世界工业产值中的比重从 1920 年的 5% 增加到了 1930 年的 8%，进出口总额由 1918 年的 270 亿法郎暴增至 1929 年的 1083 亿法兰，并从 1928 年以后拥有仅次于美国的黄金储备。

政治家意识到，在这种全球性
的不景气背景下，以一纸条约
和牺牲部分所谓的海上安全利
益①就使法国能免于卷入一场
会吞噬巨额国帑的海军军备竞
赛，将会是多么经济划算。在
《伦敦条约》签署生效后 2 个
月，法国海军部决定将 6 艘被
称为"拉·加利索尼埃"级（La
Galissonnière Class）的新式轻
巡洋舰列入建造计划。经由议

■ 美国海军兵工厂的大口径火炮生产车间，正在镗制的是
计划配备"南达科他"级战列舰的16英寸主炮。这些军舰
连同日本海军的"八·八舰队"、英国海军的N3和IG3计
划，以及法国海军的"诺曼底"级与"里昂"级大型战列
舰，统统被1922年签署的《华盛顿限制海军军备条约》所
"击沉"。世界海军界从此进入了一个为期15年的，被戏
称为"海军假日"的条约时代。

会批准后，其中 2 艘被列入 1931 年预算，另外 4 艘被纳入到 1932 年的财政
预算中。

　　尽管由于一些根本性的分歧，法国并没有成为《伦敦条约》的缔约国，
但是当时法国政府认为在道义上有义务尽可能地符合条约精神地行事，特别
是在这种全球性的不景气背景下。新式巡洋舰的设计按照英国人在 1927 年日
内瓦海军会议拟定的安全限制为标准，即标准排水量在 7000—8000 英吨（1024
千克）之间，主炮口径不超过 6 英寸（152 毫米）。"拉·加利索尼埃"级的
最终方案为：标准排水量 7720 吨，3 座三联主炮塔一共拥有 9 门 152 毫米口
径火炮，最高时速 32—33 节，侧装甲带厚度 105 毫米。计划建造 6 艘。

　　鉴于皇家意大利海军在 20 世纪 30 年代的政策是与法国海军的造舰计划
一一对应，故意大利计划针尖对麦芒地建造 6 艘与法国的"拉·加利索尼埃"
级相当的轻巡洋舰。这种政策的第一个产物便是"雷德蒙·库科利"级（Raimondo
Montecuccoli Class）。它是雇佣兵型（CondottieriSub）轻巡洋舰的第三建造批次，
一种在原有基础上变更了原型设计方针且加以大幅度修正、改进的产物。

　　意大利海军的雇佣兵型轻巡洋舰原本是设计用来压制法国海军的大型

---

　　① 无非是使舰队在规模上与对手持平。但考虑到法国面对英吉利海峡、大西洋、地中海的地理特性，
这种平等对于法国而言等同于劣势，因为法国舰队是无法在一个方向上集中其全部海军力量的。

驱逐舰分队，并负担执行舰队前哨侦察任务的[①]，并未考虑被用于直接对抗同类舰艇。故以当时的轻巡洋舰标准而言，它排水量较小，武备也相对薄弱，但具有极高的航速，足以捕捉法国海军轻巡洋舰化的大型驱逐舰分队。在经过全面升级后，作为雇佣兵型第三批次的"雷德蒙·库科利"级的排水量却达到了 7523 吨，比前两个批次增加了约两千余吨，几乎是第一次世界大战期间一艘轻巡洋舰的排水量。在维持第一、第二批次雇佣兵型巡洋舰等同的武备基础上，"雷德蒙·库科利"级强调在以不牺牲高速能力的基础上增强船体的防护能力。为了达到上述要求，意大利海军的设计师除了简单地增强主机功率之外，更对船体外形做全面修改，并将船艏由此前一贯的平直艏修改成利于高速航行的飞剪造型。结果排水量超过先前"卡多尔纳"级（Cadorna Class）甚多的"雷德蒙·库科利"级航速不降反升，达到了 37 节[②]。属雇佣兵型第四批次的"杜卡·德奥斯塔"级（Duca D'Aosta Class）的排水量进一步增加，达到了 8450 吨，在维持"雷德蒙·库科利"级的武备航速不变的前提下，防护系统得到了进一步的加强。

以意大利海军的雇佣兵型轻巡洋舰作为参照的话，"拉·加利索尼埃"级在航速上有很大的劣势，但在火力上却略占优势。雇佣兵型的前 4 个批次虽以双联装炮塔的形式安装其 6 英寸主炮，但为了缩小炮塔尺寸减轻武器系统重量，意大利人选择使用"共炮鞍"的方式来配备主炮。也就是说，每双联装炮塔内的 2 门 6 英寸炮都是被安装在一个共用的大型炮鞍上，而非两个独立的小型炮鞍上的。共鞍意味着联动，也就是说单独的一门 6 英寸炮是无法独立进行俯仰操作的。与之相反，法国巡洋舰虽为三联装炮塔，但炮塔内的每门炮都被安装在单独的炮鞍上，能够独立进行俯仰操作。从理论上来说，由于意大利巡洋舰的试射基准点只有 4 个，而法国巡洋舰则有 9 个，所以从

---

① 在第一次世界大战结束以后，法国海军以"驱逐舰"的名义开始建造这种具备极高航速排水量介于当时主要海军国家驱逐舰与轻巡洋舰之间的舰种，法国海军内将其称为"鱼雷艇对抗舰"（contre-torpilleurs），而我们习惯译作"超级驱逐舰"。这种军舰通常航速至少 35 节，配备 130 毫米或者 140 毫米主炮，至少配备 6 具鱼雷发射管。当然，常规概念中的"驱逐舰"在法国海军的序列中也是有的，只是它们一般被法国人称之为"舰队雷击舰"（Torpilleurd' Escadre）。

② 属雇佣兵型第二批次的"卡多尔纳"级标准排水量 5408 吨，第一批次的"阿尔贝托·迪·朱萨诺"级则为 5191 吨，两者的最高航速都为 36.5 节，配备双联装 6 英寸主炮塔 4 座。

理论上来说,法舰的炮击精确性更好,在炮战中能更快地从试射转为效力射。但考虑到意大利雇佣兵型巡洋舰设计概念的初衷,这种缺陷也不值得去非议。至于防护系统方面,"拉·加利索尼埃"级则凌驾于雇佣兵型轻巡洋舰的第一、第二批次,强于第三、第四批次。在同等数量的舰队交锋中,无疑拥有更快航速的意大利巡洋舰将能把握战场主动权,但是对于火力略强防护到位的法国巡洋舰,早期雇佣兵型与之正面对抗将无异于以卵击石,而改进后的"雷德蒙·库科利"级和"杜卡·德奥斯塔"级似乎也难以讨到便宜。

由于意军方意识到在雇佣兵型的基础上不断打补丁并无太大意义,所能得到的不过是一种处于"勉强可以与敌一战"这种档次的军舰,所以意大利海军方面终于1931年抛出了终极版的雇佣兵型设计——排水量9591吨的"路易·吉·迪萨沃亚·杜查·德利·阿布鲁齐"级(Luigi DiSavoia Duca Degli Abruzzi Class)轻巡洋舰(以下简称"阿布鲁齐"级)。"阿布鲁齐"级达到了已有条约对轻巡洋舰定义的极限,其依雇佣兵型基础设计放大,选用威力

■ "拉·加利索尼埃"级轻巡洋舰"马赛"号,照片摄于1941年7月。

■ 意大利轻巡洋舰"奥斯塔公爵艾曼纽埃莱·菲利贝托"号,属雇佣兵型第四批次,装甲系统得到了进一步强化,火力相比之前并未增加但吨位突破了8000吨大关。

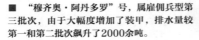

■ "穆齐奥·阿丹多罗"号,属雇佣兵型第三批次,由于大幅度增加了装甲,排水量较第一和第二批次飙升了2000余吨。

■ 意大利海军轻巡洋舰"路易吉·卡多纳"号,属雇佣兵型第二批次,照片摄于第二次世界大战爆发前。和第一批次的"阿尔贝托·迪·朱萨诺"级相比,主要改动在于调整了高射炮炮位,并搭载了水上飞机。

■ "路易·吉·迪撒沃亚·杜查·德利·阿布鲁齐公爵"号轻巡洋舰，意大利舰队的"超级"轻巡洋舰。

更大的新式6英寸炮[1]并将主炮数量增至10门（炮塔二联装三联装混合布置，下三上二），进一步增强自"雷德蒙·库科利"级以来就一直加强的装甲系统，使其得以和对手"拉·加利索尼埃"级并驾齐驱，最后一改初衷放弃自雇佣兵型第一批次以来一直贯彻的高航速方针。显而易见，意大利海军已经将"阿布鲁齐"级定义为一种功能性军舰，即用于对抗特定目标（法国轻巡洋舰）的舰队战用巡洋舰。当然，"阿布鲁齐"级的出现也是顺应当时海军界的超级轻巡洋舰竞赛的背景。

超级轻巡洋舰竞赛

在1930年伦敦海军协定签署之后，英、美、日这3个缔约国的海军建设在，之后的6年内被纳入了法律规范之内。

作为一系列限制军备协定的成果之一，巡洋舰的排水量上限被定义在不超过10000吨的标准上，并被区分为"轻型"与"重型"两类。不过轻巡洋舰和重巡洋舰的区别并不是以吨位为界，而是以配备的主炮。不论其吨位大小，凡是使用8英寸主炮的巡洋舰均属重巡洋舰，而使用6英寸的则为轻巡洋舰。

自完成"高雄"级以后，日本海军的重巡洋舰建造许可吨位已消耗殆尽，但海军却认为必须继续建造一级4艘新的重巡洋舰以满足他们的既定战术。于是轻巡洋舰吨位便被挪用过来以满足建造一级新舰的要求。于是"最上"级便应运而生，这种新式"轻"巡洋舰对外公布排水量为

---

[1] 意大利海军最新的Model1936型6英寸55倍径舰炮，雇佣兵型第二、第三、第四批次安装Model1929型6英寸53倍径舰炮，第一批次则是更老一些的Model1926型。

8500 吨，实际上却接近 11000 吨。虽然日本海军为其配备了 155 毫米主炮，但数量多达 15 门，被分别安装在 5 个炮塔之内。需要特别强调的是，安装炮塔的 5 个炮塔坐圈是依照 203 毫米主炮射击时的后坐力来设计的。日本人的如意算盘是一旦条约失效，便能立即给"最上"级换装双联装 203 毫米主炮，使其加入重巡洋舰战队。

　　"最上"级这种犯规过头的设计自然引起了美英的强烈反响。在非战时期，巡洋舰是超越主力舰的存在，特别是对于英国这种绝对海权主义的国家而言。其负担远洋巡逻、殖民地联络、控制权宣示、突发危机

■　"最上"级巡洋舰3号舰"铃谷"号，从这个角度拍摄的照片将配备在船体上的5个炮塔完整地展现在了底片上，这一级巡洋舰被英国人厌恶地称为"令人震惊的违约舰"。

■　"爱丁堡"级轻巡洋舰，英国海军交给"最上"级的"答卷"。其在9100吨的船体上装上12门6英寸炮这点，确实堪称奇迹。

处置等任务，直接代表了一个国家对海洋的控制。但随着"最上"级的出现，英国海军一直以来苦心经营的海上力量均衡的基石，即将从远东开始破裂。

设计于20世纪20年代末的"利安德"级（Leander Class）、"珀斯"级（Perth Class）综合性能良好，具有标准的防护性能和均衡的火力，且航海性能出色，但是"阿瑞塞莎"级（Arethusa Class）却因为成本控制和战术需求等原因被小型化，排水量从"利安德"级与"珀斯"级的7200吨上下削至5200吨规模，4个双联装主炮塔被减去一个，装甲防护也做了最大程度的削减。和日本新锐的"最上"级相比，英国海军作战序列内的巡洋舰就像是玩具一样脆弱。

英国海军本希望将巡洋舰队规模维持在尽可能接近50艘的程度上，以满足巡视与控制大不列颠帝国①庞大海疆需求的底线。这也就是为什么在建造了性能良好而均衡"利安德"级与"珀斯"级后，却选择建造廉价且小型化的"阿瑞塞莎"级。但是"最上"级的出现迫使英国官方放弃初衷，毫不犹豫地投身于这场超级轻巡洋舰的竞赛。而英国海军的答案，就是"南安普顿"级轻巡洋舰（Southampton Class）。从工程学角度来说，"南安普顿"级堪称一个奇迹，它标准排水量9100吨，水线全长170米，却安装有4个三联装6英寸炮塔，具备一定的防护能力，能达到每小时32节的最高航速。作为对比，"最上"级号称排水量8500吨，实际的排水量高达10993吨。当然，对于英国海军，也许这只是风声鹤唳草木皆兵的过度反应，但作为日本联合舰队真正的假想敌美国海军，这就成了真正的威胁。他们将以名为"布鲁克林"级（Brooklyn Class）的超级轻巡洋舰来作为对日本人的回敬。

"布鲁克林"级在酝酿之初只是作为"奥马哈"级的补充，由于巡洋舰被强行划分为轻重两种类型，各签约国许可建造的吨位被做了严格限制，美国海军希望配备一种在航速与续航能力上都不亚于当时在建的标准重巡洋舰的轻巡洋舰，作为战时的补充②。"布鲁克林"级最初的备

① 在英王篡取了印度莫卧儿帝国的皇冕后，确实是能够自称帝国的。
② 美国海军在第二次世界大战前倾向于将巡洋舰用于侦察任务,充当舰队的先遣和耳目,这点倒是完全符合轻巡洋舰和重巡洋舰的直系祖先的实质。

200

选设计方案有 6 个，包括 6000 吨级搭载 2 个三联装 6 英寸主炮的轻型方案，以及排水量 9600 吨配备 4 个三联装炮塔的重型方案。1933 年，《文森－梅拉特法案》法案被作为富兰克林·罗斯福总统的"新政"中的一部分列入了次年的财政预算中。这一法案的内容旨在依据已有的两份限制海军军备条约的上限，扩充美国的海军力量。

虽然有了预算支持的"布鲁克林"级轻巡洋舰已经有了充分的保障，但是鉴于日本海军"最上"级所传递出的讯息，加之海军方面要求提升军舰的防空火力，美国人不得不为其配属别号"芝加哥管风琴"的 1.1 英寸（28 毫米）速射炮，整个计划几乎被推倒重来。

1935 年 3 月 12 日，当"布鲁克林"号在纽约海军造船厂开始切割第一块钢板的时候，这艘船的未来面貌将会以如下方式呈现：水线长 600 英尺（182.88 米），标准排水量 9767 吨，配备三联装 6 英寸主炮塔座，舰载水上飞机弹射器从船舯挪至了船艉，最高航速可达每小时 32.5 节。为了在船体上塞下 5 个炮塔，"布鲁克林"级效仿了日本重巡洋舰"高雄"级与"妙高"级的造型，以品字形的方式堆砌舰炮塔组，因其独特的造型，被美国的新闻界戏称为"美国建造的日本战舰"。

毫无疑问，尽管主要作战对象是法国对手，但意大利海军在建造他

■ 美国海军的"布鲁克林"级轻巡洋舰"火奴鲁鲁"号，照片摄于 1938 年。该级是美国海军对日本的"最上"级做出的激烈回应。其武备和"最上"级相似，但火炮布置方式却酷似于日本海军的"高雄"级，故常被当时的美国报纸拿来开涮。

■ 意大利海军巡洋舰"阿曼多·迪亚兹"号，属于佣兵型第二批次。受经济危机困扰，法国这一时期无力与老对手意大利争锋地中海。

们最后一组雇佣兵型轻巡洋舰的时候，想必或多或少为这种弥漫于当时世界主要海军国家中"超级轻巡洋舰竞赛"所触动。

至于法国海军，当他们自信满满地推进他们的"德·格拉斯"级计划之时，那个曾经被雄鸡们认为绝轮不到自己头上的经济危机正在他们的土地上弥漫。对于多数国家而言，经济危机的高潮大致将持续2年或者3年，挨过1932年之后他们基本都能略微地缓过气来，上帝唯独要惩罚"高卢鸡"的骄傲，他们的危机将一直持续到1935年。

雇佣兵型这柄原本被设计指向法国超级驱逐舰的匕首，经过设计师的一再修订后，竟演变成了悬于法国轻巡洋舰队之上的"达摩克利斯之剑"。遗憾的是，一直以来强调对地中海控制权的法国海军已经无法有所作为了。

1930年的11月，在本国投资过热和国外市场萎缩的双重冲击下，第一家法国银行申请破产，这一事件宣告了经济危机浪潮席卷法兰西第三共和国的开始。至1931年初，由于大批法资银行倒闭所引发的连锁反应、企业破产，国民生产总值持续下降，失业者激增。全球性的不景气在出口层面上对法兰西的影响也终于显现。1931年初，交付了危机爆发前最后一批订单之后，一直以来以对外输出香水、艺术品、时装成衣等高档奢侈品的法国人终于意识到他们已经没有新的合同可以供他们忙碌了，而且在之后相当一段时间内也不会再有了。不仅如此，为了应对金融危机，法国以前的主要贸易伙伴，美国、比利时等国开始实行贸易保护主义，以巩固本国企业在本国市场内宝贵的份额。随着出口贸易的受阻，法国工业逐渐地受到影响，从消费生产部门到生产资料生产部门都不能幸免，中小企业纷纷倒闭。

现在，不论法国海军愿意还是不愿意，他们已经暂时失去了在地中海上和意大利搞一场巡洋舰竞赛的本钱。1931 年 10 月 27 日，"拉·加利索尼埃"级的首舰如期在布勒斯特海军兵工厂的船台上启工，但随 2 个月后法国议会做出的暂时停止海军造船拨款的决定，它将何时才能建成则没有人能知道。

1930 年代初期法国和意大利巡洋舰力量对比表

"拉·加利索尼埃"级	"雷德蒙·库科利"级	"杜卡·德奥斯塔"级	"阿布鲁齐"级
1931—1937 年 6 艘	1931—1935 年 2 艘	1932—1936 年 2 艘	1933—1937 年 2 艘
7600 吨	7524 吨	8450 吨	9591 吨
31—32 节	37 节	36 节	34 节
9 门 152 毫米主炮	8 门 152 毫米主炮	8 门 152 毫米主炮	10 门 152 毫米主炮
8 门 90 毫米副炮	6 门 100 毫米副炮	6 门 100 毫米副炮	8 门 100 毫米副炮
4 鱼雷发射管	4 鱼雷发射管	6 鱼雷发射管	6 鱼雷发射管
3 架舰载机	2 架舰载机	2 架舰载机	4 架舰载机
（侧舷）105 毫米	60 毫米	70 毫米	100 毫米
（水平）38 毫米	30 毫米	35 毫米	40 毫米

■ 7600 吨级"马赛"号巡洋舰，摄于1939年7月。这一级巡洋舰的航空设备包括3号炮塔前端的伸缩弹射器和一个大型双机库，顶层机库装载的是卢瓦尔130侦察机。

⇥ 骑行在浪尖之上 ⇤

世界性的金融海啸在 1931 年暂且告一段落，到了 1932 年初，多数主要工业国家的经济指数都开始有所好转。但是，不包括法国。

在 1931 年，有 113 家法国银行宣告破产。同时，因为德国停止支付战争赔款、英镑持续贬值对法郎的冲击、对外投资收入的减少、外贸逆差的不断扩大以及危机到来后旅游业衰落，使法国政府的财政收支失去了平衡。1931 年，法国政府的年度财政预算出现高达 50 亿法郎的赤字，而这个数字在 1933 年猛增到了 110 亿法郎。由于担心过度增发货币会导致法郎严重贬值，法国政府被迫抛售自普法战争以后积累起来的大量黄金储备以应急，而危机爆发前曾源源不断流入法国的投资也开始疯狂地流出。曾经欣欣向荣的法兰西，在这阵痛中显得虚弱和困顿不堪。

混乱形成了喧嚣，喧嚣刺激着混乱。在动荡中，"拉·加利索尼埃"号躲过了削减开支的屠刀，挺过了难熬的停建期，以低速维持着工程的进展。2 号舰"让·德·维埃纳"号（Jean de Vienne）的工程在 1931 年 12 月启动，其余 4 艘①的建造工作也得到批准，被纳入了 1933 年的财政预算内。虽然财政暂时困难，但在意大利切实的威胁之下，法国政府必须将有限的资源优先投向最急需的项目，以保障基本的国防安全。与此相同，启动于 1929 年的马其诺防线工程虽受制于财政困顿，但建造工程在这段时间内一直没有停顿过。

法国直到 1935 年才开始走出不景气的阴影。在这一年的春天，法国国内的失业人口从 26 万增加至 42.6 万，然后这个数字开始逐渐减小。也就是在这一年的春天里，称为构筑当时世界规则基石之一的限制海军军备协定即将失效。由于从经济危机和政局动荡中恢复元气②，法国政府一改在 1930 年伦敦会议上的立场，开始积极筹备参加新一轮伦敦海军会议，以谋求依靠一种

---

① "马赛曲"号（Marseillaise）、"荣耀"号（Gloire）、"蒙卡尔姆"号（Montcalm）、"乔治·莱格"号（Georges Leygues）。
② 自 1929 年 11 月至 1935 年 5 月的议会选举，法国政府共组阁 8 次，平均每一届政府持续 4 个月。没有一届政府有能力应对经济危机，最终也只是仍由其自然消退。

■ 上一次海军军备协定的成果，拆卸下来堆积的战列舰主炮炮身。伍德罗·威尔逊总统曾经倡导国家之间建立谅解和互信的机制避免纷争，这个建议遭到了英法等国中那些自诩为"真正懂得政治"的人的无情耻笑。在"海军假日"结束的时候，这些家伙将会因为他们的愚昧而得到惩罚。

有效的国际法来避免陷入军备竞赛的漩涡。

1935年12月9日，英、美、日、法、意5国代表再次云集伦敦，召开海军裁军会议，史称第二次伦敦海军军备会议。次年1月，由于预计到将无法取得自身所期望的成果，已经在极端民族主义和"亚洲门罗主义"道路上渐行渐远的日本宣布退出裁军会议。同年3月25日，美国、英国、法国等国签署了新的《限制海军军备条约》（即第二次伦敦海军条约），条约的有效期6年，到1942年12月31日止。而意大利则未在该条约上签字。

除了继续保持第一次伦敦条约的成果与海军力量格局之外，新的伦敦条约的主要成果有两条。首先，条约规定了主力舰的标准排水量不得超过35000吨，主炮口径不得超过14英寸。并将航空母舰的标准排水量限制在了23000吨，且不可搭载口径超过6.1英寸（155毫米）的火炮。

其次，依据英国方面的要求，3个签约国愿意将各自标准巡洋舰的标准排水量限制在不超过8000吨范围内，且火炮口径不得超过6.1英寸。不过对于后一条，条约本身并非是严格地以法律形式限制的，因为规定中许可了任何缔约国认为其国家安全受到影响时，可以建造排水量为1万吨的巡洋舰。换句话说，有关巡洋舰吨位的限制的实现依赖于缔约各国基于国际非战精神的自我规制。

对于没有签署条约的日本和意大利，条约在末尾附加了一个自动给予的许可：至1937年3月，如果日本与意大利仍不加入条约签署国行列，则3个缔约国的主力舰排水量的限定将自动放宽到标准排水量45000吨上限主炮口径不得超过16英寸的规模。

法国对于国际规则的认识与参与感虽然有所迟滞，但他们终究还是迈出

■ "最上"级2号舰"三隈"号，照片拍摄于1939年，照片背景中的山峰经过日本方面的保密处理。不久之后，这艘船就"变成"了1艘安装203毫米主炮的重巡洋舰。

了至关重要的一步。然而在这个躁动的时代里，伴随着经济危机带来的失落感而上一次世界大战所遗留的仇恨复苏了，这个世界是无法仅靠几个规则和协定就能运转自如的。

在德国，纳粹党人在经济危机的余波中主导并控制了德国的政权。1935年3月，希特勒宣布恢复德国的兵役制并扩充德国军队，扩充在凡尔赛和约中被严格限制规模的德国海军水面与水下舰队，组建在和约中被严格禁止的德国装甲部队和空军力量。1年以后，德国国防军派遣部队进占依据凡尔赛对德和约被非军事化的莱茵兰地区，从事实上撕毁了这一纸束缚德意志国家机器和战争机器的枷锁。

随着纳粹德国宣布废除《凡尔赛和约》，欧洲各国的海军建设实际上已经没有了数量的上限制。而德国纳粹党与意大利法西斯党的关系，是众所周知的。在1936年初，当年度预算得到基本恢复的法国海军坐下来审视他们的巡洋舰设计时，他们最新完成的"拉·加利索尼埃"号巡洋舰[①]无论是在攻击能力还是在航速上，都无法与意大利最新一代巡洋舰9500吨级雇佣兵型巡洋舰相抗衡。那么设计新的巡洋舰就是一个合理的选择了。

根据伦敦条约附带的巡洋舰排水量限制精神，新建的巡洋舰在标准排水量上只能比已有的"拉·加利索尼埃"级增加406吨标准排水量。为了尽可能发掘现有吨位下巡洋舰级作战舰艇的性能潜力，海军总参谋部因此要求战舰

① 已于1935年12月31日服役。

建设部（缩写作 STCN，下文以此略称）进行设计前的可行性研究，以便最好地利用这额外的 406 吨，确保在速度、武器装备、防护力三项性能之中选择重点加以改进，据此全面提升法国海军新一代轻巡洋舰的作战能力。

⇥ 螺蛳壳内的道场 ⇤

一个方案可行与否的结论并不难做出，但行不行并不是关键，问题的要害在于如此才能在条约定义的如此严苛的吨位限制下，最大限度地提升军舰的作战效能。

STCN 在 1936 年 6 月 25 日提交的一份报告中称，当前关注的焦点应当保持在如何维持"拉·加利索尼埃"级巡洋舰优势基础——即重视船体防御。"拉·加利索尼埃"级的主装甲盒能在 10000 米距离上承受 6 英寸炮弹轰击，炮塔、舵机、指挥塔部分的装甲则更强一些。STCN 认为，在目前所能选择的方向上，应当在维持此优势的前提下，通过适当提高新巡洋舰的建造成本来获取某些性能的进一步提升。另外，考虑到舰载机在未来战争中越来越强的战术用途[1]，新巡洋舰应当修正"拉·加利索尼埃"级缺少专门空间用于操作和维护舰载机的问题。

在 STCN 的设想中，新巡洋舰的长度将会比"拉·加利索尼埃"级略长，并将不设置艉舰桥，原本艏艉舰桥担负的功能将被一个高耸的大型前舰桥所整合。处于操作与维护舰载水上飞机的目的，在原本艉舰桥的位置上将安装 1 台大型起重机和 2 套水上飞机弹射器滑轨，而机库则被安排在烟囱后部两侧，弹射器之前。当然，设想中并没有明确规定机库和弹射器的具体位置，弹射器可以像"拉·加利索尼埃"级那样被建在船尾 3 号炮塔上方并将机库设在艉舰桥的位置上，也可以被直接安装于位于艉舰桥的机库顶部。

在考虑战舰性能得到根本性的提高之前，有两个进一步的修改方案需要

---

[1] 侦查、联络、所搜，甚至在炮击时可用来执行校射任务。

被列入报告书。

首先，对已有的 152 毫米炮塔进行彻底的改进是非常必要的。先前与 7600 吨级巡洋舰相匹配的 155 毫米三联炮塔的设计最大射角固然可以到达 45 度，但是海军使用的经验表明，因受装弹机的限制，这些炮的仰角实际上只能达到 30 度甚至更低。射程势必受到极大限制。为了满足海军定下的数据指标，STCN 认为要花一番工夫使新型舰的主炮最大仰角达到 45 度。

其次，为了应付新增排水量，新型舰还需要加大动力。老式的 7600 吨级巡洋舰的主机达到了 100000 马力额定功率，才能维持 35 节的最高航速约 8 小时。以此类推，增加 400 吨排水量之后，如果船体水下线形维持不变航行阻力不增加的话，8000 吨级的巡洋舰至少需要将额定功率增加到 105000 马力。而 STCN 建议将额定功率增加到 110000 马力，以确保足够的冗余度。这也是当时技术条件下安装 2 台涡轮机所能达到的最大动力，而如果使用 4 套涡轮

■ 编队航行中的"拉·加利索尼埃"级巡洋舰。其在当时的法国海军序列中属于最新型舰艇，但是经过实际对比后，被认为不足以和意大利海军的最新式轻巡洋舰对抗。

■ 停泊中的"拉·加利索尼埃"级轻巡洋舰3号舰"马赛"号。

机组，那这些机械装置的重量将是一艘最大排水量被限制在 8000 吨内的轻巡洋舰所无法承受的。

经过第一阶段研判完毕后，STCN 在总结时对新的 8000 吨巡洋舰设计做了精确的重量计算。结论是，即使假定在武器装备和防护力保持"拉·加利索尼埃"级不变的前提下，只是进行上述修改之后，已有的 400 吨排水量额度就只剩下 170 吨，而其中除去用于确保设计冗余度的 50 吨后，实际只有 120 吨可用。因此，事实已经再清楚不过了——在只有 8000 吨总吨位并不做隐瞒和虚报的前提下，想在速度、武器装备和防护力方面较之"拉·加利索尼埃"级有全面的提升，根本就是无法实现的白日梦，而对现有设计进行任何较大幅度的修改，都必须在船舶设计所固有的正常进程范围之内进行。尽管如此，STCN 的报告书依然认为，如果能够适当改进，就会设计出一种独特的巡洋舰——拥有条约型轻巡洋舰中最强的防护能力，基本合格的火力，不错的航速，并具有较强的航空设备和水上飞机搭载能力，足以胜任对于巡洋舰这一舰种的最原始定义——"舰队之眼"。

在确立上述基本概念以后，STCN 开始将改进的终点转向巡洋舰的武器系统，特别是主炮上。STCN 的设计师认为，有 3 种可行的改进方案可供探讨：

1. 保留现有的炮塔（尽管最大射角要增加到 45 度），但将主炮数量增加到 10 门，炮塔数量增加至 4 座。其火炮分配方式类似"阿布鲁齐"级，三联装和双联装炮塔并存。但其在炮塔配置上又和"阿布鲁齐"级截然不同，三联装炮塔和双联装炮塔的安置并非前后各一，而是将三联装炮塔集中配置于船艏，2 座双联装炮塔集中于船艉。但这样几乎可以肯定会给计划好的船体长度和排水量产生巨大影响。

2. 采用计划在新式战列舰"黎赛留"级上充当副炮的高平两用三联装 152 毫米炮塔与火炮组，理论上，这种安装柔性装弹机，可由任意角度进行装填的炮塔，其火炮最大仰角可以达到 90 度。

3. 采用改良型的"黎赛留"级炮塔，别除并不实用的全角度射击能力，去除一些不必要的设备以减少炮塔重量。经过这种"缩水"后，火炮的射角仍可达 70 度。

如果选择第 1 套修正案，新巡洋舰将在火力上得到一定的改善。主炮数量等同于意大利海军新锐的"阿布鲁齐"级，防护则更强。由于防御上的优势以及主炮配置上的针对性，海军的顾问甚至认为其强于英国海军的"南安普顿"级。但是这个方案的缺点也很明显。首先，炮塔无法再沿用现成品而必须重新设计，这将会显著提高新巡洋舰的成本。其次，改变 3 个三联装炮塔的原有布局定式，将会导致船体结构、整体布置上的全面返工，非但重量问题不便解决，火控方面也可能会有潜在的麻烦。最后，由于多出来的一个炮塔占据了船体上的相当一段空间，预计安装于原后舰桥位置的机库与弹射器设备就不可能获得足够的布置空间。

至于第 2 套修正案，设计人员们发现它只是部分可行。"黎赛留"级战列舰使用的高平两用三联装 152 毫米炮塔虽然仰角巨大，但是单个炮塔重达 228 吨，比法国轻巡洋舰上使用的三联装炮塔都要重上 56 吨。而且，为了能够实现最大 90 度的仰角，炮塔内安装了尺寸巨大的俯仰系统和柔性装弹具。可以想见，安装这种炮塔将使火力控制问题更加复杂①，而且因为炮塔尺寸过大，同样会引发机库使用面积问题和船体重心问题。

相较而言，第 3 套修正案似乎具备更大的可行性。在这一计划中，经过修改后的炮塔每个将减重近 22 吨（这只是计算值，尚未有制作实物的计划）。如此一来，算上炮塔增加的重量以及航空设备所需的吨位和，整个 400 吨额度中去除冗余度的必要尚能留下 50 吨的空间以安装防空武器。以现阶段来看，尽管还有继续改善的余地，但这个方案已堪称尽善尽美，毫无疑问地代表着 STCN 的倾向。

对于新式巡洋舰来说，舰载防空火力是一个急需强化的环节。自第一次世界大战结束以来，世界范围内的航空技术发展日新月异，飞机对水面舰艇的威胁与日俱增。对于法国海军建于 1922 年的"迪盖特鲁安"级（Duguay-Trouin Class）来说，空中威胁也许还是一个远景和展望，但到了完成最后一艘"拉·加利索尼埃"级的时代，这就成了一个必须要认真考虑的问题。

在 20 世纪 30 年代中后期，各类新式作战飞机层出不穷。它们完成了双

---

① 因为要同时满足对空与对海射击的问题。

翼向单翼的过渡，速度越来越快，飞得也越来越高，可以携带更多更大的炸弹。法国海军对空中力量的威胁很早就有了认识，尽管因为各种问题法国海军的航母计划一直并未结出硕果，仅有的航母"贝亚恩"号（Bearn）改装自因《华盛顿海军条约》而废弃的战列舰船体，但是因航速过低（仅 21 节），它的作战效能极其有限。不过也正是因为这艘航母的存在，使法国海军一直对航空力量的威胁有较直观的认识。

　　如果可能的话，海军希望能增加舰载双联装 90 毫米高射炮的数量，不过 STCN 的专家表示这不切实际。根据之前的经验，安装在 7600 吨级的轻巡洋舰上的大口径高射炮总数不应该超过 4 座，也不可能超过 4 座。况且即使安装这 4 座高射炮并安排好它们的弹药补给通道已让设计人员感觉捉襟见肘，颇为勉强了。为了应对各种新式轰炸机的威胁，增加高射炮的口径，干脆放弃传统的 90 毫米高射炮，采用不久前建造的 10000 吨级重巡洋舰"阿尔及利亚"号所选用的 M1930 式 100 毫米口径高射炮。将原有的 90 毫米双联装高射炮"原地放大"，代价仅是系统增重 70 吨。而 100 毫米 M1930 型高射炮在初

修正案1a M1930型152毫米主炮（593ST）搭载4架飞机

修正案1b 采用M1936型炮塔（594ST）搭载4架飞机

修正案1c 尾炮塔采用四联装模式 搭载4架飞机

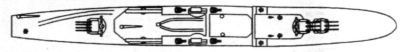

修正案1d 采用M1931型100毫米炮高射炮单装4座）搭载4架飞机

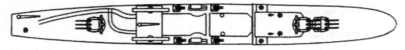

■ STCN于1936年给出的方案。

速和射高方面全面优胜于 90 毫米的 M1926 型。海军对此颇为满意，然而在这个看似完美的方案却疏忽了两个关键问题：相对小巧的 90 毫米双联装高射炮，新的 100 毫米高炮在尺寸上大了整整一圈，考虑到安装在船体侧面的两座高射炮塔，其前方是上层建筑，后方是高大的飞机库，为了省事省时，炮塔基座到弹药库之间的细节并未作相应调整，而这些都会在很大程度上限制防空炮火的弹药装填时间和开火空间。

STCN 对此采取了当时来说最为激进的解决方案——为新式巡洋舰的 100 毫米高射炮配备安装全封闭的 M1933 式炮塔。M1930 式 100 毫米高射炮在结合了 M1933 型炮塔后，成了比 M1926 式 90 毫米双联装高射炮以及 M1931 式双联装 100 毫米高射炮都要有效得多的防空武器。虽然其封闭式的炮塔重达 30 吨（开放式的双联装 100 毫米高射炮系统仅重 13.5 吨），并且为了容纳甲板下的弹药库和炮座部分，必须对船体后部设计进行全面调整。当然，一个封闭式的炮塔其优点也是显而易见的，炮塔本身为炮手和整套武器提供了有效的保护，能够使火炮在不佳海况下正常操作，而且独立的供弹系统和安装于炮塔内的辅助火控设备也可以促进射击控制的一体化，从而便于火力控制。付出的代价与收获之效能是共存的，而 STCN 决定选择收获并为此付出。

采用炮塔式大口径高射炮的第一个问题是弹药供给问题。在此前的法国巡洋舰上，由于采用开放式的高射炮组，弹药一般都采取集中储存方式保存于统一的弹药库内，甲板上只留有一些弹药箱存放少量应急的弹药，在战时，水兵供弹小组会按照训练的步骤从弹药库将炮弹运抵各个炮位。在大口径高射炮炮塔化以后，这种供弹方式显然已不适用。STCN 认为在高射炮炮塔化后，应将供弹系统与弹药库集成化，也就是说采用类似主炮的系统，在炮塔下安装弹药库，并安装炮塔内弹药提升装置，而不再依赖人力将弹药自弹药库递送至炮位。对于 8000 吨级巡洋舰来说，是不大可能为分别安装于船体各处的高射炮塔设置甲板下弹药库的，况且吨位"潜规则"一直是高悬于这艘非条约的条约型巡洋舰头顶的"达摩克利斯之剑"。解决的办法是将高射炮塔集中配置，为了安装机库和弹射装置而空出的后舰桥位置就成了第一选择。在将计划设置的 3 个高射炮塔以及其附属设备以品字形安装于艉楼尾部之后，是设计人员很快就发现了新的问题——取消后舰桥后省出的甲板空间不够用了。如果要将高射炮配置在这里，那么原本构想中的大型水上飞机弹射器、大型吊车以及机库就必须放弃，或者至少做出彻底的修改，否则即便是装得下这些炮塔，其射界也会因为两侧和后方设备的干扰变得非常差。而放弃机库或者弹射器等，对于此前一直强调舰载航空能力的设计思路而言，这个结果无疑是一个沉重打击。

折中的方案是取消位于品字头顶部的中央炮塔，只安装两侧的 2 座炮塔。如此一来，甲板空间倒是绰绰有余。但是这又违背了海军希望强化对空火力的态度。位于中央的高射炮塔射界良好，可以向左侧或者右侧射击而不像另外两个那样受到对侧炮塔的干扰，所以真要将之取消，STCN 和海军都是颇不甘心的。

问题催生出改进，改进导致新的疑难，针对新疑难的对应措施又惹来更新的麻烦。为了解决这个无限衍生的莫比乌斯环式难题，STCN 拟出了两个备选方案：614ST 和 615ST（具体设计见图），以备实施。两个方案都对航空设备进行了调整，弹射器都被前移，机库尺寸遭到缩减，搭载的水上飞机数量从 4 架减少到 3 架，而第 3 架的机翼是折叠式的，并被设计存放在弹射器之间。两个方案的修改重点都是改善艉部火炮的射界——不仅是高射炮的，还包括艉部的三联装 6 英寸炮。而区别则是，在614ST 中只安装了 2 座双联装 100 毫米

■ 被当作纪念舰保留至今的"爱丁堡"级轻巡洋舰"贝尔法斯"号，这是该舰前主炮组的特写。

■ （上图和下图）法国海军最初的现代化巡洋舰，依据战后轻巡洋舰标准建造的"迪盖·特鲁安"级。这也是法国海军第一种设计携带有固定翼飞行器的作战舰艇。

高射炮，而 615ST 仍配备 3 座，而第三座，也就是位于中间的那座被安装在一个加高的平台上，其射界得到了极大的改善。由于将航空设备挪向了船体中央，腾出的空间也使得 100 毫米高射炮弹与船艉部 6 英寸炮弹的储备数量得到增加，全舰总计可携带炮弹：152 毫米口径炮弹 1602 发（包含穿甲弹与高爆弹），100 毫米口径炮弹 1280 发（双炮塔案）或 1920 发（三炮塔案）。

　　到了这里，新式巡洋舰的大体外貌已经基本呈现。其改进点被集中于强化巡洋舰的航空能力上，在满足这一点的前提下，舰载防空火力也得到了适度的增强，而航速则尽可能维持不变。该设计拥有一个大型的全宽双机库（所谓"全宽"是指宽度达到船体宽度），机库的顶部装设有第二火控仪（第一台被安装于前舰桥顶部），2 台 120 厘米探照灯投影机和 2 门四联 13.2 毫米哈乞开斯高射机枪，连同起吊交通艇的小型起重机。从机库门到飞机弹射架之间有 2 条飞行跑道。

　　海军对"拉·加利索尼埃"级的防御能力颇为满意，尽管并无大的改进必要，但 STCN 还是希望能尽可能地"有所改进"。对于船体防御改进一共列有 6 套修正案，其中第 4 套方案只能提高水平面的防御性能，第 5 套修正案又只能提高垂直面的防护性能，第 6 套修正案相对较为综合。这 3 个方案都是建立在假设原武器装备——即 7600 吨级——不变的基础上。而第 1 至第 3 套方案都列出了厚度和重量的详细表格进行对照，但是那都被认为只能增加驾驶舱或者指挥塔的装甲保护，而对整体防护力的提高却微不足道，在提升战舰总

■ 法国海军条约型重巡洋舰"阿尔及利亚"号。该舰集中了当时法国的最新技术成果，在有限的排水量下最大限度地强化了火力与防护能力。

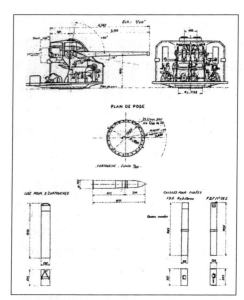

体性能方面的价值上，与其这样搞，还不如对主炮和副炮的布局进行合理修改。

经过对所有可行方案的综合比较，STCN 强烈倾向于配备 70 度射角主炮台，2 到 3 座 100 毫米型舰炮，隐蔽甲板上安装双弹射器和 3 架飞机，防护力接近"拉·加利索尼埃"级。法国海军总参谋部也首肯了这一方案。

以上设计的最终修订被 STCN 定义为"1936 年设计"，并得到了法国海军的认可。

■ "阿尔及利亚"号配备的封闭式双联装100毫米高射炮系统结构示意图。

"拉·加利索尼埃"级巡洋舰和"德·格拉斯"级巡洋舰重量对比表

	"拉·加利索尼埃"级	"德·格拉斯"级
船体	2524 吨	2887 吨
木制甲板	——	50 吨
防护	1505 吨	1519 吨
武器装备（含防具）	1155 吨	1383 吨
弹药	239 吨	264 吨
鱼雷和发射管	33 吨	46 吨
航空设施	118 吨	164 吨
动力设施	1238 吨	1366 吨
附属设施	1041 吨	1269 吨
余量	——	——
标准排水量	7795 吨	8948 吨
燃料和给养	1850 吨	2483 吨
满载排水量	9645 吨	11431 吨
注：试验排水量 = 标准排水量 +1/2 燃料和给养，得出：		
试验排水量	8720 吨	10190 吨

1. 防护设施分拆重量表		
水线下装甲	520 吨	501 吨
甲板	500 吨	542 吨
横向装甲带	74 吨	75 吨
防弹装甲带	192 吨	187 吨
舵机	18 吨	19 吨
CT	58 吨	67 吨
导航桥等	——	10 吨
烟囱烟道，电缆	85 吨	118 吨
2. 燃料和饮食品重量分拆表		
燃油	1530 吨	2080 吨
柴油	55 吨	54 吨
汽油	4.5 吨	5.3 吨
养护油	20 吨	22 吨
用水	120 吨	165 吨
饮用水	10 吨	14 吨
洗涤用水	40 吨	55 吨
食品和给养	34 吨	41 吨
肉类	2.8 吨	6.9 吨
酒	10 吨	14 吨
消耗品	23 吨	25 吨

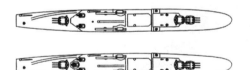

■ 针对第1修正案的3种备选设计之缺陷而拟定的第2（614ST）和第3修正案（615ST）。

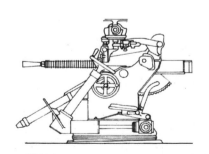
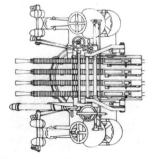

■ 计划配备在8000吨巡洋舰上的四联装13.2毫米哈奇开斯高射机炮。

意大利海军超级轻巡洋舰

从设计定位上来讲，将意大利海军的5级12艘雇佣兵型轻巡洋舰均视为一类用途的军舰无疑是一个严重的错误。

正如正文所述的那样，雇佣兵型在其发展过程中的改进依据意大利周边局势的变化而变化，战术定位发生了根本性的转变。如果说其第一、第二批次"阿尔贝托·迪·朱萨诺"级4舰与"路易吉·卡多纳"级2舰具有浓重的轻型舰队领航，以及压制法国海军超级驱逐舰的意味的话，那么从第三与第四批次的"拉伊蒙多·蒙泰库科里"级和"奥斯塔公爵艾曼纽埃莱·菲利贝托"级显然是意识到了法国海军巡洋舰队的威胁，开始着眼于强化对敌方巡洋舰的作战能力上。而强化的主要环节也就是此前意大利巡洋舰的弱项——装甲防护，直至第五批次阿布鲁齐公爵出现。正如正文所述，"阿布鲁齐公爵"号与"加里波第"号的出现既有掌握对地中海法国轻巡洋舰绝对优势的目的，也顺应当时海军界的轻巡洋舰竞赛，可被视为战前意大利海军造舰思路极致化的体现。特别需要提到的是，尽管雇佣兵型5级12艘在总布局和船体结构上一脉相承，但作为最终版本"阿布鲁齐公爵"级无论是从造型还是和火力布置上都极为酷似意大利海军现代化改装后的4艘老式战列舰，其主炮3×2×2×3的布置方式与塔形舰桥和双烟囱构造，可以被认为是意大利设计师将重建老式战列舰时所掌握的技术投入轻巡洋舰设计后的成果。

"阿布鲁齐公爵"级得名于路易·吉·迪·萨沃亚·杜查·德利。人称"阿布鲁齐公爵萨沃亚"的路易·吉生于1873年，卒于1933年，意大利国王艾曼纽埃莱三世的侄子，一战时任意大利海军司令。但是真正让其人留名青史的并非是其出身或是在海军总司令任上的功业，而是他曾以著名的登山家和探险家的身份征服过数座雪峰。至于该舰的2号舰"朱塞佩·加里波第"号，略知意大利近代历史的人都知道它命名自谁。

"阿布鲁齐公爵"级

船体尺寸： 全长187.05米，水线长度171.8米，水线全宽18.84米，标准排水量状态下吃水5.21米，最大吃水6.8米。

排水量： 标准排水量9959吨（阿布鲁齐公爵）/9387吨（加里波第），

满载排水量 11766 吨（阿布鲁齐公爵）/11262 吨（加里波第）。

　　动力系统：亚罗三腔水管式锅炉 8 台，帕森斯齿轮减速式涡轮机 2 台，设计输出功率 100000 马力，设计最高航速 35（4×2），8 挺 13.2 毫米机枪（4×2），6 具 533 毫米鱼雷发射器（2×3）。

　　防护能力：侧装甲带 100 毫米 + 30 毫米，主水平装甲 40—60 毫米，炮塔正面 135 毫米，炮座 135 毫米，指挥塔 140 米。

　　搭载：4 架水上飞机，2 套弹射器。

　　水兵：额定船员 640 名。

→ 对 1936 年方案的细微修订 ←

　　根据对上述方案的最后敲定，到 1936 年底，新型巡洋舰的设计图已绘制完成。和此前讨论方案最大的区别是，该套设计图在绘制过程中进行了一项重要的修改：

　　根据英国皇家海军的对称烟囱设计，STCN 最终采用了一个大型的单个烟囱的布局方案取代原先沿用自 7600 吨级设计的双烟囱造型，从而腾出了足够的甲板空间留给之前一直竭力保留但最终被取消的双机库。同时按照英国巡洋舰的样式，此方案修正了安装在机库顶部的火控仪和防空轻机枪（见 1936 年图纸），而且每个机库都由专用轨道连接，从而使舰载水上机在做位置调整和部署变动的载运工作时不再完全依赖于吊车。

　　新的改进包括计划沿用了当时主力舰才会采用的一些设备，安装了一个类似于"黎赛留"级战列舰所用的升降式弹射器，从而使舰载水上飞机弹射时能从更高的高度上起飞。成本会再度攀升，这是免不了的，但海军和 STCN 更不愿意看到的是再度对设计进行大幅度调整。相比法国人的弹射系统，英国海军当时公布的新式战列舰"英王乔治五世"级安装有一套跨越整个舷宽的横向弹射装置，海军分析人士认为其效能要明显好于现有的装置。不过 STCN 并不打算在他们的新式 8000 吨级巡洋舰上也采用此系统。一来巡洋舰没有如此大的舷宽，弹射器势必要伸出舷外，再者，横置的弹射器将会占用船体甲板一定的横向宽度，8000吨级巡洋舰的甲板空间本已捉襟见肘，实在是禁不起这般折腾。

如果说弹射器的选择只是一个值得探讨的话题，那么重量超标的危险就成了非常现实的问题。由于历次修改后上层建筑重量已大幅增加，海军部开始担心8000吨级巡洋舰的标准排水量，可能已经超过了《伦敦条约》规定的最高8000吨的限制，尽管法国并未同英美缔约，但默认并尽可能执行这一规则是法

■ 法国海军特有的三联装550毫米鱼雷发射器。

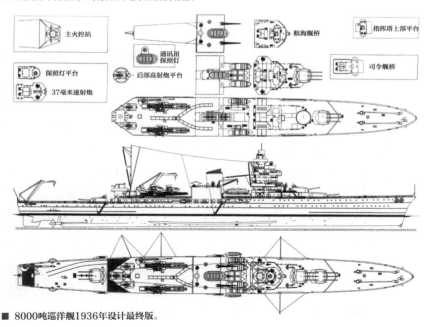

主火控站

探照灯平台

37毫米速射炮

通讯用探照灯

后部高射炮平台

航海舰桥

司令舰桥

指挥塔上部平台

■ 8000吨巡洋舰1936年设计最终版。

国政府给海军定下的红线。

在 1938 年初，经过反复的权衡，STCN 将图纸中的双机库体积再次压缩，以此来减轻上层建筑物的重量，使排水量接近"红线"。为此，备用飞机不得不存放在弹射器之间的一条中心线跑道上（见 1938 年图样）。对于安装在机库顶部的设备，如火力控制仪和高射轻机枪等的布局，显然也是需要继续修改的。末了，作为对舰载火力略微单薄的担忧，号称第三共和国海军之父的达尔朗海军中将在最后一刻做出了一项修改——将原来拟采用的双联鱼雷发射管改为三联发射管，从而略略提高了这种巡洋舰的对舰攻击能力，而作为对指导者的尊重，这项修改最后被 STCN 认可并得以实施。于是整个设计的最终版本被定义成了 1938 年型。

总的来说，这种 8000 吨级巡洋舰设计严格遵循了军备限制条约的精神，海军总参谋长的一份报告中指出，虽然正式建成后的新型巡洋舰设计方案统计出的标准排水量是 8127 吨，但根据经验，完工之后的实际排水量可能会略微超过这个数字。

⟶ 1938 年设计方案——最终图纸 ⟵

法国海军将 8000 吨巡洋舰方案于 1938 年 1 月正式敲定，该计划的 1 号舰被海军命名为"德·格拉斯"号。于是，史称其为"德·格拉斯"级。"德·格拉斯"级巡洋舰的正式官方设计规格如下。

主要武器装备：炮塔布局延续"拉·加利索尼埃"级的 3 座三联装式，但主炮采用 M1920 型 50 倍径 6 英寸炮，主炮塔参照"黎赛留"级战列舰的 6 英寸副炮塔进行改进，处于必要性的考虑，其最大射角缩减为 70 度；

辅助武器装备：6 门安装于 M1933 型双联炮塔内的 45 倍径 M1932 型 100 毫米高射炮，

近距离防空武器：4 座 M1933 式 37 毫米双联速射炮，1 座四联、2 座双联 13.2 毫米哈齐开斯高射机枪；

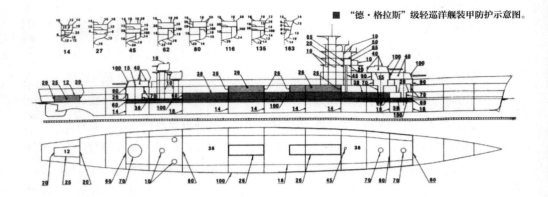

■ "德·格拉斯"级轻巡洋舰装甲防护示意图。

火控系统：前塔上叠加 2 座火炮指挥仪（仿照战列舰），其中低层的负责主炮和副炮，还有甲板表面，高层的负责 100 毫米高射炮。有一个紧急火控装置可以负责 100 毫米高射炮和紧急情况下的鱼雷发射。

鱼雷发射管：2 套三联发射管，

航空装置：与弹射器和中心线跑道适配的 2 架飞机（1 架水上侦察机，1架战斗机）

防护力：与"拉·加利索尼埃"级相当的装甲，指挥和管理设施增加了防弹保护。

速度和续航能力：额定最高航速 33.5 节，以 15 节的航速满载最大续航 8000 海里，这两个数字都较"拉·加利索尼埃"级有所改善（额定最高航速 31 节 / 以 15 节的速度最大续航 5000 海里）。

船体设计

相比 7600 吨级巡洋舰，垂直高度增加到 8.5 米，龙骨延长仅仅 1 米。预计最大为 10190 吨，几乎超过 7600 吨级"拉·加利索尼埃"级的最大排水量的 1500 吨和意大利最新的"阿布鲁齐"级巡洋舰大致相等。

船体设计总体来源于"拉·加利索尼埃"级，但为了保证高速要求，船艏部分的线形必须更细过渡更小，而后逐渐向后扩展，水线部分要尽量减少

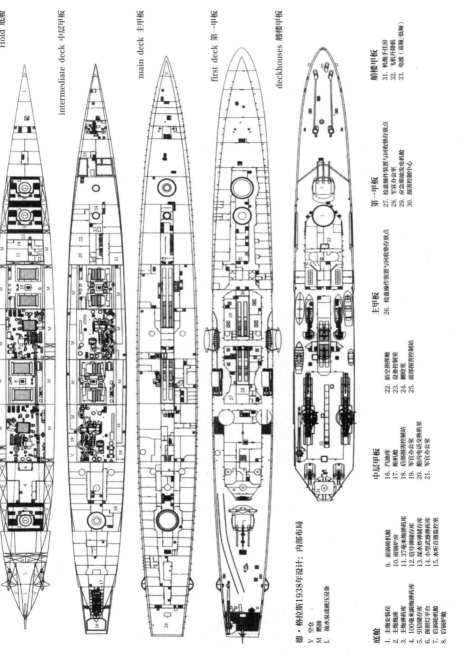

Hold 底舱

intermediate deck 中层甲板

main deck 主甲板

first deck 第一甲板

deckhouses 舰楼甲板

德·格拉斯1938年设计: 内部布局
V 空仓
M 燃油
L 抽水泵或液压设备

底舱
1. 主轮舵安装处
2. 主舵机舱
3. 主舵舵机库
4. 100毫米炮炮弹药库
5. 引信储存库
6. 探照灯平台
7. 后舵舵机库
8. 后舵舵舱

9. 前舵舵机舱
10. 前舵舵库
11. 37毫米炮舵控制站
12. 信号导弹储存库
13. 深水炸弹储存库
14. 小型武器弹药库
15. 水听音器监控室

中层甲板
16. 泸油库
17. 舵舱
18. 后部舵舵控制站
19. 军官办公室
20. 舰内电话交换机室
21. 军官办公室

22. 防空指挥舱
23. 设备控制室
24. 测绘室
25. 前部舵舵控制站

主甲板
26. 绞盘操作控制站

第一甲板
27. 绞盘操作装置与间收集存放点
28. 军官办公室
29. 应急柴油发电机舱
30. 舰桥控制中心

舰楼甲板
31. 机炮手任房
32. 飞机升降舱
33. 电板（高舷/低舷）

■ 按照1938年的设计方案, 两个机库体积那被压缩, 以节省重量。这意味着用机库本身的基座容纳辅助火控仪系统, 而平台上的探照灯则由舰两边的护栏防护。弹射器之间的跑道则为第3架飞机提供停留场地。

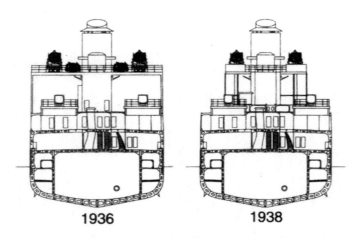

■ 1936年和1938年截面设计图。这些截面图显示了1936年和1938年两个方案最关键的差别。根据1936年的方案，上部的建筑是两个全宽度飞机机库和其他部分一起组成，而根据1938年的方案，辅助的火控仪设备和120厘米探照灯投影仪已经搬到新的位置了。

不必要的弧形。船体龙骨宽约 0.7 米。

　　上层建筑物相比"拉·加利索尼埃"级显得巨大了不少，但是通过改进结构和材料，上层建筑物的总重量得到了一定程度的减轻。并且，"德·格拉斯"级像当时其他法国轻型作战舰艇那样广泛采用轻质的铝合金来制造各种舱内设备，包括扶梯、门框和其他配件。

　　"德·格拉斯"级在外观上的另一个特色是其甲板上铺设有柚木——船体的上甲板从船艉到水上飞机弹射器段采用柚木铺面，而从艏楼甲板则整体采用油毡与橡胶质地的复合材料覆盖。所有其他暴露的甲板部分都像"莫加尔多"级（Mogador Class）那样涂上了一种特殊的防滑、防腐，且不易燃的涂料。"德·格拉斯"级巡洋舰比此前任何一艘法国战舰都重视防腐处理，该舰所有厚度超过 5 毫米厚度的甚至更薄的金属板都经过镀锌处理，船体直接接触海水的部分都刷将刷上双层的含铅油漆或特殊漆。

防护系统

　　"德·格拉斯"级的防护系统和"拉·加利索尼埃"级非常类似。

　　侧装甲带由一条 3.5 米高厚约 100 毫米表面硬化钢防护带构成。在船体舯部机舱部位，侧装甲带从主甲板一直延伸到水线以下约 1 米处。其覆盖范围包括水上飞机发射与操作区，以及 2 号 152 毫米炮塔和 37 毫米防空炮的弹药库，带一直延伸到船舻。但在船艏和舻部分，其高度被降低到 1.6 米，只保护船后方的 152 毫米炮与 100 毫米火炮的弹药库外侧部分，以及船头 1 号 152 毫米炮塔的弹药库外侧船体。

从侧装甲带下缘到船肬底部的侧壁部分的船壳厚约 25 毫米，另覆有 18 毫米厚的钢板进行加强。

因为这一时期的锻压技术还不够成熟，钢厂无法生产太长的一体化钢板，而即便生产出来也无法进行将其表面硬化的装甲化处理，因此船体装甲主要由小块的装甲板构成，由螺栓固定在船壳表面。另外为了加强船体内的防护，一些不便安装钢制装甲板的部分被铺上一层水泥，海军希望据此能能够减少船体被击穿后破片带来的损害。在轮机与锅炉舱的外壁，铺设有 18 毫米厚的装甲外壁，同样材质的防破片层也被安装在各个弹药库的顶部。

"德·格拉斯"级的水平方向的防护和"拉·加利索尼埃"级完全相同。主水平装甲由一层 38 毫米厚的特殊钢保护主甲板上机械和主要控制空间，储存 152 毫米和 100 毫米炮弹的弹药库也都得到同等的水平保护措施。所有装甲甲板可能被渗透的部位（烟囱通道，通风口等）都用特殊钢材料固定或者安装了可移动支架。

像"拉·加利索尼埃"级那样，舵机由一个独立的装甲盒来提供必要的防护。这个独立的装甲合四壁厚 26 毫米，底板厚 20 毫米，顶板厚 18 毫米。"德·格拉斯"级船体部分水平与和垂直防护能力见下表。

"德·格拉斯"级巡洋舰装甲与防御能力数据

常规条件下船体装甲对不同口径炮弹的免疫距离		
垂直防御 100 毫米特殊钢	M1932 式 130 毫米主炮 7400 米	M1927 式 139 毫主炮 10200 米	M1930 式 152 毫米主炮 13900 米
水平防御	M1932 式 130 毫米主炮	M1927 式 139 毫主炮	M1930 式 152 毫米主炮
8 毫米特殊钢	15700 米	16200 米	17500 米
注：这些数字没有计算：垂直带后面的 18 毫米舱壁；装甲甲板以上的上层甲板。			

炮塔和指挥塔的装甲厚度

炮塔	指挥塔
正面：100 毫米	四壁：两侧各 95 毫米，正背面各 85 毫米
侧面：40 毫米	顶板：50 毫米
顶板：40 毫米	地板：20 毫米
舱口围板：90 毫米	通信设备，管道： 45 毫米
主炮座：70 毫米	

　　虽然重复多次，但是笔者仍旧要说，"德·格拉斯"级的炮塔和指挥塔装甲防护水准同样类似"拉·加利索尼埃"级（详见附表4），但也略有加强。指挥塔下方的操作和输出传送中心被焊上了一层20毫米装甲板以加强防护。100毫米平射两用炮的炮塔正面和四周也被焊上了10毫米厚的额外装甲，火控中心表面也覆盖上了类似的装甲板。

　　整条巡洋舰被15个主密封舱壁分隔成16个区段，在必要的时候各区水密门均能关闭隔绝进水。动力舱的情况和"拉·加利索尼埃"级巡洋舰一样，被分割成左右两个独立的单位，每个分割有自己的水泵和其他辅助机械，能够在单独一侧进水的情况下最大限度减少损害。

　　此外，该级延续自"拉·加利索尼埃"级，新巡洋舰有一个毒气防御系统。预警系统包括3个电喇叭加上绿灯网络。为船员配备了防毒面具，包括机械室，弹药库和指挥舱的通风机械都可以从舰桥关闭，为防万一，还为通风口准备了遥控的密闭覆盖装置。

武器装备

　　"德·格拉斯"安装的三联152毫米炮座实质上与"黎赛留"级战列舰的炮座是同一型号，但做了很重要的修改。与战列舰相似，而与"拉·加利索尼埃"级不同的是，这些炮座设计可以使主炮同时攻击飞机和水面目标。区别在于，"黎赛留"级的炮座理论上最大射角可以达到90度，也就是可以进行全方位射击。而"德·格拉斯"级上的炮座射角被削减到70度。射角减小从深层次考虑是有好处的。并且3门炮发射三种不同的炮弹——高爆弹，穿甲弹和安装了定时引信的高射炮弹——被纵向安置。这意味着火炮之间的距离可以减少在一个直径较小的炮塔环的范围里，与随之而来的装甲防御空间。全角度射击系统相对更适合"黎赛留"级战列舰，而射角超出仰角75度之后会有较大误差，还是为德·格拉斯进行这样的设置效果更理想和有效。

弹药库足足可以摆放1980发炮弹（包括练习弹）。两种用途的炮弹都准备充分。900发用于（每门炮100发）攻击水面目标，其余的都是安装了引信的高射炮弹。

在前塔顶部火控仪的下方，装备了一个8米立体声测距仪，专门适用于控制主炮，还有从装甲指挥塔对水面目标的射击管理。发射台位于装甲甲板的前下方。如同"黎塞留"战列舰那样，仰角及方位角都采用了完全远程电源控制系统（RPC）。2号和3号炮塔也配备了8米立体声测距仪，还能进行辅助火力控制。3号炮塔还配置了与此相匹配的M1936式Aviso机械计算机。

M1933式100毫米是45口径武器，发射的炮弹重达14.9公斤，初速度为760米/秒。一个"艾兰"型加"羚羊"型双环炮座，有一个10毫米厚的保护层，因此，需要更大功率的辅助电机。这种炮在个别情况下，发射角度范围可以从 –10 度至 +90 度并且可以由机械自动发射。全部炮弹有1840发，其中600发炮弹用于攻击水面目标，280发是照明弹。

100毫米火炮的主要火控系统是前塔的火控仪，可是在攻击水面目标的时候，这些炮可以通过较低的火控仪的控制。前塔上的火控仪是配备有一个6米长的立体测距仪，后火控仪则配备了5米的同型测距仪。

152毫米和100毫米炮弹前后弹药库的防护被予以高度重视。弹药库由两道防护"墙"与船体保护隔离中分离——100毫米装甲带和18毫米的内部隔离舱壁。除了通常的通风、制冷和防水措施之外，弹药库和舱壁之间的空间注满了称为Alfol的惰性物质隔离，以取代以前的战舰使用的石棉。在弹药库内，152毫米炮弹由铝板固定保护，100毫米炮弹则全部使用了铝制护套。

3门100毫米炮座分布在后塔周围，这使他们受到很好的保护，因此也被横梁方遮蔽，因此射角很低。为了对此进行弥补，前方安装了4门M1933式37毫米的双联高射炮(6)，2门与前甲板室和二号炮塔平行，2门与司令台平行。

226

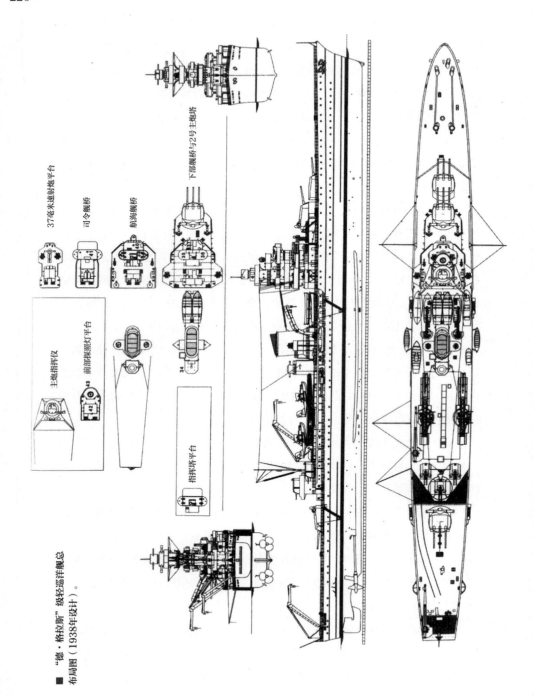

■ "德·格拉斯"级轻巡洋舰总
布局图（1938年设计）。

37毫米速射炮平台

司令舰桥

航海舰桥

下部舰桥与2号主炮塔

主炮指挥仪

前部探照灯平台

指挥塔平台

■ "拉·加利索尼埃"级巡洋舰"乔治·莱格"号。注意其前舰桥桅楼顶部的8米基线测距仪，同"德·格拉斯"级计划配备对的型号。

桥翼配备了 2 门 13.2 毫米霍奇克斯 MG 双联高射机枪，后甲板配备了一门四联 13.2 毫米霍奇克斯高射机枪。右舷清除了飞行轨道，为安装后者提供了空间。高射机枪的控制只有依靠它的瞄准器了。

2 个三联 550 毫米鱼雷发射架位于船舯的上层甲板，和"拉·加利索尼埃"级相同，都安装在主梁两侧 50 度的位置。和早期的巡洋舰一样，没有提供自动加载。6 支 D5 型鱼雷管用船载起重机装上了船。

有 3 个 120 厘米探照灯供夜航使用：一个位于前塔正面，另两个位于烟囱的平台两边，所有远程电力可以从桥两侧的左右舷位置控制，而前方探照灯也可以由 152 毫米主炮的火控仪控制。

航空设备

双弹射器位于船舯单烟囱后方密闭甲板的两侧。计划最大可支持起飞重达 3300 公斤的单人水上侦察飞机（最新的卢瓦尔 130 型侦察机）和一架水上战斗机（卢瓦尔 210 型，将在 1939 年服役）。在弹射器之间有一个具有可旋转平台，类似于"敦刻尔克"级，用于提高飞机的弹射水平。飞机通过旋转台可以直接上升到弹射的位置。

和早期的巡洋舰一样，帆布缓冲垫都被固定在位于船尾的，活动范围

13.5 米的 4 吨固定起重机上。一旦飞机在缓冲垫上降落，起重机就会让他停止，然后安放在跑道上以免它冲到后甲板的 152 毫米主炮塔。另一个 4 吨起重机位于密闭甲板上，靠近弹射器的位置，活动范围达到 16 米，然后将飞机安放在中心线的平台上。后炮塔和飞机之间一共有 12 米对开的墙。起重机只在回收飞机的时候使用；所有飞机在起飞之前，都不会用到前端起重机，起重机通常存放在密闭甲板上，以免阻碍弹射器的使用。

和"拉·加利索尼埃"级那样，巡洋舰为飞机准备了 5000 升航空燃料，还为船只准备了 1800 升，这些燃料都储藏在船尾和所有周围的舱壁都孤立的储藏箱里。这个储藏箱有一个特殊的耐热镀层。燃料通过使用二氧化碳压力输送到船舯的航空站。

动力

虽然德·格拉斯动力装置和"拉·加利索尼埃"级设计得完全相同，由两个独立的推进装置组成，每组有 1 个单锅炉间和 2 个双锅炉间并排，还有一套涡轮，不过为了达到海军参谋部要求的 33.5 节以上的高速，动力明显增大。和"拉·加利索尼埃"级相比，动力将增加到 110000 马力（战时达到 121000 马力），接近法国第一艘条约型"杜肯"级巡洋舰。

4 个相同的"英德雷特"管道小型锅炉，其特色在于有 4 个收集器，过热和空气加热，这种技术的发展在原则是为对付"摩加多"级驱逐舰。他们的压力在 35 公斤／平方厘米（385 摄氏度）。每个锅炉房都有自己的辅助通风系统，紧急给水泵，润滑油油泵。

2 个拉多·布列塔尼涡轮组主要都包括 HP，MP 和 LP 涡轮与单减速齿轮组。巡洋舰涡轮机，单减速齿轮和火神耦合装置，位于 MP 涡轮室。这样可以提供 15000 马力的功率，相当于 20 节的航速。制动涡轮纳入了 LP 涡轮室。2 个制动涡轮机组功率可以达到 23000 马力，在航速 18 节时，战舰再航行 2 个半船位之后，就可以使船停航。每个涡轮组都有锅炉供电，也都有自己独立的附件。估计功率和耗油量见下表。

这些高性能的动力系统，在战舰需要的时候，可以大幅度提高发电量。"拉·加利索尼埃"级已配备了 4 组双 200 千瓦涡轮发动机；"德·格拉斯"

级涡轮发动机数量相同，但每台涡轮发电机功率达到 300 千瓦。同组的 2 台发电机可以一起发挥作用。另有一组发电机备用，即使是夜间行动，3 组发电机满足船上的一切需要还绰绰有余。这就允许一个发电机组可以关闭，进行维护保养。当 3 台额定功率 150 千瓦的柴油发电机中的 1 台或者更多同时供电时，1 个小时之内，每台都能达到 180 千瓦超负荷运转。1 台柴油发电机通常是足够的，但是当锅炉无法工作时，需要 2 台到 3 台同时运转，以使所有炮台能够正常运作。2 台柴油发电机位于前锅炉房上方的主甲板上；第三台紧急备用柴油发电机存放在第一甲板的前甲板室内。

"德·格拉斯"级巡洋舰动力和耗油量（理论估计值）

试验得出下列的数字（试验排水量）：	
动力和速度值	
5710 马力	=15 节
15290 马力	=20 节
33320 马力	=25 节
60170 马力	=30 节
110000 马力	=34 节
127460 马力	=35 节
设计目标 33.5 节最高航速将根据实验能够实现。	
耗油量	
在不同的速度下的实际数值（理论数值提高 30% 得出操作值）：	
33 节	1179 公斤 / 海里
25 节	593 公斤 / 海里
20 节	417 公斤 / 海里
15 节	241 公斤 / 海里
标准载油 2080 吨，估计实际续航能力如下：	
33 节	1760 海里
25 节	3500 海里
20 节	5000 海里
15 节	8600 海里
燃料库清空顺序：前侧油库和正中涡轮优先，侧锅炉房列后。	

补充设施和指挥空间

住宿空间足以供全体船员和一个舰队司令部人员共用：总共可以容纳691名官兵。司令部成员的房间与舰长和大副房间都位于后甲板室。和"摩加多"级一样，所有陈设都用轻质合金制成。军士长们的宿舍在前舱，其他士官的宿舍在主甲板下方的仓位。所有军官和高级士官都有吊床。厨房是位于第一甲板的前甲板室，而商店和其他服务设施，包括一个8床位的休息舱，都在

■ 卢瓦尔130型水上飞机，一般可搭载3—4名成员执行侦察任务。

■ 卢卡尔210型水上战斗机，当时还在研究中。

同一层的前方深处。给养足够支持 30 天——而酒的储备足够使用 90 天！车间和办公室都位于主甲板船舯，只有鱼雷维修间单独位于船中部的甲板室。

前塔的主要目的是对主炮和副炮进行火力控制。每个塔楼里都有为哨兵准备的休息室和天舱。

舰桥分为 3 层。底层为司令室，海图室，舰长值日岗和主操作中心，电话总机和炮台室。这一层共分为 6 个部分，还配备了 2 门双联 37 毫米高射炮。中层包括导航桥，指挥塔，一个天舱和信号室。导航桥有 10 毫米电镀防弹涂层保护，正面有 5 个转向舷窗，两边加装了固定舷窗。这一层还有港口联络站，右舷瞭望哨和 2 架双联 13.2 毫米 MG 高射机枪。顶层建有全封闭的司令室，供司令工作和传达命令，还有 2 个天舱（一个供司令使用，另一个供他的参谋长使用）。

在司令桥上是一个开放式的平台，安装了 2 门 37 毫米双联高射炮，陀螺罗经，3 米基座导航测距仪，天舱和休息室，4 个（对空）瞭望哨。导航桥和司令桥都能看到天空，而从导航桥可以通过一个装甲门直接进入指挥塔。从指挥塔通过装甲层开关的两边的孔洞可以进入主操作中心。

➻ 生逢乱世 ↢

1939 年 9 月 3 日，法国和英国、澳大利亚、新西兰一起对德宣战，从法律角度上言宣告了与德国之间战争的开始。然而，相比英国在慕尼黑协定之后的积极备战状态，法国受国内纷乱政局的困扰，其被占状况非常糟糕。特别是 8 月苏德之间签署互不侵犯条约以后，当时在法国政坛占据一席之地的法国共产党受苏共的指示，开始组织在其控制下的各地工会大搞罢工以表示对"帝国主义战争"的反对。另一方面在对德宣战后，法国政府在仓促之中下达了动员令，各行各业的技术人员和工人踊跃报名参军，而征兵机构也来者不拒地全数接纳，但法国的征兵动员效果高得有些"过头"，以至于许多战时被免于兵役的机构与兵工厂的工人也"顺利"应征入伍。

战争爆发了，一时之间法兰西第三共和国上上下下乱了套，随着许多要害部门的人员与兵工厂内的熟练技工被征召，本该全速运转的法国战争机器进入了停顿。受到牵连的就有于战争前3天才开始放置龙骨的"德·格拉斯"号。9月5日，因为混乱的征兵工作导致船厂各类技工严重不足，"德·格拉斯"号的建造被宣布暂时停止。而这一停就是将近一个月，直到9月28日，在战争开始的混乱结束后，大量熟练工和技术人员被从新兵训练营中劝退并送回了他们的岗位上，"德·格拉斯"号的建造工作也得以继续下去。不过，能够继续工程的"德·格拉斯"级就这一艘而已，随着战争的开始，它的姐妹舰，尚未开工的"沙托雷诺"号与"科尔伯特"号的建造计划被直接取消了。

德国进攻波兰后，英、法以及其同盟国和名下的殖民地自治领虽集体对德宣战，但并未按战前同波兰签订的有关协定给波兰以实际的军事援助。于1939年5月19日签署的法波军事协定中曾有明文规定。在条约载明道：法国方面将"在总动员令下达后不出3天的时间内逐步对有限目标发动攻势"。如今，总动员令早已在9月1日宣布。条约还进一步规定"一旦德国以主力进攻波兰，法国将从法国总动员开始后第15天起，以其主力部队对德国发动攻势"。时任波军副参谋总长的雅克·林茨上校问到法国能够派出多少部队参加这一大规模的进攻时，当时的法军统帅莫里斯·居斯塔夫·甘末林将军告诉他，法国届时大约可以派出35个到38个师。但是在1939年8月23日，连巴黎的老奶奶都知道德国即将进攻波兰的时候，这位被后世以"胆怯"著称的法国统帅却告诉他的政府说："要到大概不到2年以后……大约在1941—1942年期间"他和他的军队才可能发动一场真正的攻势"，甘末林还说，这是假定到那个时候法国能得到"英国部队和美国装备的帮助"。和法国一样，在战争一开始的几个星期内，英国能够派到法国去的部队也是少得可怜的。一直到了10月11日，波兰战事已经结束了3个星期以后，英国才派了大约4个师的远征军部队——被丘吉尔称为"象征性"的——前往法国。而直到当年的12月9日，驻法国的英国远征军才第一次有了伤亡——某个外出巡逻的班长被一发来由不明的冷枪击毙。正如著名军事家富勒说的那样："自从莫利内拉和扎戈那拉之战以来还未见过这样不流血的战争。"

在这场史无前例的"静坐战争"中，英法空军的作用也只是向敌方投撒

■ 时任法军统帅的甘末林将军，后世以"胆怯"来形容这个人，然而，考虑到当时法国的政局，换做任何一个人也未必能干得比他好。

传单。联军曾派出一小支部队向德国境内推进，但是他们在开到德国西部齐格菲防线前沿即停止前进，并在 10 月中旬又撤回到原出发地域，这算是这段时间内英法联军在陆上唯一的一次对"波兰人民浴血抗战的无私支援"。直到 1940 年 5 月德军展开西线全面攻势为止，长达 8 个月的时间里，除了大西洋上英德之间的海上角逐和挪威战役中的激烈交锋外，标榜着"民主自由"并要抗击纳粹暴政铁蹄的法国和英国将 110 个师的庞大兵力摆在法国东部至比利时一线按兵不动，坐视德国和苏联联手侵入并瓜分波兰。

至于德国，在没有做好挥师西进部署之前，他们在西线的齐格菲防线上只保留了非常微弱的兵力，仅仅 26 个师。如果此时集结于西线总兵力超过 110 个师的英法联军大举杀至，德国人自己都觉得即便是作消极抵抗都是力不从心的。然而，英法联军却什么都没做。

驻守西线的英法士兵时常可以听到机枪声。准确地说，是一天一次，每次持续 5—10 分钟。枪声不代表战斗，联军阵地上"嗒嗒"作响的机枪所射出的火线通常指向无人的空旷地带，或者只是为了满足记者的好奇心，告诉士兵现在是战时。在当时，巴黎最流行的曲子叫作《巴黎依旧是巴黎》。由于物资供应还很充足，休假也未受到战争影响，人们照旧灯红酒绿，艳舞表演依然如故，完全没有一丝战时景象。

相对于陆上的怪诞景象，洋面上正在上演真实的战役。除了开战以来就一直活跃的潜艇部队，德国海军的袖珍战列舰"施佩伯爵"号在南大西洋至印度洋一路煽风点火，不断袭击独行的英法商船。为了剿灭这艘敌舰，英国海军与法国海军组建了规模庞大的搜索部队。其中 L、M、N 搜索群由法国海

234

■ 一张"静坐战"时期的英国宣传海报，警告人们切莫掉以
轻心。

■ 第一次世界大战结束以后，法国政府为了"永远免于再度
遭到德国入侵"而修筑的马其诺防线，图为当时发表于杂志上
的要塞示意图。

军的舰只构成。

由小型快速战列舰"敦刻尔克"号协同航空母舰"贝亚恩"号，以及 3 艘
轻巡洋舰构成的 L 搜索群，负责警戒布勒斯特一带海域。包含法国重巡洋舰
"都迪普莱"号（Dupleix）及"福熙"号（Foch）的 M 群负责警戒北非达喀
尔一带海域。N 搜索群包含"敦刻尔克"级小型快速战列舰"斯特拉斯堡"号
（Strasbourg）与英国航空母舰"竞技神"号（HMSHermes），该战斗群负责警
戒西印度群岛海域。

最终，12 月 17 日晚上 19 时 54 分，于拉普拉塔河口之战中遭英国巡洋舰
重创的"施佩伯爵"号眼见突围无望，最终选择了自沉。法国海军虽配合了英
舰的围剿行动，但终究未起到实际作用。在英国海军部作战室内，庞大的海
上态势图遮蔽了这个大厅内的一整堵墙。在这幅巨大的地图上，受制于人类
视力的极限，每艘船所能探知的区域却不会超过一个大头针尾的范围。在战
争最初的一年里，舰载侦察机的价值一再得到体现，然而我们的主角"德·格
拉斯"号，却只能躺在船台上依照既定的计划慢慢建造，只能由得一群整日拟
定各种作战计划和预案的海军参谋们长吁短叹，如果能及时将"德·格拉斯"
级建成并投入现役的话，它该多么好用。

1940 年 5 月 10 日，在经历了长期的"静坐战争"之后，德军总参谋部开始启用著名的"镰割计划"（Sichelschnitt plan）[1]，曾经在几周内灭亡波兰的德国装甲铁流终于对法兰西亮出了獠牙。

5 月 13 日德国 A 集团军通过毫无防守的阿登森林进入法国。阿登地区的突击完全出乎联军意料之外，穿过阿登地区的德军迅速开入毫无防守力量的法国境内一路推向腹地。与此同时，德军的 2 个坦克师在炮火掩护下强渡缪斯河，于 5 月 13 日攻陷了法国北部战略要地色当，而同一时期德国 B 集团军也使用闪电战的方式入侵荷兰、比利时，来吸引并牵制位于比利时平原一带的英法联军主力部队，使 A 集团军得以更加顺利地从法国北部附近通过英法联军主力部队之侧翼，来构成曼斯坦因计划中的大包围网。到 5 月 19 日，7 个德军装甲师已经抵达离英吉利海峡只有 50 英里（约 80.5 公里）处。而在此，他们终于遭到了组织起来的英法部队的顽强抵抗。5 月 24 日，在空军的有效支援下，德国装甲部队突破了英法联军构筑的外围防线，突入到距离海岸 20 英里（约 32 公里）处，德国人已经可以遥遥望见法国的北部港口敦刻尔克的街市。在那里数十万被德军闪击战击溃的联军部队正绝望地听天由命。但却在此时，仿佛上天眷顾英国人似的，希特勒由于德国装甲部队的疾速推进越来越感到不安而突然下达了停止装甲部队前进的命令，并要求他们原地待命等待后续部队赶来协同，从而给了困在敦刻尔克的联军部队喘息和撤退的机会。

随之而来的便是著名的"敦刻尔克大撤退"。5 月 26 日，英国海军开始执行代号为"发电机"的大规模撤退行动。英伦三岛与正处一片混乱中的法国海军动员一切可以使用的船只，包括泰晤士河上的划艇，赶来海峡对岸参加撤退行动。至 6 月 4 日德军攻克敦刻尔克，英法联军共计从此地撤退 34 万之众，他们将成为让西欧大地重归自由的火种。

当德军杀到敦刻尔克的海滩上时，这里唯有丢弃满地的辎重，而英国人

---

[1] 通常又称为曼施坦因计划（Manstein-Plan），该计划源自对施利芬计划（Schlieffen-Plan）的全面修改。其宗旨分为 A、B、C 等 3 个集团军让过马其诺防线，经由比利时、法国、卢森堡三国交界处的阿登森林（Ardennes）突入法国境内迂回马其诺防线背后，并由侧后包抄随着西线战斗打响而开进比利时、荷兰境内的法军与英国远征军。

■ 小型快速战列舰"敦刻尔克"号。在战争初期，法国海军曾出动主力配合英国海军于大西洋上围剿德国海军的袭击舰。

■ 英国人绘制的关于敦刻尔克大撤退的油画。途中可见各式各样的船——从拖轮到泰晤士河上老掉牙的明轮船尽数出动，在海滩上顶着德国人的炮火搬出宝贵的联军有生力量。

和少数法国军队，已经"乘着一切可以漂浮的东西"游向了对岸。随着敦刻尔克之战的结束，德国装甲部队便可以在一马平川毫无阻拦的法国北部平原上实施不可阻挡的大进军。

上帝也不能阻止德意志了。

↦ 沦陷时期的战舰 ↤

法国即将战败，而这对法国海军来说将是一次浩劫。

1940 年 6 月 14 日，完成海试返航布勒斯特港的新式战列舰"黎塞留"号向德军打响了第一炮——该舰搭载的 100 毫米高射炮被调至高角，向飞至该城上空轰炸的德国空军 Ju87 与 Do17 轰炸机猛烈开火，尽管此时与火炮配套的对空射击指挥仪与火控装置尚未安装射表。次日，来自海军部的紧急命令要求"黎塞留"号尽快搜集所有能够找到的零配件与弹药开往英国。3 天以后，新的命令将目的地改为法属北非。而此时，这艘战列舰虽已完成了船体的总装工作，但包括主副炮的装弹机构在内的诸多设备还未调试完全，火控装置和主炮的调校工作也没来得及做。在搜罗了所有能够找到的配件，满载着法国海军学院的全体学员以及一大批船厂工程师、船工后，在海军 2 艘驱逐舰的保护下，战列舰"黎塞留"号于 6 月 23 日驶抵法属塞内加尔首都达喀尔。

在布勒斯特港东南约 200 公里的圣纳泽尔，"黎赛留"级的 2 号舰"让·巴尔"号正面临着更严峻的考验。在德军突破联军防线向法国腹地进军的时候，海军总部发来将战舰撤离至北非的命令，如果不能完成这一命令，就必须将船体炸毁以防落入德军手中。在当时，"让·巴尔"号的主机尚未安装到位，螺旋桨也还未造好。为了抢救这艘耗费了巨额国帑以及无数心血的巨舰，圣纳泽尔的海军船厂动员了近 4000 人冒着德军空袭的危险昼夜施工。在抢工完

■ 建造中的新式战列舰"让·巴尔"号。相比主体基本完工只缺调试的"黎赛留"号，这艘船的命运就取决于能否抓住最后的时间让该舰具备自航能力。至于其他的，诸如炮塔和火控设备，在这"国之将亡"的时刻，都已经顾不上了。

■ 在数千人没日没夜的抢工之下，历经千辛万苦于德军占领前最后一刻开出船坞的"让·巴尔"号，由于航道太浅，海底的淤泥和礁石甚至刮伤了它的螺旋桨。

238

成船体的同时，港内的人员还必须挖开一条提供给"让·巴尔"号驶出船坞的专门水道，因为这艘船将被迫在造船船坞内舾装上原本应该在建造码头上舾装的设备，船体的吃水量将会达到危险的程度。

6月7日，2个作为"黎塞留"号备用品的巨型螺旋桨被从布勒斯特紧急调，安装于"让·巴尔"号内侧的推进轴上。2天后，舵机与涡轮机舱的操纵、辅助设备被安装到位。12日，锅炉点火试验完成，证实了可以以3台锅炉提供的蒸汽驱动内侧的2套涡轮机航行的可能性。14日，船舰的1号炮塔完成了主炮吊装工作，并封闭了炮塔顶部，而2号炮塔考虑到吃水问题决定暂不安装主炮也不进行封闭施工。

时间渐渐流逝，德国人越来越近。18日早晨，德军装甲部队的前锋已挺进至距离圣纳泽尔65公里的南特，如果这些德国人有心，他们次日中午便能开进圣纳泽尔港。已经什么都顾不得的船厂方面决定立即发动战舰出港。18日下午，"让·巴尔"号启动了涡轮机，切断了岸上供电。晚上9时，航道疏浚工作提前终止，被清理出的航道不足50米宽，水深仅8.6米。然而，法国人已经没有了选择。6月19日凌晨3时，乘着大潮，在拖轮引导下，"让·巴尔"号开出了创造它的船坞，随即搁浅在烂泥内。在几个小时的努力与付出了螺旋桨被刮伤的代价之后，"让·巴尔"号终于驶出了港口。在航行到德机攻击范围之外以后，这艘勉强出航的半成品加满了燃料，驶向了北非，于22日抵达法属摩洛哥的达喀尔港。

在德军以闪击战击溃联军冲向法国腹地的短暂时日中，对于法国海军大西洋沿岸的舰艇来说，上面这种景象绝非个案，法国海军和它的国家一起，经历了一场彻彻底底的灾难。一部分舰只跟随敦刻尔克大撤退行动中的英国舰艇，驶向了英伦三岛，另一些则退往了法属北非各地。在土伦，以小型快速战列舰"敦刻尔克"号与"斯特拉斯堡"号为主力的法国地中海舰队尚保持着完整的建制，随时能够投入战斗。但是，这支曾经参与过围剿德国袭击舰"施佩伯爵"号的舰队，却无力挽救陆地上的危局。在这个祖国遭到入侵，陆军无力抵抗的时期，为了保存实力，在法国海军总司令达尔朗上将的命令下，这支舰队离开了土伦，驶向法属阿尔及利亚的米尔斯克比港暂避。而它们的命运，将是被注定的……

　　和那些匆忙之中驶向海外的军舰相比，完成度仅 28% 的"德·格拉斯"号相比，无疑是幸运的。曾被寄托了希望的法国海军新锐轻巡洋舰"德·格拉斯"号即将面对其生命中的惨淡岁月。1940 年 6 月 10 日，为了加紧"让·巴尔"号的施工，抢救这艘来之不易的战列舰，洛里昂船厂抽调了大批熟练工人和技师开赴圣纳泽尔。由于完成度过低，被认为在此局势下已无价值的"德·格拉斯"号被搁置在一旁。

　　6 月 22 日德军在正式占领洛里昂之后，根据占领军的要求，船厂剩余的工人被强行召集起来，被命令继续原来的建造工作，直至该舰正式下水。不论这些法国工人是否愿意，占领军派给的这份工作能获得的口粮与生活配给是实实在在的，但是，这毕竟是属于法国海军的军舰，没有人会希望建成它交给德国人使用。在近似"磨洋工"的效率下，"德·格拉斯"号的建造工程虽然得以恢复，却一拖再拖。德国人清楚这条在建巡洋舰的价值，他们的战舰"沙恩霍斯特"号和"格奈森瑙"号自 1941 年 3 月 22 日早晨结束了代号为"柏林"的大规模海上破袭战进驻布勒斯特港以后，当时德国海军的多数主力大型水面舰艇已经集结于法国被占区的大西洋沿岸港口[①]，德国海军正循着海军总司令雷德尔元帅在战前拟定的"巡洋战争"模式，使用大型水面舰艇与潜艇对英国的海上交通线发起全面攻击，如果法国大西洋沿岸在建的那些舰艇能建成服役并加入德国水面舰队序列，则德国海军在大西洋沿岸的力量将会得到增强，进而对英国人的海上生命线构成更强有力的威胁。这是英国不希望看到的，也是建造"德·格拉斯"号的那些工人们不希望出现的情况。为了加速船体的建造，德国占领军从布勒斯特与圣纳泽尔运来多余的材料和设备，交付给洛里昂船厂。但是不论他们怎么努力，德国的工程师如何精确计算，船厂方面却总是报告说材料不足，要求再作追加。如此这般，船体部分的建造一直拖到了 1941 年末，而设备舾装工程更是遥遥无期。

　　在"德·格拉斯"号下水之前，有权处置各战利舰的德国海军内部产生了分歧，部分官员认为应支持该舰尽快下水，这样既可获得一艘性能不错的

　　[①] 包括重巡洋舰"希佩尔海军上将"号，主力舰"沙恩霍斯特"号与"格奈森瑙"号。

240

■ "撤退"中的法国海军。大西洋沿岸的法国舰队顶着德国空军的攻击，有些撤向了英国，有些则退向北非。这对于法国海军来说，是一次不折不扣的浩劫。

■ 1943年火炬行动中被盟军夺取后，转交给自由法国舰队的战列舰"黎塞留"号。该舰在1944年被送至美国西海岸进行全面维修，照片拍摄时已经装配了大量四联装40毫米博福斯炮。

新式巡洋舰以配合大西洋沿岸的德国大型水面舰只，又可以空出船台用于建造新舰。另一部分人则认识到了在大西洋活动的德国舰队的缺陷，希望在该舰基础上改出一艘轻型航空母舰，以对抗曾在追歼"俾斯麦"号的行动中发挥了巨大作用的英国海军航空母舰与舰载航空兵，他们甚至拿出了以"德·格拉斯"的船体为蓝本的航母设计草案。但不论是哪一派，德国人的如意算盘似乎都是打不响的。在法国抵抗组织的领导下，船厂上上下下以一种"热火朝天"的磨洋工大法挫败了德国人的图谋——工人们可以流汗努力工作数个礼拜，以至于让德国占领军派来的监工都无可挑剔，然后他们会在忙碌结束后报告说因为某个小小的失误——可能是"图纸有失误"，或是"疏漏"了某个重要的环节，总之结果就是此前数周的努力统统泡了汤。至于建造船体所用的钢材和各种设备，因为各种莫名其妙的损耗和遗失，然后一而再再而三地向德国占领政府方面要求追加。最后，无论是德国海军内的"下水派"还是"航母派"都对这艘迟迟不能完成的空壳巡洋舰绝望了。"德·格拉斯"号的船体于1943年末挨了2颗英国炸弹以后，这艘船的工期更是无限期推迟。

1944年6月6日，随着诺曼底登陆战的展开，同盟国对欧洲大陆的反攻开始了，沦陷4年之久的法国光复了。抗战既毕，法国人有一大堆的"建国大业"

要办：重新组织政府、维持生活必需品供应保障并提高民众的日常生活水准、恢复社会秩序、惩处维希政府的法奸们以及所有"合作者"，然后是剃掉那些"通德"的法国女人的头发，并将她们游街示众……当热情而奔放的法国人民折腾完这些以后，重新组建的法国政府开始认真考虑起重建海军的问题。虽然在战争中戴高乐的自由法国利用掌握的少数前法国舰队舰艇组建了一支小舰队，但是这点努力对于重建高卢雄鸡的海上雄风这一伟大目标来说是远远不够的。1945 年 5 月 9 日，全面接管洛里昂的戴高乐政府开始着手清查那些战前遗弃的未成舰的状况。在"德·格拉斯"号的船底舱内，调查人员发现了大量被隐藏在底舱夹层内的建材，包括加工好的船肚、船肋、船壳钢板等等。这些材料多达近千吨，加上船厂遗留的一批板材，足以在不在追加材料的前提下，将这艘难产了 5 年半之久的巡洋舰的船体建成并送入海中。

　　仰赖"库存"的材料，"德·格拉斯"号的船体于 1946 年 9 月 11 日建成。下水仪式上，那些曾为了这艘船奋斗了 5 年的老船工们激动不已。经历了德国的占领，为了生计被迫为侵略者服务，以及想尽方法怠工与破坏的痛苦岁月，这些人因能够亲手完成他们 6 年前未尽的工作而热泪盈眶。在拖轮的牵引下，"德·格拉斯"号那带着锈迹饱尽沧桑的船体缓缓靠上了位于圣米歇尔岛对面的装配码头。

　　虽然船体已经建成，但对这艘巡洋舰新的改造计划，还将进行最后的审议。

■ 正与法国妓女把酒言欢的德国兵。对于这些干皮肉买卖的法国女人来说，客人是德军还是法军似乎并无多大区别，因为在数年后戴高乐的人马杀回巴黎的时候，她们也是拿出同样的热情来接待的，所以并非所有被剃头发的法国女人都值得同情。当然，她们的男人也一样。

■ 完成了船体建造工作，正被拖往装配码头的"德·格拉斯"号巡洋舰，此时距离它的诞生已经过去了整整6年。

⊸ 新生 ⊷

法兰西共和国复国，作为法国传统盟友的英国与并肩作战的美国，为重建法国海军而慷慨赠送了大批舰艇，其中包括有 4 艘航母。但这些军舰多半相对老旧，在技术上也并不完善。比如向美国海军租借的轻型舰队航空母舰"兰利"号与"贝勒森林"号虽为快速舰队航母，但船体狭小，可搭载的飞机数量有限，而另一艘航母"迪克斯缪德"号属于使用美国 C3 级货轮船体建造的"复仇者"级护航航母，在战后除充当飞机运输舰之外几乎毫无价值。而英国人交付的轻型航母"巨像"号情况相对较好，有较为宽大的机库可以搭载新式喷气式舰载机，不过该舰航速较慢，也并不能完全胜任战后技术条件下的作战任务[①]。此外，曾因为法国沦陷而避走海外的姐妹战列舰"黎塞留"号与"让·巴尔"号也随着战争结束回归法国，新成立的戴高乐政府决定继续完成"让·巴尔"号的建造工作。

1946 年年底的时候，法国海军部认为，如果沿用 1938 年的设计，此时已经完成船体施工的"德·格拉斯"号将可以迅速建成而不需要进行大幅调整。虽然当时一般认为当年的设计方案即便在战后也依然是先进的。但随着当时航空技术的发展，性能远远凌驾于活塞式飞机的喷气机已经成为各国空中力量的主流，法国当时两大主要盟国，英国和美国海军似乎都坚信 6 英寸高平两用炮的价值，早在 1945 年初，考虑到未来高空轰炸机的威胁，美国海军开始建造 2 艘搭载 12 门最新式 6 英寸 47 倍径 DPMk16 型高平两用炮（分为 6 座双联装炮塔，火炮最大仰角为 78 度）的新锐防空巡洋舰"伍斯特"号（Worcester CL-144）号、"拉沃克"（Roanoke CL-145）。而英国皇家海军早在 1944 年便已构想建造的"海王星"级巡洋舰，计划则配备 4 座 MK26 型三联装 6 英寸炮塔，火炮最大仰角可达 80 度。而同型号的双联炮塔稍后将配备于最后 3 艘

[①] 原英国"巨像"级轻型航母"巨像"号（HMSCollossus），法国海军接收后更名为"阿罗芒什"号（R.95Arromanches），于 1974 年 1 月退役。"独立"级轻型舰队航母"兰利"号（Langley）和"贝勒森林"号（BeleauWood）被法国海军分别更名为"拉·斐特"号（R96，LaFayette）与"博伊斯·贝罗"号（R97，BoisBelleau，其实就是英语中"贝勒森林"的法语写法），于 1960 年先后交还给美国海军。"复仇者"级护航航母"骗子"号加入法国海军序列以后被更名为"迪克斯缪德"号（Dixmude），服役至 1966 年 10 月后归还美国海军。

■ 海试中的"让·巴尔"号，为了给法兰西海上力重塑一个象征，戴高乐征服决定不惜代价完成这艘战列舰。而为了给其配齐主炮，法国人从挪威找回了当年被德国人掳走并安装到挪威充当海岸炮的8根380毫米主炮的炮身。

"虎"级轻巡洋舰，该级巡洋舰在 1944 至 1945 年间船体落水，但后来因为资金和战术定位问题一直拖到 1959 年至 1961 年间才陆续完工。

有了航母有了主力舰，那就必须配备与之对应的轻型舰艇。同盟国对法的援助中包括一些驱逐舰，但却没有具备有效防空能力并能适应战后航空技术跃升情况下防空作战的舰只。那么，重建的法国海军很自然地就将目光转向了处于"待建"状态的"德·格拉斯"号。

原 1938 年方案中计划配备给"德·格拉斯"级轻巡洋舰的 M1933 型双联装 45 倍径 100 毫米高射炮尽管从头到尾就没有能被造出来过，但就其技术标准而言，至今仍被认为是可靠而有效的舰载防空武器，虽然其价值随着时间推移将会不断削弱。就当时而言，M1933 型双联装 100 毫米高射炮的实战效能，大致介于美制双联装 3 英寸高射炮①与 5 英寸 38 倍径 MK12 型高平两用炮之间。虽然我们都知道的是，M1933 型高射炮塔最终并没有投入实战，但是现在再为"德·格拉斯"号配备这种火炮，实在是颇不合适。在 1945 年末，重组的法国海军部决定着手进行更高性能的舰载高射炮的开发，其成果便是后来的 M1945 型 100 毫米 55 倍径高射炮。在 1952 年，M1945 型高炮装备了重建的"让·巴尔"号战列舰，其使用的炮塔直接改进自 M1933。

重建"让·巴尔"号以及维持在印度支那的战争是法国海军在复国后最

---

① 其本质上是第二次世界大战前就接近淘汰的老式舰载高射炮，因美军于太平洋战争末期遭遇到日本神风特攻队越来越严重的自杀式攻击的威胁，故采用改进炮架后的 3 英寸 50 倍径 MK10 高射炮用于发射较小口径的配备无线电近炸引信的高射炮弹，以加强对空射击的威力。因为在当时的技术条件下，无线电近炸引信的尺寸无法缩小到配备于 40 毫米速射炮弹，故此也属无奈之举。

初几年内的重头戏，而其他的一切，必须在满足这两个条件的前提下展开。

对于再度处于事实上停工状态的"德·格拉斯"，起初海军打算只做一些小的改动，而基本维持 1938 年设计的基础。这项改动主要基于船体后部的高射炮组，由于此时已经没有了条约的严苛限制，设计人员决定借此对"德·格拉斯"号的防空能力做全面强化。双联装 100 毫米高射炮塔的数量将被曾至 6 座，舰炮塔与架高的后部中央高射炮塔之间将增设一座高射炮塔，另在烟囱两侧增设一堆炮塔。此外，舰部位于两侧的高射炮塔将被适当的加高，以便其能够朝向正前方射击（之前设计中由于舰炮塔顶部测距仪的阻挡，这两座高射炮均不能朝向正前方——也就是船艉方向射击）。当然，炮塔内装备的将是新式的 M1945 型 55 倍径 100 毫米炮。

此外，另一个改进的要点是舰载轻型高射炮。就 1945 年以后的情况来看，1938 年设计中配备"德·格拉斯"级的四联装哈齐开斯高射机枪与双联装 37 毫米速射炮的组合，对比战时美国海军最有效的轻型防空武器组合，20 毫米厄利孔加 40 毫米博福斯，相去甚远。而在 1945 年以后，美国舰已经普遍加装了介于 40 毫米博福斯与 5 英寸高射炮之间的 3 英寸速射炮，用于发射配备近炸引信的炮弹。由于 40 毫米 70 倍径博福斯速射炮良好的通用性与实战效能，战后法国重建的一些战舰，比如"让·巴尔"号战列舰，均采用了其作为小口径对空武器。因此，海军部的专家们建议给"德·格拉斯"号配备 7 座四联博

■ 原英国海军"巨像"号轻型航空母舰，在战后赠予法国海军，被法国人更名为"阿罗芒什"号。

■ 建造中的"让·巴尔"号，照片摄于1948年。

福斯速射炮，以替代原先的全部37毫米速射炮和13.2毫米高射机枪。其中2座安装于舰桥两侧，替代原先低位的双联装37毫米高射炮，另外4座分列于船舯的甲板上，占据原弹射器的空间。最后1座四联装博福斯位于船艉。总体来说，由于原始设计上的问题，防空火力对船体前半球的覆盖仍有问题，能够反制来自于正前方的空中攻击的只有舰桥两侧的博福斯。但总体来说，对空作战能力已比1938年设计有了飞跃性的提升。

　　若不是因为资金慢性短缺，加上法国海军造船厂和相关产业1940年代末期的混乱状态，几乎可以肯定的是，新的"德·格拉斯"号将会以上述内容来完成。在1946年的1月，法国海军计划以战后幸存的4艘装备152毫米主炮的巡洋舰："埃米尔·贝尔坦"号（Emile Bertin）以及3艘7600吨级巡洋舰"荣耀"号（Gloire）、"蒙卡尔姆"号（Montcalm）和"乔治·莱格"号（Georges Leygues），加上2艘从意大利获得的"罗马将领"级（Capitani Romani Class）轻巡洋舰为基础，组建3个"远洋战斗群"。1947年11月，按照修订过的一个系统性的战后法国舰队长期重建计划（官方名称为"未来舰队（Marine Future）计划"），法国将拥有6艘152毫米主炮巡洋舰——3艘战前建造的7600吨级加上3艘新造同级巡洋舰，"德·格拉斯"号便是这3艘新造巡洋舰之一——外加6艘略小的防空巡洋舰。根据这项计划，"德·格拉斯"号的全部工程将于1950年完工，另2艘新的巡洋舰很可能将以其为蓝本，分别在1954年和1956年完工。而新的防空巡洋舰此刻正在设计之中，计划第一批5艘将于1949年、1950年、1952年、1954年和1956年获得拨款并开始建造。

　　关于新的防空巡洋舰设计，这里不得不详细说一下，因为其和"德·格拉斯"号的命运息息相关。在法国海军重建初期，新舰设计工作暂时由海军总参谋部管理，而非由一个更为专业的造舰局或者委员会负责。1948年1月30日，海军总参谋部正式提交了一份关于 5000—6000 吨级防空巡洋舰的可行性研究报告。当然，其是否可行并不需要专门研究，而我们仅从排水量就可以看出，海军对新式防空巡洋舰的设计，无论是从规模上还是概念上，显然都参照了英国海军的"狄多"级（DidoClass）和美国海军的"亚特兰大"级（AtlantaClass）防空巡洋舰。大战中的英国防空巡洋舰普遍装备有 4 至 5 门双联 5.25 英寸（133 毫米）炮塔，其直接源自轻量化后的"英王乔治五世"级战列舰配备的高平两用副炮，而配备尺寸和重量都比较小的双联装 5 英寸炮塔的美国防空巡洋舰相比之下，就能配备更多的炮塔。"亚特兰大"级的主炮塔数量多达 8 座。其改进型，配备 55 倍径 5 英寸炮的"法戈"级（FargoClass）则配有 6 个炮塔。当然，我们不能忽略的是那个配备高平两用型 6 英寸主炮排水量高达 14000 吨，怪物一样的"伍斯特"级。尽管这种重型化的防空"轻"巡洋舰可以胜任拦截高空战略轰炸机的任务，但其成本和造价是当时的法国海军所不能承受的，而且法国人认为拦截高空战略轰炸机的任务完全可以交给战斗机去执行，完全没有必要为此去建造重型防空舰。所以，法国人暂时没多少心力去考虑这种问题并专门建造类似舰艇。而与此同时，法兰西海军的新一代 130 毫米 54 倍径舰载高射炮连同其炮塔以及整套系统，在美国盟友的帮助下"研制"成功了[①]！欣喜的法国海军当即决定，为空荡荡的"德·格拉斯"号配备 5 英寸高平两用主炮使之称为一艘专职化的防空巡洋舰。这一计划被法国海军称为"50 号计划"。当然，选用源自美国技术的 5 英寸炮来装备未完成舰并不等于法国海军就此摒弃建造配备 6 英寸高平两用炮的重型防空舰的想法，建造新式防空舰的计划正在同步推进。

1948 年初，随着海军机构的重组，重要的船政机构 STCN 也再度被设立，对于新式防空巡洋舰的设计逐步走向正规。在 STCN 的决策人员看来，要以如此一个有限的排水量（介于 5000 吨至 6000 吨）来建造一艘高效能的巡洋舰难度相当大，甚至可以认为是超过了条约时代设计"德·格拉斯"级的难度。经过法国军政界对问题争议的常见形式——扯皮——最后于这一年的年中得

---

① 实质上，这只不过是美国方面转让了其 5 英寸 54 倍径 Mk16 型舰载高射炮以及全套系统而已。而好面子的高卢公鸡在很长一段时间内都称其口径为 130 毫米，显然是使人误会其与美制 Mk16 的关系。

出了两个基本设计方案：

CA-1：标准排水量6150吨，计算试航排水量6968吨，计划配备有6座5英寸双联装主炮，6座57毫米双联速射炮。

CA-2：标准排水量约6600吨，计算试航排水量7400吨，2座152毫米三联装高平两用炮，4座100毫米双联高射炮，4门座7毫米双联火炮。

就在重组的STCN为新式防空舰大伤脑筋的同时，1948年4月9日，以防空巡洋舰重建"德·格拉斯"号的"50号计划"被采纳。按照该计划，最迟到1952年，"德·格拉斯"号将以法国海军第一艘专职防空巡洋舰的身份建成。3个月后CA-1号方案亦被采纳，但是对比最初的CA-1案还是做了颇多的改进，比如说计划进行了一些舱内修改以容纳更多机械和生活设施。主

■ 巡洋舰"乔治·莱格"号，是第二次世界大战结束以后，幸存为数不多的前法国海军大型舰艇。

■ 英国海军"狄多"级别防空巡洋舰，是第二次世界大战期间英国海军舰载防空力量的中坚。

炮塔德数量被进一步增强，由 6 个加至 8 个。另外，在前舰桥、船舯和船艉两侧都安装了成对的 57 毫米双联装炮塔，作为主炮火力的辅助。而修改的 CA-1 方案中的 1 号舰预计将于 1951 年或 1952 年获得建造拨款，STCN 预期将会于 1956 年完工。第二艘预计于 1955 年建造，预计在 1959 年完工。

→ 建造是否值得继续？ ←

在法兰西复国的最初几年，各种各样的计划是被再三拟定的，但是真正被落实执行的却没有多少。关乎法兰西荣誉的"让·巴尔"号是少数的例外，因为完成这艘饱经坎坷的战列舰在某种层面上也意味着法国的重生。

有关建造舰队防空巡洋舰的计划在 1949 年 8 月 29 日得到了文件性的确定，并被视为一个关乎"海军地位"的重要项目。这一计划依然设想以 6 艘 7000 吨级防空巡洋舰——后来修改为 5 艘 8000 吨级巡洋舰——组成法国海军舰队舰基防空力量的中坚。然而，战后海军部制订的这些项目与当时法国政府的严峻财政现实明显脱节。瑟堡、布勒斯特、洛里昂和土伦等前海军基地在战后满目疮痍，而且许多关键设施由于战火和联军的轰炸遭到破坏。特别是圣纳泽尔，英国人曾在 1941 年攻击并严重破坏了位于该地的重要设施——诺曼底船坞——以借此消除德国的"提尔比兹"号战列舰被投入到巡洋战争中的可能性。战前海军造船厂大量动员的工人已经大幅减员。船舶的建设依然处于停顿状态，维希政府时期又取消了大量军舰的订单，一切意味着军用造船厂要恢复到战前的规模将会困难重重。当然，私营造船厂的情况也是基本相同，德国人和盟军都不会在乎厂家是否属于体制内，只关心其对战争的价值。同样地，由于在战争之初便迅速落败苟合，法国在战前研制成功的先进武器与技术少得可怜，而随着战争的发展，诸如雷达和声呐之类的电子索敌设备的重要性日益凸显。在战前，海军部对这一领域的关注明显滞后于英美德，而战争又使得法国与这些国家的距离进一步拉开。因此，在这一时期，即便是一贯傲慢的高卢公鸡，也唯有低下头恳求它在战争中的盟友将各类欠缺的技术和专业知识通过援助计划转交给己方……总之，经历过战争浩劫的法国在某些方面已经和世界先进水平脱节甚远了。

在战后初期，"重建"是全法国最为优先的事项。在战后重建的法国武装力量以战时的自由法国军队为骨干，其装备主要依赖于英美援助，另外还有战前法国军队的储备品，以及从德国和意大利取得的战利品——简而言之就是一个万国牌。其对补给和维护的繁复性，恐怕不比当时的"中华民国"国军要好多少。虽然自法兰西第三共和国成立伊始，自主研发下一代军备就被提上了议事日程，并很快得到全面展开。但是在完成这一涉猎广泛的工程之前，所有法国人都必须耐心等待。然而，随着丘吉尔那一场"从亚得里亚海的里亚斯克到波罗的海边的什切青，一副纵观欧洲大陆的铁幕已经降下"的历史性演说，美苏两大阵营的全面对抗以"冷战"的形式降临了世界。在这一大环境下，世界

■ 美国海军于战后建成的配备有6英寸高平两用炮的重型防空舰"伍斯特"号。

■ 原意大利海军"罗马将领"级轻巡洋舰，意大利共和国在战后将其中2艘转交给法国。

■ 经过法国方面改装，防空舰化的"罗马将领"级轻巡洋舰。

政治局势给予法兰西的准备时间是非常有限的。1949年，法国成为《北大西洋联合公约》组织成员，根据与美国达成的双边防卫援助计划（MDAP），从50年代初期起，法军得到了大量美援。也就在这一时期，"德·格拉斯"号确定将被改建成一艘防空巡洋舰，1951年1月，根据MDAP计划的协议，继续建造"德·格拉斯"号所需资金的55%将来自于MDAP计划的资助。同样的，利用MDAP所给予的援助条件，2艘从意大利取得的战利巡洋舰"吉尚"（Guichen）和"沙托雷诺"号（Chateaurenault）将得到系统性的重建，变身为新型"舰队护卫舰"的"叙尔库夫"级（SurcoufClass），也就是原先所谓的CA-1设计。重建后的"叙尔库夫"级计划将装备"德·格拉斯"号相似的5英寸与57毫米高射炮，并配备类似的雷达与火控设备，可以被视为"德·格拉斯"号的缩小版本。此外，法国海军还计划根据改进后的"德·格拉斯"号的图纸新造一艘防空巡洋舰，它被命名为"科尔伯特"号（Colbert），计划于1952年动工。

⇥ "德·格拉斯"号防空巡洋舰 ⇤

于1946年9月11日下水的"德·格拉斯"号在建成时已经封闭了上甲板，动力装置和船体装甲也依据1938年设计配置到位。作为一艘战斗舰艇，它还需要安装上层建筑和整个武器系统。在决定改建为防空舰以后，由于其作战使命与原1938年设计有天壤之别，这势必将导致该舰在继续依照新的防空舰标准建造前，要依据新的武器系统和战术使命求对现有结构进行一些修改：特别对于弹药库的位置与结果，需要做较大改动，因为新的5英寸高射炮在装填与弹药存储的模式上和原有的三联装6英寸炮塔有着天壤之别。这些工作虽然麻烦，但却是必须要完成的工作。由于作战使命转变为对空任务，配有厚重装甲重量庞大的3座三联装152毫米炮塔和指挥塔被轻巧的双联装5英寸炮塔和现代化的防空作战指挥中心所取代，大量承载吨位被释放出来。而在上层建筑物改用轻质合金，上甲板上部重量得到进一步减轻后，设计师手中的富裕吨位再度增多。为了配备新设计中安装于船两舷的双联装57毫米高射炮组，沿着前舰桥后部船舯边，被新设置了一个宽阔的甲板室，用于安置那些新增的 57 毫米高射炮塔。

由于任务转变，不再需要考虑防御敌舰的炮弹，新舰桥拆除了由装甲保护的司令塔，考虑到安装多种新式雷达和探测设备的必要，舰桥在整体使用铝质部件和轻型钢材后体积虽大幅增加，重量却不增反降。为了容纳大型的对空搜索雷达和通信设备，安装于前舰桥后部的前樯被进一步加强。在新设计中，烟囱比原 1938 年设计更为直立，并且加装了一个大型废气整流罩，以便减少烟尘对精密电子设备的干扰。船后部的上层建筑维持小型化设计，就保留了原设计的尾炮炮台和他们的火控系统，烟囱后部还被增设一个较小的樯杆，以便装设一对海搜索雷达。

作为防空巡洋舰建造的"德·格拉斯"号创造了一项难以被超越的业绩——成了世界万吨以下舰艇中配备有最多炮塔的一型。8 个双联装 5 英寸主炮，10 个双联装 57 毫米速射炮，合计 18 个炮塔构成了这条船密如刺猬一般的对空火力。为了在有限的船体上堆砌如此之多的武器，光布置这些炮塔也着实费了设计师一番心血：

4 个双联装 5 英寸主炮依据传统被设置在船体中轴线上，另外 4 个分别安装在舰桥前方两侧与后舰桥前方两侧，构成一个四边形布局。10 个 M1951 型双联装 57 毫米炮塔中的 8 个分布船体两舷左右，另外两个则安装于前后舰桥前方，与船体两侧的炮塔构成一个菱形布局。

操纵 8 座 5 英寸炮塔的是 4 台美制火控仪，与"叙尔库夫"级安装的属同一型号。分别安装于前后舰桥顶部与烟囱两侧。理论上其可以同时指挥单独的或数个炮塔构成的火力组攻击 4 个独立的目标。控制 57 毫米炮的是 4 台较小的火控仪，其布局类似于 5 英寸炮的射

■ 改建为防空巡洋舰后的"德·格拉斯"号，照片拍摄角度从船舰面对船艏，可见其颇具特色的火炮布局。

击控制装置。从理论上来说，如果炮塔火力分配得当，拥有8台火控仪的"德·格拉斯"号能够同时攻击8个目标。当然，如果真遇到这种情况的话，一定是够船上的射控中心忙活的，因为和其他的作战舰艇一样，"德·格拉斯"号只配有3个作战指挥中心（1主2辅），后者无法出现满足所有情况下的作战要求，所以其实际上并无法满足同时对付8个目标的战况。

下面，我们将照例详细介绍作为防空巡洋舰而建造的"德·格拉斯"号的各个细节。

武器装备

舰上配备的 M1948 型 54 倍径 5 英寸炮与美国海军的改进型"亚特兰大"级巡洋舰完全一样，该炮也曾被选为现在已经被废弃的"蒙大拿"级战列舰的副炮。这是一种半自动高平两用舰炮，其在对付水面目标时有效射程约为 15 公里，对空有效射程则略多于 10 公里。其弹药为分装式，弹头重量约为 34.1 磅（15.5 公斤），发射药重量大约为 18.5 磅（8.188 公斤）。之所以称之为半自动，是因为每个双联装炮塔内的两门炮均有独立的扬弹机，却没有大口径舰炮具备的装填 – 推弹设备。炮弹被扬弹机从弹药库内送递炮塔内以后，需要由 2 名装填手——一个负责装弹，另一个负责塞药筒——一起努力，将炮塔和发射药装入炮膛。火炮本身采用电击发方式，每门炮均配有独立的射手与一名瞄准手，另有表尺装定员 1 名、监督员 1 名和炮塔长 1 名，连同炮塔下方弹药库内的 4 个操作人员，这全部的 11 人就构成了一个标准的炮塔操作班。当然，其中的老大是炮塔长，其职责不需要再作特别说明。一般情况下，这种双联装 5 英寸弹的药库被设置在炮塔下方，根据每门炮 300 发来计算，弹药库总共储藏了 4800 发炮弹。安装于"德·格拉斯"号上的每个双联 5 英寸炮塔总重 48 吨，其中用于调整炮身角度和旋转炮塔的装置重 14 吨。

巡洋舰上配备有远程点控制系统（RPC），可使 5 英寸炮塔的俯仰与旋转均由火控站直接操作。在由火控站统一操作的情况下，其射击效果与精度是最为理想的。然而，以当时的技术而言，集中式控制方式仅对飞行速度 300 米 / 秒（1080 公里 / 小时）以下的飞行器有效，超过这一速度的空中袭击将会使火控站无力应对的。通常的操控程序下，每台火控仪将会被分配控制 2 个

5 英寸炮塔，但是在某些必要或者迫不得已的情况下，炮塔也可以依据本身的观测装置独立手动控制，甚至被用于操纵 57 毫米副炮的火控仪也可被用来控制 5 英寸炮。每个炮塔顶部都配有固定式的光学测距仪，基线为 6 米。就以后的经验来看，这种随炮塔转动的测距设备最大的用途是提供对岸火力支援打击岸上目标。

顺便要提一句的是，在获得美方技术转让之后，"德·格拉斯"还在左右两舷的主炮火控仪上加装了绰号为 "S" 雷达的 DRBC11 型火控雷达的小型抛物面天线。当然，基于法国人的傲娇脾气，虽然他们承认存在美国技术的帮助，但却坚持认为这是法国自行设计和制造的第一代雷达。

在"德·格拉斯"号上充当副炮的 60 倍径 57 毫米炮其本质是战时威名赫赫的 70 倍径 40 毫米"博福斯"的加强版。当然，这只是炮身，安装这种中小口径舰炮的 M1951 型号炮塔十足真金，由法国设计法国制造。M1951 式炮塔是重建战列舰"让·巴尔"号上安装的 M1948 型的副产品，相对于战列舰上的同类它更轻也更小巧。两种炮塔的性能和数据有很大的相似性，但"德·格拉斯"号 57 毫米炮分系统的总工程师宣称，作为最新改进型号，M1951 型炮塔的回旋和俯仰速度更快，改进过的炮塔内结构也使装弹变得更为迅速。这种炮保留了 40 毫米"博福斯"的"扇排"供弹模式，弹药由法国设计，一个扇形弹排由 3 枚炮弹构成，总重量约为 8.88 公斤，其中每枚弹头重量 2.96 公斤（包括 0.94 公斤 BM4 发射药）。"扇排"系统由炮塔底板上的备弹箱和倒 U 形供弹滑轨及小型起重机与耳轴组成。当系统在由电驱动自动运转的时候，供弹设备每分钟可以向火炮提供 40 发炮弹，而炮塔底板上的 2 个弹箱各可容纳 80 枚炮弹，也就是说，

■ 从"德·格拉斯"号的侧面拍摄的照片，可见安装于其小型后舰桥顶部的主炮火控仪与一系列的双联装 5 英寸炮塔和 57 毫米双联装炮塔。

可供每门炮全速射击 2 分钟。

57 毫米炮的弹药库分布于船头和船尾的 127 毫米弹药库四周，全舰正常状态下备弹 30000 发，折算每门炮 1500 发。每个炮塔内有 1 名装弹手和 1 名填弹手，前者负责监管供弹系统向火炮内装填弹药，后者负责将弹药库送来的炮弹装入弹药箱内。和 5 英寸炮塔不同的是，每个塔内的 2 门炮由 1 名炮手单独负责而非分别配备单独的炮手操作，炮塔另配有观瞄员 1 名、表尺装定员以及炮长 1 名，炮塔组合集 6 人，并由炮塔外的 2 人提供支援（弹药运送、紧急抢修等事宜）。单座 57 毫米炮塔的总重约 18 吨，其中炮塔旋转与火炮俯仰系统总重约 3.9 吨。

和 127 毫米炮一样，57 毫米高射炮也能由火控中心的远程电控制系统遥控操作，并且使用了一个测速系统控制对空中目标的打击。换句话说，一般情况下双联装 57 毫米炮塔的炮长是个摆设，射控数据均由火控中心直接给出。指挥 10 个 57 毫米炮塔的 4 台火控仪每台都配备了具有 2.1 米基线的测距仪和 DRBC30 型号火控雷达。当火控仪无法运作的时候，船艏艉的火控仪和应急光学观瞄设备都可以为炮塔提供火力控制。当然，在必要的情况下每个炮塔完全可以独立射击。

新生的"德·格拉斯"号以 8 座双联装 5 英寸炮与 10 座双联装 57 毫米炮构成了世界海军史上最强悍的火炮舰载防空系统[①]，但这个强而有力的系统在重量和人员配置上的代价也是很客观的。仅仅是所有的 18 个双联装 5 英寸和双联装 57 毫米炮塔的总重量就接近 1128 吨（5 英寸炮塔总重量 768 吨，57 毫米炮塔总重 360 吨），除后备人员外公配备了 400 人（240+160）专司火炮操作。全舰携带的各种口径弹药的总重量是 463 吨，弹药重量连同火炮重量达 1591 吨。而且，这些数字还没有计入 4 主 4 副共 8 台火控仪以及相关操作人员，侦察、目标定位和高度侦测雷达以及其操作人员，还有雷达控制室的配置。"德·格

----

① 从安装的舰炮数量来说，美国海军的战列舰配有 10 座 5 英寸高平两用副炮，在数量上超过"德·格拉斯"号，但考虑到因为上层建筑物的阻挡，实际能投入到任何一个方向的高射炮不超过 5 座。而美国海军的"亚特兰大"级虽配有同样的 8 个双联装 5 英寸炮塔，且能向任何一舷射击其中 7 座，但其不具备类似的双联装 57 毫米高射炮系统，所以在实际对空火力中并不显得更有优势。唯一能与之比拟的便是"伍斯特"级重型防空舰。

■ 建成后被编入法国海军地中海舰队的"德·格拉斯"号，照片拍摄时间大约是在1957年。

■ "德·格拉斯"号完工后不久的照片，可以清晰地看到船艏防空炮组的布局。

拉斯"级在战前最终版本的 1938 年设计中，各种武器系统与配套设备的总重是 1383 吨，而现在取消了指挥塔、鱼雷管和航空设备后又大约腾出了 280 吨重量。因此，尽管武器系统的总重量超过了预计值，但是船体还是勉强能够容纳。不过，另一个方面的问题是无法被忽视的，由于"德·格拉斯"号被改建为专属防空巡洋舰，为了操作数目众多的防空火炮，其人员配备也从原先作为舰队轻巡洋舰的 690 人猛增加到 950 人。这自然意味着补给和生活设施之类的上层建筑设施要相应增加，而即便是增加了，恐怕水兵的居住条件依然会较之前恶化。

电子设备

按照改建计划完成的"德·格拉斯"号最后几乎装备了法国海军能够弄到的所有最新雷达设备。其前桅装载了 DRBV11 面空两用监视雷达，在其上方，是 DRBV22A 中程对空监视雷达。后者是以美国海军的 SPS-6 雷达为蓝本仿制的，当然，法国海军一如既往宣称这是"研制并改进"的。需要指出的是，这些雷达均属于战后新一代雷达，在搜索和探测能力上有了显著提高，并且全部配有抛物面天线，在外观上没有旧式雷达的累赘之感。

远程戒哨的 DRBV11 和中程监视的 DRBV22A，再加上 DRBI10 型测高雷达组成了"德·格拉斯"号的全套雷达系统。DRBI10 在构想和系统方面都与同期美国海军的 SPS-8 型类似，其实质也不过是法国的仿制版 SPS-8 而已。

DRBI10 型雷达被安装在后甲板室顶部的圆锥形基座上。顺便提一句，在法国海军同期建造的第二批 T53 型迪佩雷型（Duperre type）护卫舰上也安装了 DRBI10 与 DRBV22A 型对空监视雷达，这也是战后法国海军自行建造的首批舰艇中的标配。

"德·格拉斯"和它新近开工的姐妹舰"科尔伯特"号（Colbert）配备 3 个作战指挥中心。尽管海军部认为在战后技术飞跃的条件下，依据船上现有的射控装置，人工操作和自动控制系统并用，理论上 15 个空中目标是当时可能顺利处理的最大数字，实际上就像上文所述的那样，根本不可能。进一步的改善对多目标的应对手段将必须迟至 20 世纪 60 年代起的电脑化和高自动化数据处理系统出现之后才能完成。

除了安装新一代的法国"国产"雷达之外，"德·格拉斯"号还设有最新的电子信号告警接收设备和 DSBV1 型鱼雷侦察声呐。后者的工作频率至 5—40 千赫的范围内，DSBV1 型鱼雷侦测声呐被安装在弹药库前方的一个伸缩式隔舱内，在必要的时候可向下穿过船底伸入水中。用于探测雷达信号的 ARBR10 型与和 ARBR20 型无线电信号告警接收器的天线都安装在烟囱前的主桅后部上。

另外，为了区别北约组织和华约组织不同雷达设备的信号，以避免无必要的虚警，由北约组织配的 Mk10 型信号存储器也在"德·格拉斯"号接近完成前被装上了船。为了防止自摆乌龙的悲剧，这套存储器记录着当时北约组织各成员国所使用的各类雷达的信号模式与波长，可以帮助 ARBR10 型与和 ARBR20 型无线电信号告警接收器辨认那些"友好的"雷达信号。

完工和早期勤务

"德·格拉斯"号的船体在完成之后仍因为改建为防空巡洋舰而拖延了不少期限。虽然早在 1951 年 2 月 14 日，它就被从洛里昂的装配码头被拖运到设备更为完善的布勒斯特海军造船厂的舾装船坞内，但由于计划配备该舰的诸多装备当时还处于技术研发或仿制阶段，装备交付时间屡屡拖延，"德·格拉斯"号的最后完成工期也因故被迫一再拖延。一直折腾到 1954 年 8 月，这艘难产了近 14 年的巡洋舰终于竣工。但是，一场意外又再度拖延了它的试航时间。在 8 月初的某日，厂方按照计划开始向空荡荡躺着"德·格拉斯"号的舾装船坞内注水。也不知怎么搞的，船坞的闸口突然被打了开来，水发疯一样灌入坞内，顷刻间漫上了还未浮起的"德·格拉斯"号的甲板，并最终淹没了一些船舱。于是这条还未"下水"的巡洋舰就立刻坐沉到了坞内……

打捞和修复工作又耗去了 8 个月的时间，包括更换那些因为浸水而报废的电子设备。1956 年 8 月下旬，在经历了如此多的变数和岁月之后，"德·格拉斯"号终于凭借自身动力驶离了布勒斯特港，开往位于地中海的土伦。一些在第二次世界大战前就参与过该舰建造的老船工专程赶到码头上欢送。当这艘船放下第一块钢板的时候，许多人还是新近入场的学徒工，而当"德·格拉斯"号终于成为一条"船"的时候，他们多半已两鬓斑白。

"德·格拉斯"号于 1956 年 9 月 10 日被编入法国地中海舰队正式开始其服役生涯。作为法国海军序列内的最新锐舰艇，其一加入现役便成了两任舰队司令的旗舰。1957 年 3 月，"德·格拉斯"号参加了地中海护航防空演习。

在服役最初的几年内，"德·格拉斯"号是地中海舰队的绝对主力，当之无愧的旗舰。其地位动摇要到 3 年以后的 1959 年，当它的姐妹舰"科尔伯特"号建成并投入现役之后，"德·格拉斯"号终于有机会返回布勒斯特进行其生命中的第一次大改装。

这次改装针对该舰在服役后发现的各种问题而进行，从 1959 年 12 月 22 日开始至 1961 年 2 月初最后完成。改装的重点在于改善生活设施。由于改建为防空巡洋舰后的额定乘员数远超 1938 年最初设计中的乘员人数，舰内的生活空间显得捉襟见肘，水兵们被迫像沙丁鱼罐头似的挤在狭小的居住舱内。为此，改装中拆除了船舯靠近艉部的 4 个 57 毫米炮塔，因为实际使用中发现其射界范围太过有限，实战价值极其有限。一同被拆掉的还有安装在靠烟囱部位船舯的 2 座 5 英寸主炮高平两用火控仪，数次演习中得出的结论是，能够使用到这 2 台设备的机会少之又少。在拆除了上述鸡肋设备后，多余的空间被改建，用于改善船内居住条件。经过这次改装，"德·格拉斯"号本来令人怨声载道的"沙丁鱼罐头"问题得到了大幅度改善，每个水兵的个人居住面积终于超过了 1.7 平方米（原先不足 1.2 平方米）。

此外，该舰的雷达系统也得到了相当的提升，原来安装于前桅底部平台的 DRBV11 型对面 / 对空两用雷达，被性能更为优越的 DRBV20A 型所取代，后者对空中目标的最大索敌距离约 250 公里，不过只限于雷达反射面积超过 10 平方米的重型轰炸机类目标，对战斗机或攻击机类的小型目标，其性能则会大打折扣。换装这套雷达后，巡洋舰的识别外观也发生了显著的变化。

在此之后，焕然一新的"德·格拉斯"号再度被编入地中海舰队，并于 1962 年底至 1963 年中取代姐妹舰"科尔伯特"号成为当时法国海军地中海舰队司令朱贝林海军中将的旗舰。1964 年末，"德·格拉斯"号接到海军部命令，最后一次驶离土伦，并于 1965 年初驶抵布勒斯特港。它将会被彻底改装，成为法国武装力量在太平洋进行核试验时的指挥舰。

"德·格拉斯"防空巡洋舰的舰载炮

	M1948 式 127 毫米 /54	M1951 式 57 毫米 /60
炮弹类型	分装式	整装式
	OEAM1948-1 式水面目标	
	OEAM1948-2 式防空	OEAM1950 式
弹丸重量	32 公斤	2.96 公斤
弹头	C1 型：8.5 公斤	BM4 型：0.94 公斤
发射初速	810 米 / 秒	865 米 / 秒
射角 40 度时最大射程	21.8 公里	13 公里
实际射程		
水面目标	15 公里	——
空中目标	10 公里	5.6 公里
炮座数据		
安装重量	48 吨	18 吨
炮塔装甲	10 毫米正面 / 两侧	10 毫米正面
	7 毫米顶部 / 背面	7 毫米两侧 / 顶部
火炮射角范围	-5 度—70 度	-10 度—90 度
转动速度	25 度 / 秒	40 度 / 秒
射角调整速度	25 度 / 秒	40 度 / 秒
射速	14—15 发 / 分钟	50—60 发 / 分钟
人员配置	发射室内 11 人，另 4 人支援	炮座内 6 人，另 2 人支援

设计中，57 毫米炮炮弹会在发射 10 秒后自动爆炸，是一种不必担心危及编队内僚舰、可任意发射的"安全"武器——当然，直接指向近处友舰平射的脑残行为不考虑在内。

"德·格拉斯"防空巡洋舰安装的雷达

型号	功能	服役开始期	性能
DRBV20A	空中侦察	1954 年	A(P)* 波段 :250 公里
DRBV22A	空中侦察	1956 年	D(L) 波段 :130—220 公里
DRBV11	目标显示	1954 年	E/F(S) 波段 : 60 公里 (水面)120 公里 (空中)
DRBI10A	高度测定	1957 年	E/F(S) 波段 : 185 公里
DRBC11	127 毫米炮火力控制 (4)	1954 年	E/F(S) 波段 : 60 公里
DRBC30	57 毫米炮火力控制 (4)	1954 年	I(X) 波段 : 40 公里
括号内为相应的美国雷达波段			

■ 以防空巡洋舰状态完工的"德·格拉斯"号侧视线图。

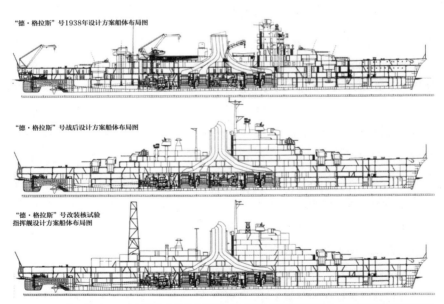

"德·格拉斯"号1938年设计方案船体布局图

"德·格拉斯"号战后设计方案船体布局图

"德·格拉斯"号改装核试验
指挥舰设计方案船体布局图

■ "德·格拉斯"号1938年设计方案船体布局图、战后设计方案船体布局图、改装核试验指挥舰设计
方案船体布局图。

⇢ 顶点与终点 ⇠

第二次世界大战国土沦陷的惨痛教训使战后的法国戴高乐政府坚定地奉行国防独立的道路，尽管其加入了北约，但却一直坚持自主研发核武器并奉行"先发制人"的核武器使用原则。

法国最初的核试验场被选在法属阿尔及利亚南部的撒哈拉沙漠深处进行。但是在 1960 年代初，随着阿尔及利亚的独立，有关核试验场的选址就成了法国政府头疼的问题。经过了一番斟酌，法国政府决定在太平洋上的法属波利尼西亚群岛建立一个新的核试验中心，继续该国的核计划。该中心被称为太平洋试验中心（简称 CEP）。为了便于指挥这一关乎国家战略的重要行动，海军授命专门抽调一艘指挥舰前往试选定的试验场穆鲁罗瓦环礁进行指挥和节制。1965 年初，"德·格拉斯"在在布勒斯特接受了全面改装后，受命执行这一任务。原先的 8 门双联 127 毫米主炮保留了 6 门，船艉甲板上的主炮和所有双联装 57 毫米高射炮塔被一个不剩地悉数拆除。火控仪各保留了一套——前舰桥顶部的 127 毫米主炮火控仪和位于其后中心线上的副炮火控仪。

由于需要容纳核试验用的大型指挥舱，舰桥的结构进一步扩展并向前延伸，两侧也加设舱室为包括气象检测室在内的新的指挥和控制中心提供了足够的空间。而现有的 DRBV20 和 DRBV22 型空中监测雷达被更先进的 DRBV23 型所取代。为了增强通讯能力，前桅杆顶部还安装了 ANUR3Tacan 型高指向性甚高频无线电台，这种装置带有指向性极强的发射天线，可以隐秘的方式和制定目标通讯，而无须担心信号被其他设备接收到。原有的 DRBI10 型测高雷达被保留了下来。为了分析与测算核试验的结果，船上还安装了一台那个年代代表高精尖技术的电子计算机。相比后前舰桥的改动，对后舰桥与后桅的调整更为明显。后甲板上现在设有一根巨大的桅杆，在其上集成了诸多通信与接收设备，配合大功率无线电发报机和接收器，使"德·格拉斯"号可以直接在南大西洋上充当巴黎和控制中心的联络站。至于后甲板原 5 英寸炮的位置，代之以一个机库，用于容纳大气层试验气象气球等探空设备。

经过这一番彻底的改装之后，"德·格拉斯"号的标准乘员被精简到 595 人，但是作为特种任务指挥舰，它必须增加 120—160 名技术人员的居住舱以及 VIP 要员的专属空间。同时，为了适应核试验的特定环境，舰内加装了气密装置，船体外部还设有非常复杂的核 / 生物 / 化学（NBC）冲洗系统。

一般情况下核试验的实际控制是由海岸上的控制中心进行的，但"德·格拉斯"号将会全程监督，而且有权中断和变更实验序列。故"德·格拉斯"号实际承担着核试验最高中心（简称 DIRCEN）的任务，而且作为核试验操作机构（简称 GOEN）的旗舰，在一位海军中将指挥下负责进行核试验和承担试验地区的防务。

1966 年至 1972 年间，"德·格拉斯"号作为指挥舰全程参加了 6 次代号为"战役"的核试验，并在 1966 年起的一系列试验期间接待了时任法国总统的戴高乐，从而达到其服役生涯的顶峰。1972 年 11 月 9 日，因为种种关于核试验的新闻闻名于全世界的"德·格拉斯"号在进行了环球"告别"航行之后，最后一次到达布勒斯特港进行其生命中的最后一次大修。在装配码头上拆除了高大的后主桅后，个头有所缩水的"德·格拉斯"才得以通过潘菲尔德河口进入造船厂内的船坞。

1973 年 2 月 28 日，这艘饱经风雨的巡洋舰结束了她多姿多彩的服役生涯，被编入预备役舰艇序列。但是它没有继续保留的价值，因为新式雷达和高性能防空导弹的时代已经来临，作为一艘火炮防空巡洋舰，它早就失去了继续

■ 担任法国地中海舰队旗舰期间的"德·格拉斯"号巡洋舰。

■ 改装为核试验专用指挥舰的"德·格拉斯"号，右图为其船舰的巨型收发报天线底部基座的特写。

留存于世的理由。1975年，"德·格拉斯"号被拖出了封存它的码头，随即被出售到意大利的拉斯佩齐亚进行拆卸。

在被拖轮牵引着通向生命终点的道路上，陪伴她的是 2 艘原属意大利海军"罗马将领"级的巡洋舰……

如果将一艘船的生命从安放龙骨开始计算，"德·格拉斯"号的一身无疑是带有悲剧色彩的，在这条船存在于世的 33 年中，有整整 16 年是在船台、码头和战乱中度过的。由于法国在第二次世界大战中的早早战败，它没有机会以一条造型优雅的轻巡洋舰的姿态驰骋于大西洋和地中海上。但"德·格

"德·格拉斯"级巡洋舰列表

时间	名称	建造工厂	开工时间	船体下水日期	服役起始日
1937 年方案	"德·格拉斯"号	洛里昂兵工厂	1939 年 8 月 28 日	1946 年 9 月 11 日	1956 年 9 月 3 日
1938 年方案	"沙托雷诺"号	地中海船厂	取消		
1938 年 第二方案	"贵臣"号	吉隆德船厂	取消		

"德·格拉斯"级巡洋舰列表性能（1938）

排水量	标准 8000 吨，轻载 8948 轻吨，试验 10190 吨，满载 11431 吨
尺寸	水下长度 180.4 米，甲板长度 188 米；梁高 18.6 米，吃水 5.5 米
机械装置	4 座"英德莱特"锅炉，35 公斤／平方厘米（385 摄氏度），两轴拉多面向汽轮机，最大功率 110000 马力，最高航速 33.5 节
燃油	2080 吨；33 节（作战半径）1760 海里，20 节（作战半径）5000 海里，15 海里（作战半径）8600 海里
武器装备	3 座 1936 式三联炮座，9 门 1930 式 152 毫米 /55 主炮（配弹 1980 发）
	3 座 1937 式双联炮座，6 门 1933 式 100 毫米 /45 平高两用炮（配弹 1840 发）
	4 座 1933 式双联炮座，8 门 37 毫米 /50 高射炮（配弹 6000 发）
	2 台 1931 式双联高射机枪座和 1 台 1931 式四联高射机枪座，8 挺 13.2 毫米霍奇克斯高射机枪（每挺配弹 2000 盘）
	2 台 1928T 式三联发射座，6 支 1923D 式 550 毫米鱼雷发射管
航空设备	2 架弹射器；2 架飞机（1 架卢瓦尔 130 式侦察机，1 架卢瓦尔 210 式水上战斗机）
防御性能	舱壁 100 毫米；甲板 38 毫米；炮塔正面 100 毫米，两侧 40 毫米；指挥塔两侧 95 毫米，顶层 50 毫米
满载人员	691 人

防空巡洋舰"德·格拉斯"号（完工时）

排水量	标准 9380 吨；试验 11350 吨；满载 12520 吨
尺寸	水下长度 180.4 米，甲板长度 188 米；梁高 18.6 米 常规吃水 5.5 米，最大吃水 6.3 米。
机械	4 座"英德莱特"锅炉，35 公斤／平方厘米（385 摄氏度），两轴拉多面向汽轮机；最大功率 105000 马力，最高航速 33 节
燃油	1850 吨；18 节航速作战半径 6000 海里，21 节航速作战半径 2000 海里
武器装备	8 座 1948M 式双联炮座，16 门 1948M 式 127 毫米 /54 高平两用炮（配弹 4800 发）
	10 座 1951M 式双联炮座，20 门 1947M 式 57 毫米 /60 高射炮（配弹 30000 发）
电子	监视雷达：DRBV22A，DRBV11，DRBI10B，DRBN31
	火控雷达：4 台 DRBC11，4 台 DRBC30
	ESM：ARBR10，ARBR20
	声呐：DSBV1
防御性能	舱壁 76—100 毫米，甲板 38—68 毫米
满载人员	950 人（作为旗舰 980 人）

■ 水下核试验产生的蘑菇云，诞生坎坷的"德·格拉斯"号在其生命历程的后期，居然能够以指挥舰的身份为法兰西的核打击力量的诞生贡献出力量，这实在算得上是这艘生不逢时的战舰最为辉煌的告别仪式了（模拟图，照片与法国核试验无关，实为"十字路口"行动）。

拉斯"号又是幸运的，船厂的工人们在战争中保护了它，使它没有被德国人建成并加入侵略者的舰队。战后，在经历了一波三折的改装历程，它还是以一艘防空巡洋舰的姿态建成，为重振法兰西海军尽了一分力量。而在其生命的最后阶段，"德·格拉斯"号有幸直接参与了法兰西构筑国家核盾牌的重要工程，这也使其注定会在法国海军的历史上留下重要的一笔。

大卫·霍布斯
（David Hobbes）著

The British Pacific Fleet: The Royal Navy's Most Powerful Strike Force

英国太平洋舰队

- ○ 在英国皇家海军服役 33 年、舰队空军博物馆馆长笔下真实、细腻的英国太平洋舰队。
- ○ 作者大卫·霍布斯在英国皇家海军服役了 33 年，并担任舰队空军博物馆馆长，后来成为一名海军航空记者和作家。

　　1944 年 8 月，英国太平洋舰队尚不存在，而 6 个月后，它已强大到能对日本发动空袭。二战结束前，它已成为皇家海军历史上不容忽视的力量，并作为专业化的队伍与美国海军一同作战。一个在反法西斯战争后接近枯竭的国家，竟能够实现这般的壮举，其创造力、外交手腕和坚持精神都发挥了重要作用。本书描述了英国太平洋舰队的诞生、扩张以及对战后世界的影响。

布鲁斯·泰勒
（Bruce Taylor）著

The Battlecruiser HMS Hood: An Illustrated Biography, 1916–1941

英国皇家海军战列巡洋舰"胡德"号图传：1916—1941

- ○ 250 幅历史照片，20 幅 3D 结构绘图，另附巨幅双面海报。
- ○ 详实操作及结构资料，从外到内剖析"胡德"全貌。它是舰船历史的丰碑，但既有辉煌，亦有不堪。深度揭示舰上生活和舰员状况，还原真实历史。

　　这本大开本图册讲述了所有关于"胡德"号的故事——从搭建龙骨到被"俾斯麦"号摧毁，为读者提供进一步探索和欣赏她的机会，并以数据形式勾勒出船舶外部和内部的形象。推荐给海战爱好者、模型爱好者和历史学研究者。

保罗·S. 达尔
（Paul S. Dull）著

A Battle History of the Imperial Japanese Navy, 1941-1945

日本帝国海军战史：1941—1945 年

- ○ 一部由真军人——美退役海军军官保罗·达尔写就的太平洋战争史。
- ○ 资料来源日本官修战史和微缩胶卷档案，更加客观准确地还原战争经过。

　　本书从 1941 年 12 月日本联合舰队偷袭珍珠港开始，以时间顺序详细记叙了太平洋战争中的历次重大海战，如珊瑚海海战、中途岛海战、瓜岛战役等。本书的写作基于美日双方的一手资料，如日本官修战史《战史丛书》，以及美国海军历史部收集的日本海军档案缩微胶卷，辅以各参战海军编制表图、海战示意图进行深入解读，既有完整的战事进程脉络和重大战役再现，也反映出各参战海军的胜败兴衰、战术变化，以及不同将领各自的战争思想和指挥艺术。

H.P. 威尔莫特
（H.P.Willmott）著

The Battle of Leyte Gulf: The Last Fleet Action

莱特湾海战：史上最大规模海战，最后的巨舰对决

- ○ 原英国桑赫斯特军事学院主任讲师 H.P. 威尔莫特扛鼎之作。
- ○ 荣获美国军事历史学会 2006 年度"杰出图书"奖。
- ○ 复盘巨舰大炮的绝唱、航母对决的终曲、日本帝国海军的垂死一搏。

　　为了叙事方便，以往关于莱特湾海战的著作，通常将萨马岛海战和恩加诺角海战这两场发生在同一个白天的战斗，作为两个相对独立的事件分开叙述，这不利于总览莱特湾海战的全局。本书摒弃了这种"取巧"的叙事线索，以时间顺序来回顾发生在 1944 年 10 月 25 日的战斗，揭示了莱特湾海战各个分战场之间牵一发而动全身的紧密联系，提供了一种前所罕见的全局视角。

　　除了具有宏大的格局之外，本书还不遗余力地从个人视角出发挖掘对战争的新知。作者对美日双方主要参战将领的性格特点、行为动机和心理活动进行了细致的分析和刻画。刚愎自用、骄傲自大的哈尔西，言过其实、热衷炒作的麦克阿瑟，生无可恋、从容赴死的西村祥治，谨小慎微、畏首畏尾的栗田健男，一个个生动鲜活的形象跃然纸上、呼之欲出，为这段已经定格成档案资料的历史平添了不少烟火气。

約翰·B.伦德斯特罗姆
（John B.Lundstrom）著

Black Shoe Carrier Admiral:Frank Jack Fletcher At Coral Sea, Midway & Guadalcanal

航母舰队司令：弗兰克·杰克·弗莱彻、美国海军与太平洋战争

- ○ 战争史三十年潜心力作，争议人物弗莱彻的平反书。
- ○ 还原太平洋战场"珊瑚海"、"中途岛"、"瓜达尔卡纳尔岛"三次大规模海战全过程，梳理太平洋战争前期美国海军领导层的内幕。
- ○ 作者约翰·B.伦德斯特罗姆自1967年起在密尔沃基公共博物馆担任历史名誉馆长。

本书是美国太平洋战争史研究专家约翰·B.伦德斯特罗姆经三十年潜心研究后的力作，为读者细致而生动地展现出太平洋战争前期战场的腥风血雨，且以大量翔实的资料和精到的分析为弗莱彻这个在美国饱受争议的历史人物平了反。同时细致梳理了太平洋战争前期美国海军高层的内幕，三次大规模海战的全过程，一些知名将帅的功过得失，以及美国海军在二战中的航母运用。

马丁·米德尔布鲁克
（Martin Middlebrook）著

Argentine Fight for the Falklands

马岛战争：阿根廷为福克兰群岛而战

- ○ 从阿根廷军队的视角，生动记录了被誉为"现代各国海军发展启示录"的马岛战争全程。
- ○ 作者马丁·米德尔布鲁克是少数几位获准采访曾参与马岛行动的阿根廷人员的英国历史学家。
- ○ 对阿根廷军队的作战组织方式、指挥层所制订的作战规划和反击行动提出了全新的见解。

本书从阿根廷视角出发，介绍了阿根廷从作出占领马岛的决策到战败的一系列有趣又惊险的事件。其内容集中在福克兰地区的重要军事活动，比如"贝尔格拉诺将军"号巡洋舰被英国核潜艇"征服者"号击沉、阿根廷"超军旗"攻击机击沉英舰"谢菲尔德"号。一方是满怀热情希望"收复"马岛的阿根廷军，另一方是军事实力和作战经验处于碾压优势的英国军队，运气对双方都起了作用，但这场博弈毫无悬念地以阿根廷的惨败落下了帷幕。

尼克拉斯·泽特林
（Niklas Zetterling）著

Bismarck: The Final Days of Germany's Greatest Battleship

德国战列舰"俾斯麦"号覆灭记

- ○ 以新鲜的视角审视二战德国强大战列舰的诞生与毁灭……非常好的读物。——《战略学刊》
- ○ 战列舰"俾斯麦"号的沉没是二战中富有戏剧性的事件之一……这是一份详细的记述。——战争博物馆

本书从二战期间德国海军的巡洋作战入手，讲述了德国海军战略，"俾斯麦"号的建造、服役、训练、出征过程，并详细描述了"俾斯麦"号躲避英国海军搜索，在丹麦海峡击沉"胡德"号，多次遭受英国海军追击和袭击，在外海被击沉的经过。

朱利安·S.科贝
（Julian S.Corbett）著

Maritime Operations in the Russo - Japanese War, 1904-1905

日俄海战1904—1905（共两卷）

- ○ 战略学家科贝特参考多方提供的丰富资料，对参战舰队进行了全新的审视，并着重研究了海上作战涉及的联合作战问题。
- ○ 以时间为主轴，深刻分析了战争各环节的相互作用，内容翔实。
- ○ 译者根据本书参考的主要原始资料《极密·明治三十七八年海战史》以及现代的俄方资料，补齐了本书再版时未能纳入的地图和态势图。

朱利安·S.科贝特爵士，20世纪初伟大的海军历史学家之一，他的作品被海军历史学界奉为经典。然而，在他的著作中，有一本却从来没有面世的机会，这就是《日俄海战1904—1905》，因为其中包含了来自日本官方报告的机密信息。学习科贝特海权理论，不仅能让我们了解强大海权国家的战略思维，还能辨清海权理论的基本主题，使中国的海权理论研究有可借鉴的学术基础。虽然英国的海上霸权已经被美国取而代之，但美国海权从很多方面继承和发展了科贝特的海权思想。如果我们检视一下今天的美国海权和海军战略，就可以看到科贝特的理论依然具有生命力，仍是分析美国海权的有用工具和方法。

米凯莱·科森蒂诺
（Michele Cosentino）、
鲁杰洛·斯坦格里尼
（Ruggero Stanglini）著

British and German Battlecruisers: Their Development and Operations
英国和德国战列巡洋舰：技术发展与作战运用

○ 全景展示战列巡洋舰技术发展黄金时期的两面旗帜——英国战列巡洋舰和德国战列巡洋舰，在发展、设计、建造、维护、实战等方面的细节。
○ 对战列巡洋舰这种独特类型的舰种进行整体的分析、评估与描述。

　　本书是一本关于英国和德国战列巡洋舰的"全景式"著作，它囊括了历史、政治、战略、经济、工业生产以及技术与实战使用等多个角度和层面，并将之整合，对战列巡洋舰这种独特类型的舰种进行整体的分析、评估与描述，明晰其发展脉络、技术特点与作战使用情况，既面面俱到又详略有度。同时附以俄国、日本、美国、法国和奥匈帝国等国的战列巡洋舰的发展情况，展示了战列巡洋舰这一舰种的发展情况与其重要性。
　　除了翔实的文字内容以外，书中还有附有大量相关资料照片，以及英德两国海军所有级别战列巡洋舰的大比例侧视图与俯视图与为数不少的海战示意图等。

诺曼·弗里德曼 著
（Norman Friedman）
A. D. 贝克三世 绘图
（A. D.BAKER III）

British Destroyers: From Earliest Days to the Second World War
英国驱逐舰：从起步到第二次世界大战

○ 海军战略家诺曼·弗里德曼与海军插画家 A.D. 贝克三世联合打造。
○ 解读早期驱逐舰的开山之作，追寻英国驱逐舰的壮丽航程。
○ 200 余张高清历史照片、近百幅舰艇线图，动人细节纤毫毕现。

　　诺曼·弗里德曼的《英国驱逐舰：从起步到第二次世界大战》把早期水面作战舰艇的发展讲得清晰透彻，尽管头绪繁多、事件纷繁复杂，作者还是能深入浅出、言简意赅，不仅深得专业人士的青睐，就是普通的爱好者也能比较轻松地领会。本书不仅可读性强，而且深具启发性，它有助于了解水面舰艇是如何演进成现在这个样子的，也让我们更深刻地理解了为战而生的舰艇应该如何设计。总之，这本书值得认真研读。

大卫·K. 布朗
（David K.Brown）著

Warship Design and Development
英国皇家海军战舰设计发展史（共五卷）

○ 英国皇家海军建造兵团的副总建造师大卫·K. 布朗所著，囊括了大量原始资料及矢量设计图。
○ 大卫·K. 布朗是一位杰出的海军舰船建造师，发表了大量军舰设计方面的文章，为英国皇家海军舰艇的设计、发展倾注了毕生心血。

　　这套《英国皇家海军战舰设计发展史》有五卷，分别是《铁甲舰之前，战舰设计与演变，1815—1860 年》《从"勇士"级到"无畏"级，战舰设计与演变，1860—1905 年》《大舰队，战舰设计与演变，1906—1922 年》《从"纳尔逊"级到"前卫"级，战舰设计与演变，1923—1945 年》《重建皇家海军，战舰设计，1945 年后》。该系列从 1815 年的风帆战舰说起，囊括了皇家海军历史上有代表性的舰船设计，并附有大量数据图表和设计图纸，是研究舰船发展史不可错过的经典。

亚瑟·雅各布·马德尔
（Arthur J. Marder）、
巴里·高夫
（Barry Gough）著

From the Dreadnought to Scapa Flow
英国皇家海军：从无畏舰到斯卡帕湾（共五卷）

○ 现在已没有人如此优雅地书写历史，这非常令人遗憾，因为是马德尔在记录人类文明方面的天赋使他有能力完成如此宏大的主题。——巴里·高夫
○ 他书写的海军史具有独特的魅力。他具有把握资源的能力，又兼以简洁地运用文字的天赋……他已无需赞美，也无需苛求。——A. J. P. 泰勒

　　这套《英国皇家海军：从无畏舰到斯卡帕湾》有五卷，分别是《通往战争之路，1904—1914》《战争年代，战争爆发到日德兰海战，1914—1916》《日德兰及其之后，1916.5—12》《1917，危机的一年》《胜利与胜利之后：1918—1919》。它们从费希尔及其主导的海军改入手，介绍了 1904 年至 1919 年费舍尔时代英国海军建设、改革、作战的历史，及其相关的政治、经济和国际背景。

大卫·霍布斯
（David Hobbes）著

The British Carrier Strike Fleet: After 1945

决不，决不，决不放弃：英国航母折腾史：1945 年以后

○ 英国舰队航空兵博物馆馆长代表作，入选华盛顿陆军＆海军俱乐部月度书单。

○ 有设计细节、有技术数据、有作战经历，讲述战后英国航母"屡败屡战"的发展之路。

○ 揭开英国海军的"黑历史"，爆料人仰马翻的部门大乱斗和槽点满满的决策大犯浑。

英国海军中校大卫·霍布斯写了一本超过 600 页的大部头作品，其中包含了重要的技术细节、作战行动和参考资料，这是现代海军领域的杰作。霍布斯推翻了 1945 年以来很多关于航母的神话，他没给出所有问题的答案，一些内容还会引起巨大的争议，但本书提出了一系列的专业观点，并且论述得有理有据。此外，本书还是海军专业人员和国防采购人士的必修书。

查尔斯·A. 洛克伍德
（Charles A. Lockwood）著

Sink 'em All: Submarine Warfare in the Pacific

击沉一切：太平洋舰队潜艇部队司令对日作战回忆录

○ 太平洋舰队潜艇部队司令亲笔书写太平洋潜艇战中这支"沉默的舰队"经历的种种惊心动魄。

○ 作为部队指挥官，他了解艇长和艇员，也掌握着丰富的原始资料，记叙充满了亲切感和真实感。

○ 他用生动的文字将我们带入了狭窄的起居室和控制室，并将艰苦冲突中的主要角色展现在读者面前。

本书完整且详尽地描述了太平洋战争和潜艇战的故事。从"独狼战术"到与水面舰队的大规模联合行动，这支"沉默的舰队"战绩斐然。作者洛克伍德在书中讲述了很多潜艇指挥官在执行运输补给、人员搜救、侦察敌占岛屿、秘密渗透等任务过程中的真人真事，这些故事来自海上巡逻期间，或是艇长们自己的起居室。大量生动的细节为书中的文字加上了真实的注脚，字里行间流露出的人性和善意也令人畅快、愉悦。除此之外，作者还详细描述了当时新一代潜艇的缺陷、在作战中遭受的挫折及鱼雷的改进过程。

约翰·基根
（John Keegan）著

Battle At Sea: From Man-Of-War To Submarine

海战论：影响战争方式的战略经典

○ 跟随史学巨匠令人眼花缭乱的驾驭技巧，直面战争核心。

○ 特拉法加、日德兰、中途岛、大西洋……海上战争如何层层进化。

当代军事史学家约翰·基根作品。从海盗劫掠到海陆空立体协同作战，约翰·基根除了将海战的由来娓娓道出外，还集中描写了四场关键的海上冲突：特拉法加、日德兰、中途岛和大西洋之战。他带我们进入这些战斗的核心，并且梳理了从木质战舰的海上对决到潜艇的水下角逐期间长达数个世纪的战争历史。不过，作者在文中没有谈及太过具体的战争细节，而是将更多的精力放在了讲述指挥官的抉择、战时的判断、战争思维，以及战术、部署和新武器带来的改变等问题上，强调了它们为战争演变带来的影响，呈现出一个层次丰富的海洋战争世界。

布鲁斯·泰勒
（Bruce Taylor）主编

The World of the Battleship: The Lives and Careers of Twenty-One Capital Ships from the World's Navies, 1880-1990

战舰世界：世界海军强国主力舰图解百科：1880—1990

○ 一部解读战列舰文化的全景式百科作品，其维度和深度前所未见。

○ 524 张珍贵历史照片，呈现震撼的战舰世界。

《战舰世界：世界海军强国主力舰图解百科：1880—1990》有别于其他"图鉴式"的简单介绍，不仅涉及战舰所属国的地理、政治、金融、外交、文化等诸多话题，还对战舰所属国的海军实力做出了精彩评析，并且记录了与战舰生死与共的特殊社会群体——战舰官兵及他们的生活。书中各章由 23 位经过挑选的供稿人分别撰写，他们都与相应战舰有着非凡"缘分"，他们的叙述也让本书的内容更丰富、真实。